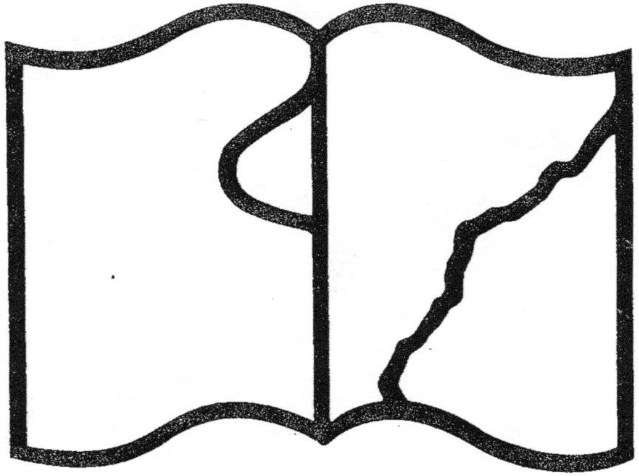

Texte détérioré — reliure défectueuse

NF Z 43-120-11

LES

GAMBUCINOS

Par Gustave AIMARD

La plaza Mayor du Paso del Norte.

F. ROY, libraire-éditeur, 185, rue Saint-Antoine, PARIS

LES

GAMBUCINOS

I

LE MEXIQUE A VOL D'OISEAU

Lorsque les Espagnols débarquèrent pour la première fois sur le continent américain, ils se trouvèrent tout d'abord en face de deux puissants empires qui se partageaient presque toute l'étendue du nouveau monde et dont l'organisation féodale témoignait d'une civilisation au moins aussi avancée que celle des Européens, bien que dans des conditions complètement différentes : ces deux empires étaient celui du Pérou et celui du Mexique.

Le premier, placé dans l'Amérique du Sud ; le second, dans celle du Nord.

Vers le milieu du VIIe siècle, les Toltèques, peuple guerrier, dont les mystérieuses migrations sont enveloppées d'un voile impénétrable, s'établirent dans cette région de l'Amérique du Nord qui se resserre entre les deux océans et fondèrent ce puissant empire des Aztèques, auquel les Espagnols donnèrent le nom de Nouvelle-Espagne et dont une minime partie forme aujourd'hui la confédération mexicaine.

Les Aztèques avaient été précédés dans ces régions par les Chichimèques, dont à chaque pas ils rencontraient les indestructibles monuments, placés comme autant de jalons qui prouvaient une civilisation antérieure fort avancée et dont la cosmogonie, les arts, les lois et le culte reproduisaient des traits analogues à ceux jadis observés chez les peuples de l'ancien continent.

Profitant habilement des fautes commises par leurs prédécesseurs, les Aztèques s'emparèrent des plateaux de l'Anahuac et de Mechoagan, soumirent les habitants, et, tout en s'appropriant les mœurs et les coutumes des vaincus, ils s'appliquèrent à les détruire, et y réussirent si bien, que le souvenir des Chichimèques est presque effacé aujourd'hui sur cet immense territoire qu'ils ont les premiers conquis et soustrait à la barbarie.

L'ancien Mexique, c'est-à-dire l'empire de Moctecuzoma, n'avait pas l'étendue que plus tard on lui attribua : il était à l'orient borné par les rivières de Guazacualco et de Tulpan, et à l'occident par les plaines de Soconusco et le port de Zacatula, embrassant ainsi la plus grande partie de l'actuelle confédération mexicaine, sur une surface de 80,000 kilomètres carrés.

Les républiques de Tlancallan, de Cholullan et les royaumes de Tezcuco et de Mechoagan appartenaient aussi au plateau de l'Anahuac qui désignait alors toute la contrée comprise entre le 14° et le 21° de latitude et au centre duquel se trouvait Mexico, la capitale de l'empire aztèque de *Moctecuzoma* (seigneur sévère).

La vice-royauté espagnole du Mexique s'étendait depuis l'isthme de Panama jusqu'à la Louisiane et l'Orégon ; elle renfermait deux grands gouvernements distincts : la capitainerie de Guatemala, qui forme aujourd'hui les républiques de l'Amérique centrale, dernièrement bouleversées par l'audacieuse expédition du flibustier Walker, et la vice-royauté de la Nouvelle-Espagne proprement dite ou du Mexique, comprenant la Nouvelle-Californie, le Texas, le Nouveau-Mexique, annexés maintenant aux États-Unis, et tout ce qui comprend la confédération des États-Unis du Mexique.

La république mexicaine, si vaste aujourd'hui encore, malgré ses amoindrissements successifs, est comprise entre les 15° et 42° de latitude nord et les 89° et 127° de longitude occidentale ; elle est bornée à l'est par le golfe du Mexique, dans lequel s'avance, dans sa partie méridionale, la presqu'île de Yucatan, où Grijalva débarqua pour la première fois en 1518, et à laquelle il donna le nom de Nouvelle-Espagne ; cette presqu'île est resserrée entre les deux grandes baies de Honduras et de Campêche ; au sud par la république de Guatemala ; à l'ouest par l'Océan Pacifique, où les principales saillies sont formées par les caps Mondocino et Corrientes ; et enfin au nord par des territoires la plupart incultes, appartenant aux États-Unis, et par son ancienne province du

Texas, qui la sépare de la Louisiane. Toute la contrée n'offre qu'une suite non interrompue de savanes immenses nommées llanos, presque aussi inconnues aujourd'hui qu'à l'époque de la découverte, sans limites certaines, et parcourues dans tous les sens par de nombreuses tribus d'*Indios bravos* ou insoumis, qui, refoulés au fond de ces impénétrables déserts, luttent avec l'entêtement du désespoir contre le flot de la civilisation qui monte toujours, les enveloppe de toutes parts et finira, dans un temps prochain, par les engloutir à jamais.

La superficie totale de la confédération actuelle est évaluée à environ 75,000 milles carrés. L'intérieur du pays forme un immense plateau qui varie entre 2,100 mètres et 3,000 mètres d'élévation au-dessus du niveau de la mer. Ce plateau, dans sa partie méridionale, n'est que le couronnement de la Cordillère mexicaine qui, s'unissant au sud à celle des Andes, se relie au nord aux montagnes Rocheuses et sert ainsi de trait d'union entre les deux grands systèmes de montagnes qui aboutissent aux extrémités des deux Amériques.

Ce plateau est entrecoupé de montagnes, la plupart d'origine volcanique, dont quelques-unes élèvent leurs sommets couverts de neiges éternelles jusqu'à une hauteur de près de 8,000 mètres; s'abaissant graduellement vers les côtes, il s'élargit considérablement dans la région nord, où son élévation diminue sensiblement.

Parmi les volcans les plus importants et les plus élevés du Mexique, viennent en première ligne l'*Iztacihualt* (la Femme-Blanche), haut de 4,790 mètres; le *Popocatepelt* (Montagne-Fumante), de 5,400 mètres; le *Cetlaltepelt* ou pic d'Orizaba, de 5,300 mètres; le *Nevado de Toluca* et le *Naucanpotepelt* ou Coffre de Perote, qui atteignent 4,090 mètres.

Ces volcans, situés sur le plateau d'Anahuac entre Mexico et les petites villes de Xalapa et de Cordoba, reposent comme sur un socle immense et forment cinq grands cônes qui rivalisent avec les cimes les plus élevées du nouveau monde.

On distingue également, de Mexico et de Puebla, les deux premiers, dont les cimes imposantes et les contours de leurs sommets couverts de neiges brillantes se détachent en vigueur sur le ciel bleu. La Cordillère mexicaine porte le nom assez bien donné de Sierra-Madre, à cause sans doute de sa situation centrale. Elle se dirige au nord-ouest vers les villes de Guanajuato et de San-Miguel. Au nord de ces villes, elle se développe sur une grande surface et se divise en trois branches : la partie orientale se perd dans l'ancien royaume de Léon; la plus occidentale, après avoir occupé une partie du territoire de Guadalajara et de Sonora, finit au bord du Gila; la branche centrale tient toute l'étendue de l'état de Zacatecas, où ses points culminants divisent les différents cours d'eaux qui se réunissent aux deux mers.

Le trait géologique le plus saillant de ces montagnes est la roche porphyritique, qui domine dans les principales chaînes.

Dans les branches voisines de l'Atlantique se montre le granit; le port d'Acapulco est taillé dans cette roche qui forme aussi la base des montagnes de Zacateca et de Micteca, dans l'État de Oajaca. Le grand plateau central de l'Anahuac n'est autre qu'une immense digue de roches porphyritiques qui se distinguent de celles de l'Europe par l'absence de quartz et la présence du horneblende.

Les environs de Guanajuato doivent leur aspect romantique aux masses gigantesques de roches porphyritiques de la Sierra de Santa-Rosa, qui ressemblent de loin à des bastions et à des murs en ruine. Les *Organos* (orgues) d'Actopan, auprès de Mananchoto, ressemblent à une vieille tour ébréchée par la base et dont le pied serait moins large que le faîte; sur les montagnes de Jacal et de Oyamel, on retrouve encore des colonnes de porphyre trappéen.

La pierre *Izli* ou obsidienne, dont les anciens Mexicains fabriquaient leurs instruments tranchants, était extraite de ces montagnes.

Sur le plateau d'Anahuac prédominent aussi la basalte, le trapp, les amygdalides, le gypse et le calcaire primitif, qui renferme les grands dépôts d'or et d'argent. Le cuivre et l'étain se trouvent dans les États de Valladolid et de Guanajuato, dans les provinces intérieures; à Guadalajara et à Zacatecas abonde le fer; San-Luis de Potosi est riche en sel gemme; sur presque tous les points on rencontre le zinc, l'antimoine, le mercure, l'arsenic; quant au charbon, on ne l'a jusqu'à présent remarqué que dans le Nouveau-Mexique.

Bien que beaucoup de cratères soient ouverts, cependant les explosions volcaniques et les tremblements de terre, si fréquents sur les rives de l'Océan Pacifique, sont beaucoup plus rares dans l'intérieur du Mexique, et depuis l'année 1759, époque où le volcan de Jorullo sortit subitement de terre, entouré d'une multitude de petits cônes fumants, aucune nouvelle catastrophe de cette nature n'a eu lieu, quoique des bruits souterrains, entendus sur différents points, semblent prouver que toute la région comprise entre les 18° et 22° renferme des feux intérieurs actifs qui, de temps en temps, percent la croûte du globe à une grande distance des bords de la mer.

Le Mexique est divisé en trois régions parfaitement tranchées : la région des terres chaudes ou *tierras calientes*, celle des terres tempérées ou *tierras templadas*, et enfin celle des terres froides ou *tierras frias*. Notons entre parenthèses que la température de cette dernière région est à peu près la même que celle de l'Italie centrale; il est facile d'après cela de se rendre compte de ce que doit être celle de la terre chaude et de ce que sont ces contrées équinoxiales qui ne connaissent que deux saisons, celle des pluies et celle de la séche-

Le jeune homme suivait au grand trot la rive du Rio Grande.

resse, pour lesquelles le mot hiver n'a pas de sens et qui conséquemment, ainsi que bientôt nous le prouverons, sont et doivent être presque toujours mortelles pour les enfants des climats déshérités de notre rude Europe.

Au pied des hautes terres mexicaines s'étend une ceinture de plaines qui, étroites vers le sud, s'élargissent de plus en plus vers le nord; les deux pentes du plateau dont nous avons précédemment parlé n'ont point une même déclivité. Ainsi les mouvements de terrain entre la Vera-Cruz et Mexico sont beaucoup plus brusques sur l'Atlantique que ceux entre Mexico et Acapulco sur le grand Océan. Du côté de la Vera-Cruz, on voyage bien plus longtemps sur le haut du plateau, mais aussi la descente est bien plus rapide et presque continuelle de Perote à Jalapa et de là à la Rinconade. C'est là, dit M. de Larenaudière, qu'on peut facilement prendre une idée des climats tranchés et des différentes cultures de ce pays étrange. Ainsi les végétaux sont placés par couches; à mesure qu'on monte, tout se transforme, aspect du ciel, physionomie du pays, port des plantes et jusqu'au genre de culture et aux mœurs des habitants.

Le Mexique réunit les flores de tous les pays, des plus chauds comme des plus froids : de l'Inde, de l'Italie, de la France, et même de la Suède et de la Russie; fruits de l'Asie, fleurs de l'Orient; le nopal sur lequel vit la cochenille; le maguey qui fournit à l'Indien cette liqueur enivrante qu'il aime passionnément, le pulque, en un mot; le jalap médicinal, la sauge mexicaine, la vanille parfumée qui pousse à l'ombre des amyris et des liquidembars; les arbustes épineux qui donnent le copahu et le tolu; le poivrier à longue cosse, le piment; puis les indigotiers, les cacaotiers, les cannes à sucre, le riz, le maïs ou blé indien; les cotonniers, les plants de tabac; puis d'immenses forêts de liquidembars, de sapins, de *chênes*, d'acajous, de campêche veiné, de gayac, etc., etc., et toutes ces fleurs charmantes : le dahlia, l'helicantus, la solvita fulgens, la délicate mentzelia, qui, acclimatées en France, sont aujourd'hui l'ornement de nos jardins.

Malheureusement les terres chaudes où se rencontrent la plupart de ces magnifiques productions végétales sont celles où se trouve ce terrible *vomito negro* qui forme comme une ceinture infranchissable au Mexique, et le défend mieux que les armées les plus disciplinées contre les empiétements de l'ambition européenne; mais aussi empêche chez lui les progrès de la civilisation en arrêtant les étrangers.

La fièvre jaune, ou vomito negro, sévit presque sur toutes les côtes des deux océans, mais principalement dans l'État de Vera-Cruz, la péninsule de Yucatan, les côtes de Oaxaca, les provinces maritimes de l'ancien Santander, tout l'ex-royaume de Léon, les côtes de la Californie, la partie occidentale de la Sonora, de Cinaloa et de la Nouvelle-Galice, les parties méridionales des États de Mexico, du Mechoacan et de la Puebla; les ports d'Acapulco, les vallées du Papagallo et du Peregrino, pays où l'air est constamment plus chaud et par conséquent plus malsain; puis sur la pente des Cordillères, à une hauteur de douze cents mètres, la température change, devient *templada* ou tempérée : printemps éternel qui éloigne toutes ces maladies, où ne se connaissent ni les brûlantes chaleurs, ni les froids piquants, où le thermomètre ne monte jamais plus haut que dix-huit ou vingt degrés; puis viennent enfin les plateaux élevés à plus de deux mille mètres au-dessus du niveau de la mer, qui prennent le nom de terres froides.

En général, la température moyenne de tout le grand plateau dont font partie les vallées de Mexico et de Actopan est de 17°, tandis que dans les régions plus élevées et dont la hauteur absolue dépasse 2,000 mètres, l'air ne s'échauffe jamais au-dessus de 7 ou 8° degrés.

Cependant, malgré ces trois climats si différents qui se partagent le Mexique, il est à remarquer que pour les Européens, s'ils réussissent à s'habituer à la région chaude et à surmonter les premières attaques de la fièvre jaune, la température de la *tierra caliente* leur devient plus avantageuse que celle des autres régions, et leur santé, pour ainsi dire assurée contre toutes les maladies, devient plus robuste, phénomène singulier dont nous pourrions au besoin fournir de nombreuses et irrécusables preuves.

Au milieu des avantages sans nombre que nous avons essayé d'énumérer, le Mexique manque généralement d'eau et ne possède pas une seule rivière navigable.

Le Rio Colorado del Norte et le Rio-Gila sont les deux seuls courants d'eau d'une certaine importance. Toutes les rivières de la partie équinoxiale, bien que leurs embouchures soient d'une largeur considérable, sont toutes petites. Pas de ces fleuves magnifiques comme en possèdent si heureusement les États-Unis. Les Cordillères donnent plutôt naissance à des torrents qu'à des fleuves; les pluies, très fréquentes dans l'intérieur, et de plus la grande hauteur du sol qui accélère l'évaporation, causent des crues qui amènent des inondations terribles mais qui cessent et disparaissent sous le sol aussitôt raffermi avec une aussi grande rapidité qu'elles sont venues.

Le Mexique abonde en lacs, parmi lesquels nous citerons l'immense lac de Chapala, ceux de Patzcaro, de Metzitlan, de Parras, et ceux de la vallée de Mexico; mais ils ne sont que les restes de ces vastes bassins qui semblent avoir existé jadis dans les hautes plaines de la Cordillère. La plupart d'entre eux diminuent d'année en année, et le Mexique n'a plus aujourd'hui cet aspect verdoyant qui séduisit les conquérants espagnols et leur fit, dans leur enthousiasme, donner à cette terre le nom de *Nouvelle-Espagne*, en souvenir de leur patrie.

Les côtes sont presque partout d'un accès fort difficile pour les bâtiments, et manquent partout de rades sûres et de bons ports; le littoral de l'est, bas, malsain, marécageux, brûlé par un soleil torride, est très peu habité; sa population, maladive et rachitique, décroît tous les jours. Les rivières et même les principaux ports y sont obstrués par des amas de sables; Tampico et Soto la Marina entre autres n'ont pas plus de dix pieds d'eau.

Quant à la partie occidentale, beaucoup plus élevée et par conséquent plus salubre, elle n'est à vrai dire qu'un vaste rempart de roches escarpées et arides. On y rencontre cependant deux bons ports, Acapulco et San-Blas. Ce dernier a, dans ces dernières années, pris une certaine importance, qui ne saurait que s'accroître, grâce à son heureuse position et à la sûreté de sa rade; cependant nous devons ajouter que les côtes du Mexique sont fréquentes en tempête, et que les vents impétueux du nord-est, du nord-ouest et du sud-ouest, qui soufflent avec violence pendant certains mois de l'année, rendent, avec les barres et les bas-fonds dont fourmillent ces côtes, les atterrages non seulement périlleux pour les navires, mais encore presque impossibles.

Voici en résumé quelle est la topographie du Mexique, cette terre si riche, d'une si puissante végétation, où se trouvent réunies toutes les richesses du globe, mais qui cependant semble condamnée à dépérir de jour en jour jusqu'à ce qu'enfin elle arrive à perdre sa nationalité à peine reconquise et soit englobée par les États-Unis, dont les soldats ont déjà campé dans sa capitale, et qui, si les puissances européennes n'y prennent garde, finiront par se substituer complètement à la population mexicaine à la suite de cette lutte sourde et continue soutenue dans le nouveau-monde par la race latine contre les envahissements de la race anglo-saxonne.

Les Espagnols avaient, à leur insu peut-être, suivi le système adopté par les Toltèques lorsqu'après avoir vaincu les Chichimèques ils fondèrent l'empire du Mexique. Les conquérants européens avaient autant que possible essayé d'annihiler la nationalité aztèque, soit en imposant aux Indiens une religion, des mœurs et jusqu'à une langue étrangère, soit en chassant et détruisant les vaincus comme des bêtes fauves et en s'attachant, par des mariages imposés, à confondre l'aristocratie mexicaine avec celle des conquérants. Cette politique avait porté ses fruits: le roi d'Espagne était en Amérique considéré presque comme un dieu auquel il était impossible de résister; le drapeau espagnol, placé sur un convoi d'or ou d'argent, suffisait sans autre escorte pour lui faire traverser impunément tout le territoire de la Nouvelle-Espagne. Cette croyance dans la toute-puissance du roi avait encore été affermie par l'interdiction mise sur les possessions espagnoles, où nul étranger ne pouvait pénétrer sous peine de mort. Plongés dans l'ignorance la plus profonde de ce qui se passait autour d'eux, croupissant dans une barbarie bestiale, les Mexicains vivaient au jour le jour, sans espoir de voir jamais se rompre les fers pesants qui les enchaînaient; leur religion avait été remplacée par des superstitions stupides. Courbée sous le joug implacable d'une aristocratie orgueilleuse, la race indienne proprement dite, qui forme les deux tiers au moins de la population, était maintenue dans un asservissement pire mille fois que le plus honteux esclavage; car non seulement il ruine le corps, mais encore il tue l'âme.

L'insurrection d'Aranjuez en 1808, qui détermina le renvoi du prince de la Paix et l'abdication de Charles IV, porta le premier coup à l'autorité royale dans les colonies espagnoles. Un roi absolu, contraint de courber le front devant quelques factieux, était un de ces événements faits pour affaiblir chez les colons le sentiment monarchique; puis, lorsque quelque temps après arrivèrent l'invasion de la Péninsule par l'empereur Napoléon, l'occupation de l'Espagne, la captivité du roi et la ruine de la vieille dynastie, tout ce qui restait de prestige attaché au nom de l'Espagne s'évanouit dans l'esprit des Mexicains, qui jusque-là avaient cru que le grand empire du XVIe siècle, la terreur du monde entier, sur les terres duquel le soleil planait toujours, existait encore respecté et redoutable; alors le mépris remplaça la crainte et la perte de ses colonies fut inévitable pour l'Espagne, dont la force consistait plutôt dans l'appui moral que lui donnait la croyance des colons que dans le respect imposé par les quelques troupes disséminées à de grandes distances les unes des autres sur cet immense territoire. Dès que les Américains considérèrent l'Espagne comme déchue de son ancien rang et n'étant plus qu'une province de la France, pays hérétique peuplé par des démons, d'après ce principe fondamental de la jurisprudence espagnole qui dit que les colonies sont à la couronne et non à l'État, comme le monarque avait abdiqué, ils se considérèrent naturellement comme dégagés envers lui, et le dernier lien qui retenait les Américains fut brisé. En vain, la junte centrale et plus tard la régence essayèrent de conjurer l'orage par de sages mesures, en proclamant l'égalité de droits entre la métropole et l'Amérique et, par décret du 5 juin 1809, déclarant les colonies partie intégrante de la monarchie, rien ne put retarder l'explosion. Le 8 juillet 1808, une corvette apporta les journaux français contenant la déchéance des Bourbons d'Espagne et l'avénement de Joseph Bonaparte. Le vice-roi, laissé sans instructions, commit le tort, qu'il répara aussitôt, de communiquer ces nouvelles au public, en lançant une proclamation dans laquelle il protestait de sa fidélité au roi Ferdinand et réclamait l'appui des bons citoyens. La phrase était vague, mais les colons, habitués à n'être comptés pour rien, furent flattés de cette confiance qu'on mettait en eux; la proclamation fut reçue avec enthousiasme; la foule cria mort aux Français, aux *Gringos* (hérétiques), ainsi qu'on les nommait.

Malheureusement ce mouvement sincère de la population dont on aurait pu profiter fut presque immédiatement neutralisé par une suite de fautes, causée par l'orgueil des Espagnols; et la haine contre les oppresseurs se réveilla plus vivace.

L'insolence fut poussée à un tel point parmi les employés de l'État que l'*oïdor* Bataller, un des plus fougueux membres de l'audience, ne craignit pas de dire en pleine séance que, tant qu'il resterait un savetier dans les Castilles ou un muletier dans la Manche, il lui serait dévolu le droit de gouverner les colonies.

La lutte était imminente, des deux côtés on s'y préparait. Les Espagnols étaient armés sur tous les points; les Américains, excités et instruits par des agitateurs européens ou anglo-saxons des États-Unis, fondèrent des sociétés secrètes. La conspiration contre l'Espagne était à l'ordre du jour. Une première tentative échoua, plusieurs personnes furent arrêtées. Le vice-roi Vanegas, qui arrivait sur ces entrefaites, loin de neutraliser le mal, le rendit plus intense, en distribuant à tort et à travers des grades et des honneurs aux partisans de l'Espagne.

Tout était prêt, le grand drame révolutionnaire allait commencer. Chose étrange! ce fut un membre du clergé qui le premier descendit dans l'arène, où tant d'autres prêtres devaient le suivre et mourir comme lui victimes de leur patriotisme. Hidalgo, curé du petit village de Dolorès, donna le signal et se rua bravement sur les vieilles bandes espagnoles, à la tête d'une foule d'Indiens indisciplinés, armés seulement de frondes, d'arcs, de massues et de bâtons, qu'il avait entraînés à sa suite, et qui, faute de discipline, avaient cette énergie féroce et ce mépris du danger qui leur firent accomplir de si grandes choses et les rendirent si redoutables dans toutes les phases d'une guerre qui, commencée en 1810, ne se termina qu'en 1821, bien que, jusqu'en 1825, une garnison espagnole demeurât maîtresse de la forteresse de San-Juan d'Uloa.

Maintenant que nous avons terminé cette longue introduction, indispensable du reste pour la parfaite intelligence de notre récit, nous dirons franchement au lecteur que, bien que nous n'ayons pas l'habitude de faire des préfaces à nos livres, tant de personnes nous ont prié de leur donner des renseignements positifs sur une contrée si éloignée, si peu connue et vers laquelle se tournent en ce moment, avec la plus vive anxiété, les regards des parents et des amis de ceux de nos braves soldats qui depuis trois ans soutiennent si glorieusement en ce pays l'honneur du nom français, que nous ne nous sommes pas senti la force de résister à leurs instances et que nous avons voulu essayer de calmer leurs inquiétudes, en faisant la lumière autant que cela nous a été possible par une peinture vraie du Mexique.

Ceci dit, nous entrons en matière.

II

L'ÉTUDIANT EN THÉOLOGIE

Grâce au système inauguré par les premiers Espagnols, et suivi avec entêtement par le gouvernement de la métropole jusqu'à l'heure suprême de l'émancipation, les anciennes colonies espagnoles du nouveau monde sont aujourd'hui encore, après quarante ans de liberté, plongées dans un état de barbarie, d'ignorance et d'abrutissement dont peut-être elles ne parviendront jamais à sortir.

Pour tout chrétien de bonne foi voyageant au Mexique, la religion professée dans ce pays est complètement inconnue, à moins qu'on ne donne ce nom à un mélange si compliqué de catholicisme et de paganisme, que nul n'y comprend rien, et dans certaines provinces éloignées, ceux qui l'enseignent moins que personne.

Au reste, les Indiens, qui composent les deux tiers de la population mexicaine, ont conservé intactes les croyances de leurs pères et ne sont chrétiens qu'à la surface; de plus, privés de toute instruction morale, émancipés trop brusquement pour avoir appris à connaître les lois de la solidarité humaine, les liens de famille eux-mêmes ne les retiennent que faiblement; ils traduisent la liberté par la licence, et le patriotisme par la haine aveugle de l'étranger.

C'est cependant une race forte et intelligente que la race mexicaine, et qui, bien dirigée, deviendrait vite un grand peuple; car elle possède au suprême degré l'instinct du bien et du beau; à défaut d'autres preuves, la lutte héroïque qu'elle a soutenue contre l'Espagne, les nobles caractères qui ont surgi dans les rangs des insurgés pendant cette lutte, suffiraient pour l'établir péremptoirement.

En somme, les Mexicains sont des enfants terribles, qui aspirent à devenir des hommes; presque tous leurs vices leur ont été inoculés par leurs oppresseurs, tandis que leurs vertus, et elles sont nombreuses, leur appartiennent si bien en propre que les Espagnols, malgré une longue tyrannie de trois siècles, ne sont point parvenus à les en dépouiller.

Laissant pour un moment le présent de ce pauvre peuple si digne d'indulgence et de pitié, nous ferons quelques pas en arrière, et nous raconterons un des épisodes les plus ignorés de cette épopée héroïque nommée la guerre de l'indépendance mexicaine; épisode qui, bien qu'oublié avec intention peut-être par la dédaigneuse histoire, eut cependant une gravité et une portée immenses à l'époque où il se passa, puisqu'il donna le dernier coup à l'influence espagnole et décida la victoire en faveur des généreux champions de la liberté.

Du reste, ce dédaigneux oubli n'a rien qui doive étonner; de tout temps il en a été de même. L'histoire ne voit jamais que les faits principaux, elle les groupe et les arrange tant bien que mal, à sa guise, sans s'occuper de la façon dont ils se sont produits et des causes cachées, souvent infimes, qui en ont été les invisibles agents; mais les résultats sont tout pour l'histoire; sa sèche analyse n'admet pas le récit des passions humaines et pourtant ce sont ces passions, nobles ou viles, grandes ou mesquines, qui, depuis que le monde existe, ont amené ces immenses cataclysmes qui, si souvent, ont changé la face du globe.

Un mercredi de la première quinzaine de décembre 18.., entre deux et trois heures de l'après-dînée, un jeune homme de vingt-cinq à vingt-six ans, portant le costume noir des étudiants en théologie, longue soutane, rabat blanc, chapeau à la Bazile, et monté sur une vigoureuse mule couleur fleur de pêcher, suivait au grand trot la rive droite du Rio Grande del Norte, l'un des plus magnifiques cours d'eau du Mexique, et qui aujourd'hui sépare ce pays du Texas et de l'Apacheria.

La campagne que traversait le voyageur était des plus pittoresques et des plus accidentées; mais, le chapeau rabattu sur les yeux et la tête penchée sur la poitrine, le jeune homme semblait n'attacher aucune attention au paysage, soit qu'il le connût de longue date et que par conséquent il ne trouvât dans ce qu'il voyait aucun aliment pour sa curiosité, soit que, ce qui est plus probable, à cause de la guerre qui existait à cette époque et depuis tant d'années désolait cette malheureuse contrée, des pensées d'une haute gravité absorbant complètement ses facultés intellectuelles, le rendissent ainsi indifférent à tout ce qui se passait autour de lui et incapable d'admirer les effets pittoresques du magnifique paysage qui, comme un immense kaléidoscope, se déroulait sans cesse devant ses yeux.

Il pressait incessamment le pas déjà rapide de sa monture pour atteindre au plus vite la petite ville ou plutôt le gros bourg de Paso del Norte,

Un détachement de 250 cavaliers espagnols avait établi un campement provisoire.

dont les coquettes maisons commençaient à apparaître à une légère distance sur le bord même de la rivière, à demi caché dans un fouillis d'arbres de toutes sortes.

Paso del Norte est un ancien presidio, fondé jadis par les Espagnols, sur la frontière de l'État de Chihuahua, à l'entrée de l'Apacheria, pour arrêter les incursions des Indiens Bravos.

Grâce à son isolement sur cette frontière éloignée, il avait jusque-là échappé aux conséquences terribles de la guerre civile, qui, depuis tant d'années déjà, désolait le Mexique; ses habitants, peu nombreux à la vérité, — ils étaient quinze cents au plus, — vivaient heureux et tranquilles, indifférents à ce qui se passait autour d'eux.

Cependant, plus l'étudiant se rapprochait du presidio, moins il pressait le pas de sa monture, qu'il commençait au contraire à retenir; il avait relevé la tête et regardait autour de lui avec une inquiétude croissante.

Le calme le plus complet, le silence le plus

profond régnaient dans la campagne; aussi loin que la vue pouvait s'étendre dans toutes les directions, on n'apercevait pas une créature vivante.

Cette solitude étrange aux environs d'un pueblo important, entouré de ranchos nombreux, devait à bon droit paraître extraordinaire au voyageur.

— Que se passe-t-il donc ici? murmura-t-il à demi-voix. Je ne sais pourquoi, j'ai le pressentiment d'un malheur! J'ai presque peur!

Après ce soliloque, l'étudiant en théologie rendit la bride, appuya les éperons aux flancs de sa monture et lui appliqua un si rude coup de chicote, que, malgré sa lassitude, le noble animal reprit aussitôt le galop.

Le voyageur atteignit bientôt la guarita ou barrière du presidio.

Dans les temps ordinaires, cette guarita demeurait constamment ouverte; en ce moment elle était fermée. Un soldat espagnol, le fusil sur l'épaule, se promenait de long en large derrière la barrière.

Force fut au jeune homme de s'arrêter.

— Oh! oh! murmura-t-il à part lui, ceci devient grave.

En apercevant le cavalier immobile à quelques pas, le factionnaire fit volte-face, posa à terre la crosse de son fusil, et après avoir examiné l'étranger d'un air railleur :

— Qui vive! lui cria-t-il d'une voix rauque.

— Ami, répondit le jeune homme.

— Bon! Ami, répondit le soldat d'un air goguenard ; ami de qui, ami de quoi, s'il vous plaît?

— Ami de la paix, répondit doucement le jeune homme.

— Ami de la paix! hum! fit le soldat de plus en plus railleur.

— Voyez mon costume, señor soldat.

— Le costume ne signifie rien, compagnon, vous le savez aussi bien que moi, reprit-il en toisant l'inconnu d'un air goguenard.

Le jeune homme se mordit les lèvres avec colère, mais il jugea sans doute prudent de dissimuler.

— Qui êtes-vous et que venez-vous faire ici? reprit le factionnaire après un court silence. Tâchez de me répondre franchement, si vous ne voulez pas que je vous loge une balle dans la tête.

— Je suis licencié en théologie; je viens de Guadalajara, où j'ai subi mes derniers examens pour la prêtrise, passer quelques jours auprès d'un de mes parents qui habite cette ville, avant d'entrer dans les ordres.

— Hum! murmura le soldat en haussant les épaules, tout cela n'est pas fort clair; voilà un gaillard taillé en toreador, qui, au lieu de servir le roi, comme le doit faire un sujet loyal...

— En servant Dieu, je sers le roi, répondit humblement l'étudiant.

— Au fait, cela n'est point mon affaire; et comment se nomme ce soi-disant parent chez lequel vous prétendez vous rendre?

— Je ne prétends pas, señor soldat, répondit-il avec douceur; je me rends en effet chez ce parent, qui n'est rien moins que l'alcade du presidio, le señor don Ramon Ochoa.

Le soldat fronça le sourcil.

— Mauvaise recommandation que vous avez là, mon camarade, dit-il. Le señor Ochoa est fortement soupçonné d'incliner en secret vers la rébellion.

— C'est une infâme calomnie, s'écria vivement le jeune homme; le señor Ochoa est un digne homme qui ne s'occupe pas de politique.

— C'est possible, mais ceci regarde nos chefs.

Tout en parlant ainsi, le soldat avait ouvert la barrière.

L'étudiant se prépara à entrer.

— Écoutez, lui dit le factionnaire en retenant la mule par la bride; je ne sais pour quelle raison, mais, foi de Ruiz Ortega, qui est mon nom, vous m'intéressez, je ne devine pas trop pourquoi, et je voudrais, avant de nous séparer, vous donner un bon conseil.

— Il sera le bienvenu venant de vous, répondit le jeune homme en s'inclinant d'un air légèrement narquois sur le cou de sa mule.

— Vous me faites l'effet d'un bon diable, je serais fâché qu'il vous arrivât malheur; vous êtes jeune, vigoureux, bien bâti; croyez-moi, jetez au feu cette affreuse défroque qui n'est bonne qu'à effrayer les oiseaux, et endossez la casaque, cela sera plus avantageux pour vous sous tous les rapports.

— Merci, seigneur soldat, répondit l'étudiant avec un fin sourire. Nul ne peut prévoir l'avenir; peut-être suivrai-je votre conseil plus tôt que vous ne le pensez vous-même.

— Vous aurez raison, c'est le seul métier possible et qui rapporte des bénéfices, surtout à l'époque où nous vivons.

— Adieu, seigneur soldat.

— Au revoir, seigneur étudiant.

Le factionnaire referma la barrière et reprit sa faction, fort heureux de cet incident qui en avait rompu l'ennuyeuse monotonie, tandis que le jeune homme s'éloignait au petit trot par une rue latérale.

Au Mexique, pendant le milieu de la journée, la chaleur devient si intense que les rues des villes et des villages sont complètement désertes; les habitants se renferment dans leurs maisons afin d'y chercher la fraîcheur. Cependant, derrière ces murailles, si hermétiquement closes qu'elles soient, on sent toujours palpiter la vie; des chants, des rires, des accords de guitare s'échappent à travers les persiennes et les balcons grillés. On sent que ces cités ne sont pas mortes, mais seulement endormies; que, dès que la brise du soir se lèvera, portes et fenêtres s'ouvriront à la fois, et que la vie, momentanément suspendue, reprendra son cours et fera irruption de toutes parts.

Ce jour-là, bien que la plus grande chaleur du jour fût passée, cependant les maisons demeuraient closes, les rues désertes, et les pas de la mule de l'étudiant, résonnant sur le cailloutis pointu, troublaient seuls le silence funèbre qui régnait en maître sur le presidio.

Après plusieurs détours, le voyageur commença à entendre des rumeurs vagues qui augmentaient d'instant en instant et prirent bientôt les proportions d'une fête ou d'une émeute. C'était un mélange de cris, de rires, de sanglots, de prières, de chansons joyeuses, le tout accompagné de grincements de guitare, de coups de feu, de commandements militaires et de piétinements de chevaux.

— Ah ! fit sourdement le jeune homme, je crois que je vais enfin apprendre quelque chose.

Et, s'engageant résolument dans une ruelle assez étroite, il déboucha presque aussitôt sur la plaza Mayor.

Là, un spectacle aussi extraordinaire qu'inattendu s'offrit tout à coup à ses regards.

Au centre de la place, un détachement d'environ deux cent cinquante cavaliers espagnols, de ceux que les Mexicains appelaient par dérision *tamarindos*, à cause de la couleur jaune de leur uniforme, avait établi un campement provisoire.

Ces soldats étaient la terreur des malheureux habitants des villes ou des villages qu'ils visitaient; car le viol, l'incendie et le pillage étaient leurs péchés mignons et ils ne laissaient derrière eux que des ruines et des cadavres.

Les feux de bivouac alimentés par les meubles brisés, les poutres et les chevrons des maisons, teintaient les murailles de grandes lueurs rougeâtres.

Les soldats, assis commodément sur des butacas et des equipales, se faisaient servir par les habitants, Indiens ou Mexicains d'origine, et les cinglaient de grands coups de chicote sur les reins et les épaules, afin, disaient-ils en riant, de les réveiller.

Les chevaux, dans la litière jusqu'au ventre, mangeaient à pleine bouche les provisions d'alfalfa et de maïs enlevées de force aux haciendéros.

Devant le portail de l'église, une espèce de tribunal avait été installé ; le capitaine commandant le détachement était assis derrière une table, et, assisté par des officiers à mines patibulaires et vêtus de guenilles sans nom, il jugeait sans appel les pauvres diables que les soldats amenaient incessamment devant lui tremblants et effarés.

Ces malheureux, dont les crimes étaient imaginaires, et par cela même plus avérés aux yeux de leurs juges improvisés, se voyaient pour la plupart condamnés à de fortes amendes qu'ils devaient payer sur l'heure, sous peine d'être aussitôt pendus.

Du reste, cette dernière menace n'était rien moins qu'illusoire ; il était facile de s'en assurer en portant les regards sur les balcons des maisons, auxquels se balançaient déjà plusieurs hideuses grappes de cadavres.

Au moment où le jeune étudiant en théologie s'arrêtait à l'angle de la place, deux individus, amenés par des soldats plus qu'à demi ivres, comparaissaient devant le redoutable tribunal.

Ces deux nouveaux accusés étaient l'alcade du pueblo lui-même, don Ramon Ochoa, et le desservant de l'église de Paso del Norte, le padre don José Antonio Linarès.

La contenance des deux hommes, sans être provocante, était assurée, ferme et digne.

L'étudiant en théologie, en les apercevant, prit une détermination soudaine ; il mit pied à terre et, conduisant sa mule par la bride, il entra résolument sur la place, écarta quelques chevaux à coups de chicote, et attacha sa mule au plus épais de l'alfalfa et du maïs, puis il se dirigea tranquillement du côté de l'église.

Le jeune homme avait agi avec un tel laisser-aller que nul ne remarqua sa conduite.

Grâce à son costume, il parvint donc sans difficulté à se glisser à travers les groupes de buveurs et de danseurs, et se plaça derrière le padre Linarès, sans que celui-ci le remarquât, préoccupé sans doute de la situation précaire dans laquelle il se trouvait.

L'interrogatoire des prévenus était commencé.

— Vous êtes, vous, l'alcade, et vous, le curé de ce pueblo? dit le commandant en s'adressant tour à tour aux deux hommes.

— Oui, seigneur capitaine, répondirent-ils en s'inclinant.

— J'ai reçu sur vous, reprit l'officier, en frisant sa moustache d'un air terrible, des rapports émanant de féaux amis du roi, et par conséquent dignes de foi et qui vous représentent comme de damnés rebelles, caraï !

— Ces rapports ont menti, répondit fermement l'alcade; nous sommes au contraire des sujets fidèles; d'ailleurs ici personne ne songe à s'occuper de politique.

— Lorsque le pays est révolté, les honnêtes gens ne doivent pas rester neutres, fit l'officier d'une voix tonnante; ceux qui ne sont pas pour le roi sont contre lui.

— Votre déduction n'est pas logique, dit l'alcade en haussant les épaules.

— Hein ? fit le commandant avec un regard de travers. Ce drôle ose raisonner, je crois.

— Vous ne raisonnez pas, vous, vous assommez.

— De quoi nous accuse-t-on ? demanda le padre Linarès, qui comprit que l'alcade rondait par ses réponses leur situation plus critique qu'elle ne l'était déjà.

— Ah ! ah ! seigneur padre, reprit en ricanant l'officier, vous voulez savoir les charges qui pèsent sur vous, hein ?

— J'avoue, seigneur capitaine, répondit paisiblement le curé, que je serais heureux de les connaître afin de pouvoir y répondre et en prouver la fausseté.

— Eh bien, écoutez : vous êtes accusé d'entretenir des relations avec les insurgés.

— C'est bien vague, interrompit le padre.

— Il y a autre chose encore.

— Ah !

— Oui ; on vous accuse en outre d'avoir, à plusieurs reprises, donné refuge à des chefs insurgés ; on va même jusqu'à affirmer que plusieurs d'entre eux sont en ce moment même cachés dans ce pueblo ; mais, dussè-je démolir toutes vos cabanes pièce à pièce, je vous jure que je découvrirai ces rebelles maudits, fussent-ils cachés dans les entrailles de la terre, cuerpo de Cristo !

— Cite-t-on les noms des chefs insurgés auxquels on prétend que nous donnons asile ?

— On cite les noms de deux d'entre eux, de damnés rebelles, caraï !

— Et ce sont ?

— José Moreno et Incarnacion Ortiz, deux chefs de bandits qui ont fait partie de la guerilla du traître Mina. Qu'avez-vous à répondre à cela ?

— Rien, sinon que cette accusation est tout simplement absurde, répondit nettement l'alcade.

— Demonios ! s'écria le capitaine en frappant du poing sur la table avec colère, m'oser répondre ainsi, à moi, don Horacio Nuñez de Balboa ! Ceci mérite un châtiment exemplaire, et il ne se fera pas attendre.

En ce moment, l'étudiant en théologie se glissa doucement entre l'alcade et le curé, et, saluant respectueusement le capitaine :

— Pardon, seigneur commandant, dit-il d'une voix fluette, est-ce bien de don José Moreno et de don Incarnacion Ortiz que vous désirez vous emparer ?

En apercevant le jeune homme et en entendant le son de sa voix, l'alcade et le curé avaient imperceptiblement tressailli.

— D'où sort ce drôle ? Que nous veut-il ? s'écria le capitaine avec surprise.

— Je ne suis pas un drôle, mais un pauvre étudiant en théologie, seigneur capitaine, répondit humblement le jeune homme ; j'arrive à l'instant au presidio, où je viens passer quelques jours auprès de mon oncle, l'honorable alcade don Ramon Ochoa.

— Alors vous tombez à point pour assister à la pendaison de votre oncle, seigneur étudiant, reprit l'officier en ricanant. Mais qu'a de commun, je vous prie, ce que vous nous dites avec l'affaire que nous traitons ?

— C'est que peut-être, si vous le désirez, señor capitaine, je pourrais vous fournir quelques renseignements à ce sujet.

— Ah bah ! voyons donc cela s'il vous plaît ?

— Oui, je crois avoir rencontré, à quelques lieues d'ici seulement, les deux hommes que vous cherchez.

— Moreno et Ortiz ? s'écria le capitaine, subitement intéressé.

— Entendons-nous, seigneur capitaine ; pour don Incarnacion Ortiz, j'en suis certain ; quant à don Moreno, c'est autre chose.

— Comment cela ?

— Vous savez, vous qui avez été *tigrero* dans leur hacienda, dit-il avec une légère teinte de raillerie, que le père et le fils portent le même nom ; duquel parlez-vous ?

Les officiers firent entendre un rire contenu à cette désagréable révélation, faite par le fluet et narquois étudiant en théologie avec un air de naïveté à désespérer un saint.

Le capitaine mordit sa moustache et roula des yeux furibonds autour de lui pour imposer silence aux rieurs.

— Je crois que le drôle se moque de moi, dit-il d'un ton de menace.

— Nullement, seigneur capitaine ; j'essaye seulement de vous donner le renseignement que vous désirez.

— Hum ! enfin tu les connais donc ?

— Presque aussi bien que vous les connaissez vous-même, quoique, moi, je n'aie pas été à leur service.

— Encore ! s'écria le capitaine. Prends garde, picaro ! Tu as la langue trop longue ; cela te jouera un mauvais tour.

— Je me tairai, si vous me l'ordonnez.

— Parle ; mais borne-toi à répondre sans commentaires à mes questions. Qui, du père ou du fils, accompagnait Incarnacion Ortiz ?

— Le fils.

— Tu en es sûr ?

— Parfaitement sûr.

— Aucune femme ne voyageait avec eux ?

— Aucune.

— Où allaient-ils ?

— A l'hacienda de la Caja.

— Si près d'ici ?

— Oui, à deux lieues à peine ; il est probable qu'ils ignorent votre présence au pueblo ; sans cela ils se seraient sans doute bien gardés de s'avancer aussi loin dans cette direction.

— En effet. Ont-ils beaucoup de monde avec eux ?

— Une centaine de rancheros au plus.

— Et pas de femmes ?

Le jeune homme parut se troubler.

— Je ne crois pas, dit-il.

— Hum ! tu n'en es pas sûr. Écoute-moi bien : ce que tu m'annonces peut être vrai ; je manquerais à mon devoir en n'essayant pas d'en tirer parti; mais tu peux aussi m'avoir menti, car tu me parais un drôle fort rusé; dans ce cas, tu mérites un châtiment; donc je veux t'avoir sous la main pour te récompenser ou te punir, selon l'événement. Tu me serviras de guide.

— Je ne demande pas mieux, seigneur capitaine, d'autant plus que moi non plus je n'aime pas ces deux hommes et que je ne serais pas fâché de leur jouer un mauvais tour.

— C'est bien; je te ferai prévenir lorsqu'il en sera temps. Sur ta tête, ne sors pas, jusqu'à nouvel ordre, de la maison de ton oncle.

— J'obéirai.

— Quant à vous, señores, dit le capitaine à l'alcade et au curé, je veux bien, jusqu'à plus amples renseignements, user d'indulgence à votre égard. Rentrez chez vous et surtout veillez à ce que mes soldats ne manquent ni de vivres ni de liqueurs. Allez. Puis se tournant vers les soldats groupés autour de lui : Faites avancer d'autres accusés, dit-il d'une voix rude.

III

INCARNACION ORTIZ

L'alcade don Ramon Ochoa et le padre Linarès, heureux sans doute d'en être quittes à si bon

La porte secrète.

marché, s'étaient hâtés de se perdre dans la foule.

L'étudiant en théologie les suivit doucement par derrière, non sans avoir au préalable détaché sa mule, qu'il emmena en la conduisant par la bride.

Le trajet de la plaza Mayor au presbytère s'effectua en silence. Nos trois personnages paraissaient craindre de se communiquer leurs pensées.

Le presbytère était une charmante habitation, construite entre cour et jardin, et presque complètement cachée au milieu d'un fouillis de fleurs et de feuillage. Sans attendre qu'on l'y invitât, l'étudiant entra dans la maison.

Le jeune homme confia sa monture à un peon et suivit l'alcade et le curé dans une salle basse, dont l'ameublement en désordre, les pétates arrachés, trahissaient une visite toute récente des soldats espagnols.

Lorsque la porte se fut refermée derrière l'étudiant, le señor don Ramon poussa un verrou intérieur, mit la clef de la porte dans sa poche, puis il s'approcha vivement de lui, et l'interpellant brusquement :

— Maintenant que nous sommes seuls, caballero, dit-il, j'espère que vous me direz qui vous êtes.

— Qui je suis? répondit en riant le jeune homme; vive Dios! votre très respectueux neveu, mon cher oncle.

— Je n'ai pas de neveu, señor, et vous le savez probablement mieux que personne. Trêve donc, je vous prie, à votre gaieté; le temps n'est pas à la joie, je suppose.

— Il faudrait vous expliquer franchement, jeune homme, appuya le curé.

— Je ne demande pas mieux; mais, avant de parler, je désire savoir si je puis le faire en sûreté.

— Que voulez-vous dire ?

— Ah ! vous voyez qu'il est plus facile d'interroger que de répondre, señores, dit-il en riant d'un air goguenard et en s'étalant sans façon dans un fauteuil ou butacca, qui par hasard se trouvait près de lui.

— Je ne vous comprends pas, reprit le curé.

— Ni moi non plus, ajouta l'alcade.

— Je vais être clair. Pour qui êtes-vous ?

— Hein ? fit le prêtre.

— Plaît-il ? dit l'alcade.

— En un mot, êtes-vous pour le roi ou pour la nation ?

— Diablos ! répondit l'alcade, la question est sérieuse.

— Je la trouve fort embarrassante, moi, dit le curé.

— J'en suis fâché, mais il m'est impossible d'entrer dans de plus grands détails à mon sujet, avant d'avoir reçu de vous, señores, une réponse franche et catégorique.

Il y eut un silence. Évidemment les deux hommes réfléchissaient; l'étudiant les épiait du coin de l'œil, tout en paraissant fort occupé à se rouler une cigarette.

— Mais si vous étiez un traître ? dit enfin nettement don Ramon.

— Vous êtes un niais, señor alcade, répondit le jeune homme en haussant les épaules.

— Dam ! l'offre que vous avez faite au commandant espagnol de lui faire surprendre don José Moreno et don Incarnacion Ortiz ne m'engage pas, je vous l'avoue, à vous témoigner la confiance que vous réclamez.

Le jeune homme éclata de rire sans le moindre respect pour ses respectables hôtes.

— Allons, dit-il, je vois qu'il faut décidément que ce soit moi qui vous donne l'exemple de la franchise.

— Oui, voyons un peu, dit finement l'alcade en faisant un signe d'intelligence au curé.

— Regardez-moi alors, reprit le jeune homme en jetant son chapeau à la Bazile et enlevant du même coup la perruque qui lui descendait presque sur les yeux.

Une métamorphose complète s'opéra instantanément dans l'extérieur du jeune homme.

Il y eut un véritable coup de théâtre.

— Incarnacion Ortiz ! s'écrièrent les deux hommes avec une surprise mêlée d'effroi.

— Moi-même, señores, répondit toujours en riant le jeune homme. Mais parlez plus bas, je vous prie, la place n'est pas bonne pour moi en ce moment.

— Malheureux ! fit le prêtre, en joignant les mains avec douleur. Mon Dieu ! quelle imprudence, dans la situation où vous vous trouvez en ce moment ! Si vous étiez découvert ?

— Je serais pendu, reprit-il avec insouciance. Mais il ne s'agit pas de cela. Refuserez-vous de me répondre maintenant ?

— Non certes, et nous serons aussi francs que vous l'avez été, dit l'alcade. Moi, je suis pour la nation.

— Je suis pour Dieu et mon pays, fit le curé.

— Je le savais, señores, reprit le jeune homme en replaçant sa perruque et son chapeau ; voilà pourquoi je n'ai pas craint de vous venir trouver. Mais, avant tout, cher don Ramon, veuillez, je vous prie, donner l'ordre que tout le mezcal et tout le refiño de Cataluña que l'on pourra trouver dans le pueblo soient transportés à la plaza Mayor et distribués aux tamarindos. Plus tard je vous expliquerai l'importance que j'attache à cette distribution de liquides.

— Soit; je vais m'occuper sans retard de ce que vous me demandez et cela, cher don Incarnacion, sans même essayer, si grande est ma confiance, de deviner votre intention.

— C'est cela; mais soyez tranquille, je travaille pour la bonne cause; hâtez-vous de nous rejoindre, le temps nous presse et nous avons à prendre certaines dispositions importantes. Dès que vous serez de retour, je vous communiquerai le plan que j'ai conçu, plan que, je l'espère, vous approuverez tous deux, señores.

— Je ne vous demande qu'un quart d'heure, est-ce trop ?

— Non, allez, je vous attends ici ; pendant votre absence je causerai avec le padre.

L'alcade partit presque en courant, tant il était pressé de revenir.

— Maintenant à nous deux, reprit le jeune homme, en regardant fixement le padre Linarès : Vous savez, n'est-ce pas ? ajouta-t-il, que, si l'intérêt de la patrie m'a engagé à me rendre ici, une raison plus impérieuse encore m'a poussé à m'introduire dans le presidio.

— Je comprends à peu près ce que vous voulez dire, don Incarnacion, j'ai tenu loyalement ma promesse.

— Ainsi doña Linda et son père ?

— Sont en sûreté; aussitôt l'arrivée des Espagnols, ils ont été conduits par moi et don Ramon dans une cachette préparée à l'avance et que nous connaissons seuls.

— Vous me jurez qu'ils ne courent aucun danger d'être découverts dans la cachette dont vous parlez ?

— Sur mon salut éternel, je vous le jure, señor, répondit le curé d'une voix ferme.

— Je vous crois, car je connais votre dévouement pour eux; vous savez que ce capitaine Balboa et les drôles qui l'accompagnent ne sont pas des soldats espagnols, mais bien des bandits de la pire espèce.

— Je m'en étais douté à leur manière de procéder dans notre malheureux pueblo; mais que faire ?

— Patience ; je sais le motif qui a conduit ici ce Balboa.

— L'amour du pillage.

— Oui, et son amour pour doña Linda.

— Ciel ! il serait possible ! s'écria-t-il en joignant les mains avec épouvante.

— Rassurez-vous; si Dieu m'a conduit ici, c'est qu'il ne voulait pas que les projets de ce bandit réussissent. Puis-je voir don José Moreno et sa charmante fille ?

— Ce serait une imprudence, señor don Incarnacion; songez que ce misérable Balboa a les yeux fixés sur vous maintenant. Si un malheureux hasard lui livrait votre nom, tout serait fini pour eux et pour vous.

— Qu'importe de mourir ! s'écria le jeune homme.

— En effet, señor don Incarnacion Ortiz, répondit le curé avec une solennité qui imposa au bouillant jeune homme, la mort n'est rien lorsqu'elle vient à son heure, que l'œuvre à laquelle on a voué son existence est accomplie et que, par conséquent, on peut sans crainte comparaître devant Dieu.

— Vous avez raison; j'attendrai donc, puisqu'il le faut, interrompit le partisan, calmé subitement par cette semonce un peu sévère; mais aussitôt que notre besogne sera terminée, vive Dios !...

— Alors, señor, vous agirez à votre guise, et je vous jure sur l'honneur que, loin de vous retenir, je vous aiderai de tout mon pouvoir.

— Je compte sur votre parole, seigneur padre.

— Vous me trouverez toujours prêt à la tenir.

— Merci, maintenant ne songeons plus qu'à notre sainte cause.

— Hélas ! murmura tristement le prêtre.

La porte s'ouvrit, l'alcade entra.

— Déjà de retour ? s'écria joyeusement le jeune homme.

— Vous voyez que je n'ai pas perdu de temps.

— Non certes, je vous félicite de votre promptitude. Mais, dites-moi, avez-vous au moins distribué une quantité raisonnable de liqueurs à ces dignes tamarindos ?

— J'ai fait transporter sur la plaza Mayor assez de mezcal et de refiño pour enivrer tout un régiment.

— Tant mieux, señor don Ramon. Qu'ils boivent; plus ils boiront, mieux cela vaudra.

— Vous savez, señor Ortiz, que je ne vous comprends point.

— Bah ! que cela ne vous inquiète pas ; bientôt vous me comprendrez, je vous le promets. Quelques signes d'ivresse commencent-ils à se manifester parmi les soldats ?

— Eh ! eh ! ils étaient passablement ivres déjà avant mon arrivée, ainsi que vous avez pu vous en assurer par vous-même; le surcroît de liqueur que je leur ai envoyé ne peut que les achever, je suppose.

— Fort bien. Maintenant écoutez-moi tous deux et pesez bien mes paroles, car l'heure nous presse et je ne pourrais vous les répéter. J'ai l'intention de me défaire, cette nuit même, de l'escadron maudit du capitaine Balboa; voici trop longtemps que ce damné gachupine rançonne et pille cette province; il est temps d'y mettre un terme; d'ailleurs j'ai reçu des ordres positifs du Congrès pour en finir sans retard avec lui. Il n'y a donc pas à reculer, maintenant il faut agir à tout prix.

— C'est difficile.

— Pas autant que vous le supposez. Toutes mes mesures sont prises, mais, pour l'accomplissement de mon plan, je vous avoue que j'ai besoin de votre concours, señores.

— Il vous est acquis sans restriction; que faut-il faire? répondit l'alcade en hochant la tête d'un air de doute.

— Presque rien. Ce soir il est évident que tous les tamarindos seront ivres. Rien ne sera donc plus facile que de s'emparer de leurs chevaux et de leurs armes.

— Je ne partage pas votre opinion ; beaucoup seront ivres, il est vrai; mais les autres, commandés par de bons officiers, bien armés et bien disciplinés, auront facilement raison de nos pauvres Indiens.

— Voilà où je vous attendais, don Ramon. Est-ce que toutes les guaritas du pueblo sont fermées?

— Toutes, et, qui plus est, gardées par de forts détachements espagnols.

— Je crois me rappeler cependant qu'il existe une espèce de douve par laquelle il est possible de s'introduire sans être aperçu dans le pueblo.

— En effet.

— Et elle n'est pas gardée?

— Comment le serait-elle ? Les gavachos ne connaissent pas le Paso.

— Eh bien, vous placerez un homme sûr à cet endroit, et cette nuit, à dix heures précises, un détachement de cent cinquante cavaliers, commandé par don Pedro Moreno et par moi, entrera par cette douve dans la place, et vous prêtera main-forte.

— Votre cuadrilla est donc réellement aux environs du pueblo ?

— Certes, la meilleure diplomatie est de ne jamais mentir, en conséquence j'ai dit la stricte vérité au capitaine Balboa. Seulement, au lieu de nous surprendre, comme il l'espère, c'est lui qui sera surpris.

— Ah ! vive Dios ! s'écria l'alcade, la plaisanterie sera excellente.

— N'est-ce pas? et bien imaginée.

— En effet. Seulement, je vois un obstacle sérieux à la réussite de ce coup de main.

— Lequel ?

— Il me semble que c'est vous-mêmes qui devez servir de guide aux tamarindos dans l'expédition projetée.

— Oh ! que cela ne vous embarrasse pas, j'en fais mon affaire, et maintenant que nous sommes bien convenus de tout, au revoir, señores.

— Comment! au revoir!... ne dînez-vous pas avec nous?

— Peut-être, répondit en riant don Incarnacion, mais je préfère me faire inviter par le commandant espagnol.

Et sans ajouter un mot il sortit, laissant ses deux complices épouvantés de son audace, de sa gaieté et de son imperturbable confiance dans le succès d'un aussi hasardeux coup de main.

A quelques pas à peine de la maison, le partisan se trouva, au moment où il s'y attendait le moins, face à face avec le commandant espagnol qui arrivait suivi de ses officiers.

— Eh! seigneur étudiant, lui dit le capitaine en l'arrêtant au passage, où allez-vous donc?

— Ma foi, seigneur commandant, répondit Ortiz en riant d'un air narquois, s'il faut vous l'avouer, je cherche à dîner.

— Comment, à dîner? et votre oncle le digne alcade, est-ce que par hasard?

— Mon oncle, interrompit en riant le jeune homme, m'a mis à la porte, en m'engageant à aller demander à dîner à mes bons amis les Espagnols. Je vous répète ses propres expressions, sans me permettre d'y rien changer.

— Ah! fit le commandant en fronçant le sourcil, a-t-il dit cela, le digne alcade? Eh bien! il n'en aura pas le démenti. Vos bons amis les Espagnols vous invitent à dîner, seulement, le repas aura lieu chez votre oncle et, vive Dios! lui-même en fera les frais.

— Bravo, c'est charmant, exclamèrent en riant les officiers.

— Vous me faites beaucoup d'honneur, seigneur commandant, répondit le jeune homme avec un feint embarras; mais je ne sais trop, en vérité, s'il m'est possible d'accepter cette gracieuse invitation.

— Et pourquoi la refuseriez-vous, s'il vous plaît, señor étudiant?

— Parce que j'ai une peur horrible de me brouiller tout à fait avec mon oncle, qui est riche et dont je suis le seul héritier, et après ce qui s'est passé déjà entre nous tout à l'heure, ma foi, je vous avoue que je craindrais...

— Ta, ta, ta, ta, interrompit gaiement l'officier, vous êtes un joli garçon, vous me plaisez; je me charge de faire votre paix avec votre oncle, moi; soyez tranquille.

— S'il en est ainsi, je n'ai plus qu'à vous suivre, commandant.

— Venez; vous verrez qu'il nous recevra bien.

Cinq minutes plus tard, le capitaine don Horacio de Balboa entrait dans la maison de l'alcade en compagnie de ses officiers et suivi par Incarnacion Ortiz, qui souriait sournoisement, tout en feignant d'être fort embarrassé de sa personne.

Don Ramon Ochoa fut assez désagréablement surpris de cette nouvelle invasion; il ne comprenait rien à la présence du partisan; mais un coup d'œil échangé à la dérobée avec celui-ci le rassura en partie, et il reçut ses malencontreux visiteurs avec la plus exquise politesse, bien qu'intérieurement il les maudît de tout son cœur.

— Señor alcade, dit le capitaine au moment où celui-ci se préparait à lui demander les motifs de sa présence, comme vous m'avez, il y a une heure à peine, assuré de votre dévouement à la cause royale, j'ai voulu vous donner une preuve publique de ma satisfaction. Je viens donc dîner chez vous avec mes officiers et votre neveu, que vous paraissez avoir assez mal reçu, et avec qui, si vous tenez à m'être agréable, je vous engage à faire la paix.

— Soyez assuré, mon cher oncle, dit respectueusement le jeune homme, que je regrette mes torts; je vous prie donc humblement de me les pardonner.

— Voilà qui est fait, dit l'Espagnol. Maintenant, veuillez donner l'ordre de servir.

— Le repas que vous trouverez chez moi sera fort modeste, señor.

— Nous nous en contenterons, s'il est offert de bon cœur.

En attendant le dîner, l'alcade fit apporter des rafraîchissements, c'est-à-dire des liqueurs.

Sous prétexte d'aider son oncle à faire les honneurs de chez lui, le jeune homme avait pu, sans éveiller de soupçons, lui glisser à l'oreille quelques mots qui rassurèrent complètement don Ramon, et lui rendirent toute sa bonne humeur et sa présence d'esprit.

L'on servit enfin; les officiers espagnols prirent gaiement place autour d'une table surchargée de mets.

Les commencements du repas furent convenables et tels qu'on était en droit de l'espérer d'hommes comme il faut; mais bientôt les têtes s'échauffèrent, et peu à peu les plaisanteries devinrent aigres et insultantes; l'étudiant en théologie buvait très peu, mais aussi en revanche il versait force rasades à la ronde, si bien que tout le monde se mit bientôt à parler à la fois, à railler les rebelles et à adresser à l'alcade de mordantes railleries sur ses opinions, et même jusqu'à des menaces à peine déguisées.

Mais les choses n'en demeurèrent point là; les officiers, excités par les liqueurs qu'il avaient bues sans ménagement, lorsque leurs assiettes furent vides, trouvèrent charmant de les briser en les jetant par-dessus leurs têtes, les bouteilles et les verres ne tardèrent pas à suivre les assiettes; puis, l'ivresse augmentant, l'orgie dégénéra en pillage, et les meubles et les tableaux volèrent pêle-mêle en éclats.

Don Horacio de Balboa, au lieu de réprimer le désordre, l'excitait au contraire et donnait l'exemple. Un officier, plus ivre que les autres et ne sachant plus quel tour jouer au malheureux propriétaire, proposa enfin de faire un feu de

Don José la serra avec tendresse sur sa poitrine.

joie avec la maison de l'alcade. Celui-ci, craignant de ne pas être maître de son indignation, avait pris le parti de laisser le champ libre aux pillards et d'abandonner la place.

Son absence ne fut pas même remarquée. L'orgie continua avec un redoublement de rires et de cris joyeux.

Tout à coup, au plus fort de la fête, les officiers entendirent sonner l'*Angelus*.

— Qu'est-ce là? demanda le capitaine espagnol avec une surprise mêlée de mécontentement.

— Rien, dit Incarnacion; le curé qui remercie Dieu, sans doute, de votre présence dans le pueblo.

— Grand bien lui fasse! répondit don Horacio; mais où donc est passé notre hôte? ajouta-t-il, s'apercevant enfin de l'absence de l'alcade.

— Il va sans doute rentrer.

— Jeune homme, reprit le capitaine avec une gravité d'ivrogne, il n'est pas bien d'abandonner ainsi ses convives. Allez chercher votre oncle et amenez-le ici.

— J'y vais, répondit le partisan en quittant vivement la table.

— Et s'il résiste, apportez-le; en attendant, buvons!

— Buvons! répétèrent en chœur les officiers.

Don Incarnacion s'était hâté de profiter de la permission que lui avait donnée le capitaine et de quitter la salle.

Les libations, un instant interrompues, recommencèrent avec une ardeur nouvelle. On chanta, on cria, tout le monde voulut parler à la fois, si bien qu'au bout d'un instant il fut impossible de s'entendre et le tumulte devint réellement effroyable dans cette demeure si paisible d'ordinaire.

IV

DOÑA LINDA

A la porte de la maison, don Incarnacion Ortiz rencontra l'alcade qui se promenait de long en large d'un air préoccupé devant la porte.

— Eh bien? lui demanda celui-ci.

— L'ivresse est à son comble; si rien ne trouble leur joie, demain les retrouvera où ils sont; je suis sorti sous prétexte de vous ramener près d'eux.

— Ainsi, vous voulez que je rentre?

— Dieu m'en garde ! Ne songeons plus à ces ivrognes, profitons au contraire du répit qu'ils nous laissent.

— Sommes-nous libres de nos mouvements?

— Oui, quant à présent; agissons donc.

— Que faut-il faire?

— Avant tout, me conduire auprès de don José Moreno et de sa fille.

A cette proposition, à laquelle il était si loin de s'attendre, l'alcade fit un haut le corps, en regardant le jeune homme en face.

— Vous avez déjà adressé cette demande au padre Linarès, dit-il avec hésitation.

— C'est vrai.

« Comment le savez-vous?

— Il me l'a dit.

— Ah ! peut-être aurait-il mieux fait de ne point vous en parler.

— Pourquoi donc?

— Je m'entends; enfin peu importe, il faut que je les voie, coûte que coûte.

— Ce que vous avez à leur dire est donc grave?

— Fort grave, mon ami, croyez-en ma parole.

— Mon Dieu ! que faire? murmura-t-il.

— Me conduire à l'instant auprès d'eux, je vous le répète.

— Mais vous ne craignez pas que les officiers?..

— Leurs yeux sont fermés, vous dis-je; hâtez-vous de me conduire auprès de nos amis, il faut absolument que je les voie et que je cause avec eux.

— Venez donc alors, puisque vous l'exigez. Seulement, s'il arrive malheur !...

— Je réponds de tout, soyez tranquille. Est-ce loin d'ici?

— A deux pas.

Tout en parlant ainsi, ils avaient tourné dans une rue étroite qui conduisait au fleuve, et s'étaient arrêtés devant une maison basse, noire et d'aspect misérable.

— C'est là, dit l'alcade.

— Dans cette masure? murmura le jeune homme avec une pénible surprise.

— Pensez-vous qu'un palais leur serait un plus sûr refuge aujourd'hui? répondit ironiquement don Ramon.

— C'est juste, entrons.

L'alcade regarda autour de lui pour s'assurer que nul espion ne les surveillait; puis il s'approcha de la porte, contre laquelle il frappa avec sa canne trois coups espacés, en disant d'une voix basse :

— Dans la nuit les coyotes rôdent autour des habitations.

— Il n'est pas bon de sortir le soir, répondit aussitôt une voix de l'intérieur.

— A moins d'être muni d'armes, reprit l'alcade.

— Mais où les trouver? demanda-t-on.

— Chez ses amis, dit encore l'alcade.

Un bruit de verrous qu'on tire et de serrures qu'on ouvre se fit entendre à l'intérieur de la maison, et la porte s'entr'ouvrit de quelques pouces seulement. Au Mexique où les attaques nocturnes sont fréquentes, on a l'habitude de retenir les portes par une chaîne d'un pied de long au plus, attachée à deux crochets intérieurs.

Dans l'entre-bâillement apparut timidement la tête grisonnante d'un vieux nègre, dont le visage exprimait encore l'inquiétude. En apercevant deux personnes dans la rue, il fit un brusque mouvement en arrière.

Don Ramon, pour le tranquilliser, se hâta de prendre la parole.

— Eh ! Tio Canucho, lui dit-il en posant le pied entre la porte et le chambranle, afin d'empêcher qu'on la refermât, ne me reconnaissez-vous pas?

— Ah ! c'est vous, señor alcade, répondit le vieux nègre; mais vous n'êtes pas seul, il me semble, ajouta-t-il avec hésitation.

— Non, je suis avec un ami; allons, laissez-nous entrer, vieux fou, nous avons affaire à votre maître; par le temps qui court, il n'est pas sûr de causer longtemps dans la rue.

Le vieux nègre s'effaça, détacha la chaîne en grommelant à part lui, et les deux hommes pénétrèrent enfin dans la maison dont la porte se referma immédiatement derrière eux.

Ils traversèrent non seulement le saguan, mais encore le patio, et entrèrent dans le corral sans s'approcher de la maison.

— Où allons-nous donc? demanda à voix basse don Incarnacion à l'alcade, en regardant avec inquiétude autour de lui.

— Patience, nous arrivons, répondit don Ramon sur le même ton.

Le vieux nègre les fit entrer sous un hangar à demi ruiné, referma soigneusement derrière eux la claie servant de porte, puis il prit un balai et rejeta de côté un tas de paille de maïs et d'alfalfa.

Au bout d'un instant, un clou presque imperceptible apparut entre deux pierres.

Le nègre se baissa et tira ce clou avec force. Aussitôt une partie du mur du hangar s'abaissa sur une largeur de dix pieds carrés environ, glissa dans une rainure invisible, et découvrit les premières marches d'un escalier qui montait en forme de vis entre deux murailles assez rapprochées l'une de l'autre.

— Que diable est-ce là? murmura le partisan.

— Venez, répondit l'alcade en lui donnant l'exemple et montant les premières marches.

Incarnacion Ortiz le suivit aussitôt.

Le vieux nègre leur remit une lanterne, et lorsqu'il vit les deux hommes sur l'escalier, il fit de nouveau jouer la trappe qui se referma sur eux, tandis que lui demeurait au dehors.

— Bon ! nous voilà enfermés, ne put s'empêcher de dire le partisan.

— Pas pour longtemps, rassurez-vous.

— Qu'ai-je à craindre avec vous, mon ami? Seulement je suis attristé de ces précautions qui montrent si clairement l'état déplorable de notre malheureux pays.

Après avoir monté vingt-cinq marches, ils furent arrêtés par une forte grille en fer, que l'alcade ouvrit en faisant jouer un ressort invisible. Ils se trouvèrent alors dans un corridor assez étendu, qu'ils traversèrent, et à l'extrémité duquel ils rencontrèrent une nouvelle grille que l'alcade ouvrit comme la première.

Ils firent alors un brusque coude à gauche; mais à peine s'étaient-ils avancés d'une douzaine de pas, qu'un mur se dressa devant eux et leur présenta en apparence un obstacle infranchissable.

— Arrêtons-nous un instant, dit l'alcade.

— D'autant plus, répondit en riant le partisan, que je ne vois pas trop le moyen de faire autrement.

— Que cela ne vous inquiète pas, reprit en souriant don Ramon. Ceux auprès de qui nous nous rendons sont prévenus de notre arrivée depuis l'ouverture de la trappe; on ne tardera pas à nous venir reconnaître.

— Ah çà! où sommes-nous ici, don Ramon? Je vous avoue que j'ignorais complètement l'existence de cette cachette mystérieuse, et pourtant, vous le savez, une partie de mon enfance s'est écoulée dans ce pueblo ou du moins aux environs.

— Cette cachette, ainsi que vous la nommez, mon ami, est cependant fort ancienne, je vous assure; car elle remonte aux premiers temps de la conquête.

— Oh! oh! c'est probablement un de ces réduits mystérieux où les Indiens cachaient leurs richesses.

— Pas tout à fait, quoique vous soyez plus près de la vérité que vous ne le supposez; vous savez que les Indiens, bien que chrétiens en apparence, sont en réalité demeurés païens, et que beaucoup d'entre eux pratiquent encore aujourd'hui les rites de leur ancienne croyance.

— Oui, je sais cela, à peu près du moins; je vous avoue que je me suis peu occupé de ces questions.

— Vous savez aussi, sans doute, qu'ils sont convaincus que l'empereur Moctecuzoma, leur malheureux souverain si misérablement tué dans une émeute contre les Espagnols, a été enlevé au ciel et doit reparaître un jour pour les délivrer du joug des étrangers et rendre à l'empire des Incas sa splendeur première.

— Oui, en effet, j'ai souvent entendu parler de cette croyance.

— Nous avons quelques instants à nous et, si vous le voulez, je vous conterai cette légende.

— Je vous écoute, mon ami, d'autant plus que nous n'avons rien de mieux à faire.

— Moctecuzoma, c'est-à-dire *le seigneur sévère*, car tous les noms indiens ont une signification, et non Montezuma, ainsi qu'on a improprement falsifié son nom, était un homme d'un caractère faible et superstitieux à l'excès; l'arrivée imprévue des Espagnols l'avait rempli d'effroi à cause d'une ancienne prophétie qui annonçait que des hommes blancs et barbus, venant du nord-ouest sur de grandes maisons ailées, détruiraient l'empire mexicain. Il essaya donc par tous les moyens de se défaire de ces étrangers; malheureusement pour lui, ceux-ci avaient à leur tête un aventurier que la soif de l'or et le fanatisme avaient, à son insu peut-être, fait grand général et diplomate de génie; je n'entrerai avec vous dans aucun détail sur cette épopée fabuleusement héroïque nommée la conquête du Mexique. Cortez, maître de la capitale de l'empire, où il était entré en ami, redoutant une insurrection, avait obtenu du faible monarque qu'il se livrât entre ses mains et, tout en le comblant d'honneurs apparents, en réalité il le gardait prisonnier.

— Mais c'est un cours complet d'histoire que vous me faites, dit en riant le partisan. Après cela, puisque nous avons le temps...

— Attendez, reprit l'alcade. Un jour l'empereur, entouré de tous les seigneurs de sa cour, était demeuré longtemps pensif, ne répondant que par monosyllabes aux questions qu'on lui adressait, lorsque tout à coup il releva la tête et, étendant le bras droit pour réclamer l'attention : « Mes fidèles, dit-il, cette nuit mon père le Soleil m'est apparu, il m'a annoncé que le temps que je dois passer sur la terre est écoulé, et que bientôt je retournerai vers lui. Comment cet événement doit-il arriver, je l'ignore; seulement j'ai la conviction qu'il est proche. » A ces paroles, prononcées avec une amère tristesse, les caciques qui entouraient l'empereur fondirent en larmes; mais lui sourit doucement et, voulant les consoler, il reprit : « Amis, je suis fils du Soleil; donc je ne mourrai pas, je retournerai près de mon père. Séchez vos larmes, et réjouissez-vous de me voir échapper à la tyrannie des hommes barbus. Mon père m'appelle à lui, parce que ainsi le veut le destin, et que rien ne peut résister à des hommes invulnérables qui disposent à leur gré du feu du ciel, mais leur puissance n'aura qu'un temps; retenez bien mes paroles et exécutez fidèlement mes dernières recommandations, car de votre exactitude à m'obéir dépend le salut de notre chère patrie. De tous les biens que je possédais, un seul me reste, le feu sacré, jadis allumé par le Soleil lui-même et sur lequel les blancs n'ont point encore osé porter une main sacrilège. Ce feu, vous le voyez là, brûlant dans cette cassolette d'or; prenez-le, emportez-le sous vos manteaux sans que nos tyrans le puissent découvrir. Que chacun de vous conserve précieusement une parcelle de ce feu. Un jour, lorsque les temps d'épreuve seront révolus, vous me verrez apparaître à la droite de mon père, porté sur les nuages azurés; alors vous vous réjouirez, car je vous délivrerai de vos oppresseurs. » Les seigneurs mexicains obéirent à l'empereur et se retirèrent en emportant le feu sacré. Lorsque, quelques jours plus tard, l'empereur tomba frappé d'une pierre qui, sans doute, ne lui était pas destinée, ses dernières paroles furent celles-ci : « Mexicains ! le feu ! songez, songez au feu ! » Ce fut en vain que les Espagnols, effrayés par ces mots : « Le feu ! » et redoutant une trahison, cherchèrent à découvrir ce que signifiait cette mystérieuse recommandation, le secret fut religieusement gardé, et jamais ils n'eurent le mot de cette énigme ; mais comme l'Inquisition poursuivait avec une implacable cruauté tout ce qui avait une apparence d'idolâtrie, les dépositaires du feu sacré creusèrent des cachettes impénétrables où ils le renfermèrent ; le lieu où nous sommes est une de ces cachettes, construite par un des ancêtres de don José Moreno.

— Mais depuis longtemps, sans doute, le feu sacré est éteint ?

— Vous vous trompez, il brûle toujours : don José Moreno ne descend-il pas des anciens rois de Tezcuco, alliés à la famille du dernier empereur ?

— C'est vrai, je l'avais oublié ; ainsi vous croyez...

— J'en suis sûr ; Indien moi-même, don José m'a depuis longtemps instruit... mais chut ! on vient, pas un mot de ce que je vous ai dit.

— Je vous le promets.

En ce moment, en effet, un léger bruit se fit entendre derrière le mur, dont une partie se détacha d'un seul bloc et ouvrit un large passage.

— Allons, dit l'alcade.

Un peon les attendait, une torche à la main ; il les guida par différents passages et s'arrêta, au bout de quelques minutes, devant une porte contre laquelle il frappa.

— Entrez et soyez les bienvenus, répondit-on de l'intérieur.

Don Ramon ouvrit la porte et entra, suivi par le partisan.

Dans la salle où ils pénétrèrent, se trouvaient deux personnes, un vieillard et une jeune fille.

Le vieillard était un homme de soixante-six à soixante-huit ans, d'une taille élevée, dont les traits imposants, mais flétris par le malheur, respiraient la bonté et commandaient le respect ; ses cheveux, blancs comme les neiges du Chimborazo, tombaient en désordre sur ses épaules.

La jeune fille était une blonde enfant de dix-sept ans au plus, svelte et gracieuse ; ses grands yeux bleus semblaient refléter l'azur du ciel, sa bouche rieuse, aux lèvres roses, laissait, en s'entr'ouvrant, apercevoir un double chapelet de perles ; de longs cheveux cendrés, soyeux et bouclés, encadraient son charmant visage ; son costume se composait d'une robe de mousseline blanche serrée à la taille par un large ruban bleu, et d'un rebozo de dentelles rejeté négligemment en arrière : des mules microscopiques chaussaient ses pieds d'enfant.

Le vieillard, c'était don José Moreno ; sa compagne, c'était sa fille, doña Linda, nom qui signifie *belle*, en castillan.

En apercevant l'alcade, don José lui tendit la main.

— Soyez le bienvenu encore une fois, mon ami, lui dit-il. Je regrette que la goutte qui me retient sur ce sopha n'empêche d'aller au-devant de vous. Mais qui nous amenez-vous donc là ? continua-t-il d'un ton de bonne humeur. Un ami, sur ma parole.

— Incarnacion ! s'écria la jeune fille en bondissant toute joyeuse à la rencontre du partisan.

— Holà, enfant, holà ! reprit en riant le vieillard, du calme, s'il vous plaît. Est-ce qu'on se précipite ainsi dans les bras d'un beau jeune homme, même lorsque ce beau jeune homme est notre fiancé ?

La jeune fille se recula confuse et rougissante.

— Votre bénédiction au soldat, mon vénéré cousin, dit le partisan en s'agenouillant respectueusement devant le vieillard.

— Sur mon cœur, mon enfant, s'écria don José en le serrant avec tendresse sur sa poitrine.

— Est-ce que vous ne pardonnez pas à Linda, mon cousin ? Je l'aime tant !

Le vieillard sourit à cette singulière excuse, réunit les deux jeunes gens entre ses bras, et il les embrassa avec tendresse.

— Allons, dit gaiement l'alcade en s'asseyant sur un fauteuil, je vois que je n'ai pas commis une aussi grande maladresse que je le craignais, en vous amenant Incarnacion. Cela me rassure, monseigneur ; vous ne m'en voudrez pas trop.

— Vous êtes un bon et digne ami, Ramon, vous m'avez causé la plus agréable surprise et je vous remercie sincèrement.

— Alors tout est pour le mieux ; car je vous avoue que j'ai longtemps hésité avant de consentir à ce que me demandait votre parent, monseigneur.

— Je connais votre prudence.

— On ne saurait user de trop de précautions, surtout dans les circonstances où nous nous trouvons ; ces gachupines maudits ont des yeux de lynx pour découvrir les patriotes ; leurs espions sont partout.

— Espérons que cette fois du moins, dit en souriant don José, vous les aurez dépistés.

— Dieu le veuille, monseigneur ! Si le contraire arrivait, jamais je ne me consolerais d'un tel malheur.

— Quoi de nouveau, mon cousin ? demanda doña Linda.

— Hélas ! ma cousine, la cause de l'indépendance est plus que jamais compromise, répondit en soupirant le jeune homme.

— Est-ce que vous en désespérez ? s'écria-t-elle en lui jetant un fier et clair regard.

Ils avaient à leur tête un aventurier, que la soif de l'or avait fait grand général.

— Non! fit-il; mais pardon, je n'ai que quelques minutes à ma disposition, et...

— Déjà nous quitter! s'écrièrent le père et la fille.

— Malgré moi, croyez-le bien. J'avais voulu m'assurer par moi-même que votre situation n'était pas trop misérable; maintenant que je suis rassuré, je ne dois pas oublier plus longtemps mon devoir, malgré le vif plaisir que j'aurais de demeurer encore auprès de vous.

— Sérieusement vous partez ainsi tout de suite? dit la jeune fille avec tristesse.

— Hélas! il le faut; je dois tenter cette nuit même un coup de main qui, s'il réussit, nous délivrera de ces Espagnols maudits.

— Vous connaissez leur chef, Incarnacion?

— Un peu, mon cousin; c'est un certain don Horacio de Balboa, ainsi qu'il se fait pompeusement nommer, un de vos anciens tigreros, je crois.

— Oui, mon ami, c'est bien cela : prenez garde à cet homme, c'est un démon. Il n'a fait irruption dans ce village perdu que pour s'emparer de ma fille et de moi, j'en suis convaincu.

— Oh! oh! fit le jeune homme en fronçant le sourcil d'un air menaçant, je vous remercie de ce renseignement, mon cousin. Cet homme m'était assez antipathique déjà et puisque qu'il en est ainsi, vive Dios! c'est à lui de prendre garde alors; car je ne l'épargnerai pas.

— Cet homme, Incarnacion, a osé lever les yeux sur ma fille, votre fiancée, et de plus, ajouta-t-il à voix basse en se penchant à son oreille, il connaît ou du moins il soupçonne notre secret.

Le jeune homme pâlit.

— Sur mon honneur, mon cousin, si cet homme est maître de notre secret, il mourra, dit-il d'une voix sourde.

— Vous nous sauverez, n'est-ce pas, Incarnacion? s'écria la jeune fille en joignant les mains avec angoisse.

— Je vous le jure, ma cousine, cette nuit même! Car le temps presse, et je ne veux pas vous laisser plus longtemps exposée aux insultes de ce bandit; c'est même, à part mon inquiétude sur votre compte, un peu pour m'entendre à ce sujet que je suis venu vous trouver; croyez-vous pouvoir vous tenir à cheval, don José?

— Quand je devrais m'y faire attacher, mon enfant. Ne suis-je pas un vieux soldat?

— Alors soyez prêt à partir au premier signal. Maintenant que je vous ai vu, me voilà tranquille; avant deux heures vous aurez de mes nouvelles.

— Que Dieu vous accompagne dans le péril que vous allez courir, Incarnacion!

— Et qu'il vous protège, mon cousin, dit la jeune fille en lui tendant son front, sur lequel il déposa un chaste baiser.

— Maintenant me voilà fort, dit-il gaiement.

— Un mot encore, enfant?

— Parlez, mon cousin.

— Vous ne m'avez rien dit de mon fils.

— C'est vrai, dit-il en riant: j'avais complètement oublié mon ami, moi, dans la joie de vous revoir.

— Il ne lui est rien arrivé?

— Vous le verrez cette nuit même.

— Alors il est près d'ici?

— Il m'attend.

— Il est temps de partir, interrompit l'alcade.

— Un instant encore, Incarnacion.

— Un retard peut tout perdre.

— Allez donc alors, et à bientôt.

— A bientôt, s'écria Incarnacion, et il se précipita hors de la salle sur les pas de don Ramon.

V

L'EXPÉDITION

Guidé par don Ramon, le partisan se retrouva bientôt dans la rue. Un quart d'heure plus tard, il prenait congé de l'alcade et rentrait dans la maison, où l'orgie était arrivé à son comble.

Il pénétra sans bruit dans la salle, se faufila parmi les convives, dont aucun ne fit attention à lui et s'assit à table au milieu des officiers : nul ne parut remarquer qu'il se fût absenté pendant plus d'une heure; les Espagnols avaient atteint ce degré de l'ivresse où toute excitation devient inutile.

— Un mot, s'il vous plait, commandant, dit-il à voix basse à don Horacio.

— Parlez, cher ami, répondit celui-ci en se renversant sur sa chaise.

— Permettez-moi de vous faire observer que vous semblez perdre complètement la mémoire.

— Hein? que voulez-vous dire?

— N'avons-nous pas une expédition pour cette nuit?

— C'est vrai, vive Dios! s'écria le commandant qui se redressa vivement.

— Calmez-vous, reprit le jeune homme en l'obligeant doucement à se rasseoir, l'heure n'est point arrivée encore; si vous m'en croyez, nous attendrons que ceux que nous voulons surprendre soient endormis.

— Vous avez raison; dans une heure nous nous mettrons en route.

— Avant tout, ne serait-il pas important, capitaine, de bien nous assurer de la position de l'ennemi?

— Hum! l'idée est bonne, répondit don Horacio avec une gravité d'ivrogne; mais qui la mettra à exécution? Je ne vois ici personne qui...

— Et moi? Ne suis-je pas là?

— Au fait, c'est vrai, vous êtes là, vous, pourquoi ne vous en chargeriez-vous pas?

Le partisan retint à grand'peine un geste de satisfaction.

— Ce n'est pas moi que vous servirez, jeune homme, c'est le roi.

— Ma vie lui appartient.

— Bien parlé. Je vois que je ferai quelque chose de vous.

— Je l'espère, dit en souriant avec ironie le guerillero.

— N'en doutez pas; ainsi voilà qui est convenu, vous battrez l'estrade et nous rapporterez les nouvelles ici.

— Surtout, commandant, ne bougez pas avant mon retour.

— Il y a encore des bouteilles pleines, fit le capitaine avec un geste majestueux.

Le partisan se glissa comme une couleuvre parmi les officiers, et sortit de la salle. Il ferma ensuite la porte de la maison à double tour, mit la clef dans sa poche et bien certain que, bon gré mal gré, les officiers espagnols ne quitteraient pas la maison, il s'éloigna en courant dans la direction de la plaza Mayor.

Nous avons dit que les soldats dormaient, couchés pêle-mêle au milieu des débris informes de l'orgie; le partisan leur jeta en passant un regard de mépris, et il continua sa course rapide.

Les rues du pueblo étaient désertes, les maisons fermées ne laissaient filtrer aucune lumière à travers les persiennes; partout régnaient l'ombre et le silence.

Le partisan, après plusieurs détours, atteignit enfin la brèche où il avait, quelques heures auparavant, donné rendez-vous à don Ramon Ochoa. Le digne alcade s'y trouvait depuis longtemps déjà, accompagné de quelques hommes, et assez inquiet de ce retard prolongé.

En apercevant le jeune homme, il poussa un cri de joie et accourut vivement vers lui.

— Eh bien? lui demanda-t-il.

— Tout va bien, répondit celui-ci.

— Vous avez bien tardé?

— C'est vrai; la faute en est à ces ivrognes d'Espagnols dont je ne savais comment me débarrasser.

Puis le jeune homme s'interrompit en poussant une exclamation de dépit.

— Qu'avez-vous? demanda en tressaillant don Ramon.

— Eh! fit le partisan, j'ai que ma mule se trouve dans le corral du padre Linarès, dont je n'ai pu la faire sortir, et que je n'ai pas de monture.

— N'est-ce que cela ? dit l'alcade. Venez.

Il fit quelque pas, suivi par le jeune homme, ouvrit la porte d'une maison voisine, et montra à Incarnacion, sous le saguan, un beau mustang complètement équipé.

— Parfait ! señor don Ramon, s'écria le jeune homme ; *viva Dios !* vous êtes un homme précieux.

Il se mit en selle d'un bond, et rassemblant les rênes :

— Je pars, attendez-moi, dit-il, bientôt je serai de retour.

— Un instant, cher don Incarnacion, s'écria l'alcade en retenant le cheval par la bride.

— Quoi encore ? dit-il avec impatience.

— *Caraï !* vos instructions, mon maître. Que dois-je faire pendant votre absence ?

— C'est juste, je n'y pensais plus. Où donc ai-je la tête ?

— Bah ! le mal n'est pas grand ; parlez.

— Votre rôle est bien facile : préparer tout pour une levée de boucliers en masse ; que chacun, tout en restant caché dans sa maison, soit prêt à en sortir au premier signal et à tomber dru sur les Espagnols. Il faut que pas un de ces misérables ne nous échappe.

— Bon ; mais ivres comme ils le sont, nous en aurons bon marché.

— Peut-être ; dans tous les cas soyons sur nos gardes ; car les moins ivres, croyez-le bien, se défendront comme des lions ; ainsi pas d'imprudence.

— Je sais ce que je ferai, dit-il avec un rire sinistre ; partez sans inquiétude. Quand vous reviendrez tout sera prêt, j'en fais mon affaire.

— A la bonne heure ainsi ; seulement hâtez-vous, car bientôt je serai de retour, et je ne reviendrai pas seul.

— C'est convenu, répondit l'alcade en lâchant le cheval et faisant quelques pas en arrière.

Le jeune homme enleva sa monture, franchit la brèche d'un bond, puis, lâchant la bride et se penchant sur le cou de son cheval, il s'éloigna à fond de train et ne tarda pas à disparaître dans les ténèbres.

Cependant, après une course affolée d'une vingtaine de minutes à peu près, Incarnacion commença peu à peu à ralentir son allure. Il atteignit ainsi une espèce de carrefour, où quatre sentiers venaient aboutir ; au milieu, sur un piédestal en pierre, se dressait une haute croix en fer à laquelle se balançaient tous les instruments de la Passion.

Le jeune homme s'arrêta, sortit un pistolet de sa ceinture, le débourra avec la baguette, versa de la poudre fraîche dans le bassinet et, élevant le pistolet au-dessus de sa tête, il lâcha la détente ; l'amorce brûla.

Presque aussitôt une lumière assez vive raya l'obscurité dans le chemin qui faisait face au partisan.

— Les voilà ! murmura-t-il, il était temps.

Et il siffla doucement son cheval.

Le noble animal secoua la tête et partit à fond de train dans la direction où la lueur était apparue.

Bientôt un bruit de pas, mêlé à un froissement de fer, se fit entendre.

Le partisan se plaça fièrement en travers de la route et, armant ses pistolets :

— *¿ Quien vive ?* [1] cria-t-il.

— *Mejico é independencia*, répondit une voix forte sortant du milieu des ténèbres.

— *¿ Qué gente ?*

— *Rancheros de don Pedro Moreno.*

— *Vivia Dios !* s'écria joyeusement le jeune homme, soyez les bien arrivés ; est-ce vous, don Pedro ?

— Oui, cher ami, c'est moi, répondit une voix au timbre doux et harmonieux.

— Ah bien ! fit Incarnacion, il faut que je vous embrasse, compagnon.

Et il s'élança au galop au-devant de la troupe qui arrivait sur lui. En quelques minutes l'espace fut franchi, et il se trouva au milieu de ses amis.

— *Per Dios !* dit-il après avoir embrassé don Pedro, à plusieurs reprises, cher don Pedro, à quel heureux hasard devons-nous votre présence ?

— Oh ! mon ami, répondit en riant celui-ci, la chose est bien simple, je vous jure : ce soir, vers trois heures de l'après-midi, j'ai rejoint ma cuadrilla, que depuis quelques jours j'avais laissée aux ordres de mon lieutenant. Il m'a expliqué le coup de main que vous étiez résolu à tenter ; naturellement j'ai voulu prendre ma part de l'affaire ; mais comme il est bon d'être prudent, pendant que je venais avec trois cents chevaux à votre rencontre, mon lieutenant restait à une lieue d'ici avec deux cents autres, afin, si besoin était, de nous porter immédiatement secours.

— Parfaitement raisonné, voilà donc pourquoi je ne le vois pas.

— Il forme la réserve ; ah çà ! que faisons-nous ? J'ignore votre plan, moi.

— Je vais vous l'expliquer, mais d'abord continuons à marcher. Seulement expédiez un homme sûr à votre lieutenant avec ordre de s'avancer sur El Paso, et détachez quelques batteurs d'estrade pour éclairer les flancs du détachement. En avant nous n'avons rien à redouter.

Ces deux ordres furent aussitôt exécutés, et la troupe repartit au grand trot.

Quand ils ne furent plus qu'à une porté de pistolet du presidio, sur l'ordre de don Pedro, les rancheros firent halte. Incarnacion Ortiz échangea quelques mots à voix basse avec son ami, et, lâchant la bride, il continua à piquer droit vers le pueblo.

1. — Qui vive ?
— Mexique et indépendance.
— Quelles gens ?
— Rancheros, c'est-à-dire guerilleros de don Pedro Moreno.

Au bout de quelques minutes il se trouva en face de la brèche; sans s'arrêter, il enleva son cheval, et sauta résolument de l'autre côté. Au même instant un homme mit la main sur la bride du mustang.

— Est-ce vous, cher alcade? demanda le jeune homme à voix basse.

— Moi-même, je vous attendais.

— Et vos compagnons?

— Ils sont à deux pas, prêts à se montrer quand il le faudra.

— Tout est pour le mieux alors, le reste me regarde.

— Agissez donc à votre guise; vous n'avez plus besoin de moi?

— Non, merci, seigneur alcade. Seulement je vous recommande certaines personnes que vous savez.

— La recommandation était inutile, fit don Ramon; d'ailleurs, ajouta-t-il en ricanant, j'ai mon idée.

L'alcade se retira aussitôt; non pas qu'il eût peur, mais il caressait intérieurement un projet qu'il lui tardait de mettre à exécution.

Les rancheros pénétrèrent alors dans le pueblo en passant un à un par la douve.

Don Pedro avait fait garnir les pieds des chevaux de sacs de cuir remplis de sable, de sorte que les cavaliers s'avancèrent à travers les rues sans que leur marche produisît le plus léger bruit.

Le premier soin des indépendants fut de cerner la plaza Mayor en occupant par de forts détachements l'entrée de toutes les rues qui y conduisaient.

Les soldats espagnols, plongés dans la plus complète ivresse, dormaient toujours d'un sommeil profond; ils étaient loin de soupçonner le réveil terrible que leur préparaient les indépendants.

Incarnacion Ortiz, après s'être assuré que les rancheros étaient bien à leur poste, mit pied à terre et marcha droit à l'église, à la porte de laquelle il frappa.

VI

COMMENT SE CHARGE UNE MINE

La population du Mexique est, ainsi que nous l'avons dit plus haut, d'environ sept millions quatre cent mille habitants, sur lesquels les deux tiers à peu près sont d'origine indienne, et l'autre tiers est composé de blancs, pour la plupart descendants d'Espagnols; car sous la domination espagnole les colonies étaient impitoyablement fermées, non seulement à la colonisation européenne, mais encore au commerce, et il y avait peine de mort contre tout étranger surpris sur le sol mexicain; plus tard, après la proclamation de l'indépendance, malgré les efforts qu'on fit pour les attirer, les colons allemands, irlandais, etc., ne rencontrant pas dans des contrées livrées à une perpétuelle anarchie une protection suffisante et la sécurité nécessaire à la prospérité de leurs travaux, se dirigèrent presque tous vers les États-Unis d'Amérique où ils étaient certains de rencontrer les secours et l'aide nécessaires au développement des nombreux établissements qu'ils allaient fonder.

Les Indiens se divisent en quatre classes ou catégories : les Indiens *Bravos* ou indomptés, qui vivent libres dans les déserts, ne reconnaissant d'autres lois que leur caprice et leur bon plaisir, et dont les tribus féroces, continuellement en guerre les unes contre les autres, dévastent sans cesse les malheureux villages situés sur les frontières de leurs savanes; les Indiens *Mansos* ou civilisés : ceux-ci habitent certains villages, ont adopté quelques-unes des coutumes des blancs, cultivent la terre, gardent les bestiaux et se louent, pour un espace de temps déterminé, comme ouvriers dans les villes. Viennent ensuite les métis, descendants de grandes familles indiennes pour la plupart, qui pour conserver leurs richesses ont consenti, à l'époque de la conquête, à croiser leur sang avec celui de leurs vainqueurs, mais qui cependant conservent toujours en secret leurs anciennes croyances et se bercent de l'espoir de renvoyer un jour tous les blancs de l'autre côté de la mer. Puis viennent enfin les peones, pauvres diables abrutis par l'esclavage, qui bien que libres en apparences, mais de nom seulement, vivent au jour le jour, croupissant dans l'ignorance la plus profonde, en proie à la plus horrible misère.

Don Ramon Ochoa, dont le nom patronymique était *Xilomantzin*, descendait en ligne directe des anciens chefs ou caciques de *Hatelolco*, dont un des ancêtres avait été mis à mort pour cause de rébellion par ordre exprès de l'empereur *Netzahualpiltzintli*, au commencement de l'année *Chicome-Calli* qui correspond à 1463.

Cette famille, très puissante alors, avait conservé une haine implacable contre les souverains du Mexique et depuis bien longtemps déjà elle attendait, avec cette patience qui caractérise la race américaine, que l'occasion lui fût offerte de se venger, lorsque cette heure sonna tout à coup pour elle, quand Cortez débarqua au Mexique et tenta son incroyable expédition.

Les premiers caciques qui se rallièrent aux aventuriers espagnols furent tous les membres de la famille de Xilomantzin; ils rejoignirent le camp de Cortez avec tous leurs alliés et leurs vassaux, au nombre de plus de vingt mille.

Ce secours imprévu redoubla l'ardeur des aventuriers et décida peut-être le succès de leur audacieuse expédition.

Aussi, contrairement aux habitudes des conquérants après la victoire, Cortez ne fut pas ingrat. La famille de Xilomantzin conserva toutes ses ri-

Le camp des Indiens

chesses à la seule condition d'embrasser le christianisme, et plusieurs jeunes filles, parentes du chef de cette puissante maison, furent données en mariage à des officiers espagnols, qui de simples aventuriers étaient devenus, grâce à la conquête, de hauts et puissants seigneurs.

Cependant avec le temps l'éclat de cette famille s'était peu à peu terni, sa richesse avait diminué dans des conditions considérables, et don Ramon Ochoa, le dernier représentant de la branche aînée, ne possédait plus qu'une fortune modeste, que d'ailleurs il menait grand train.

Don Ramon Ochoa avait toutes les vertus et tous les vices de la race à laquelle il appartenait; grand, généreux, fastueux même quand la circonstance l'exigeait, brave comme un lion et rusé comme un renard, il était adoré des Indiens qui voyaient en lui le descendant de l'un de leurs chefs les plus aimés.

Il haïssait cordialement les Espagnols auxquels, avec raison peut-être, il attribuait la décadence de sa maison et l'état précaire dans lequel lui-même était forcé de vivre.

Il n'avait accepté le poste d'alcade, que pour les tromper plus facilement, et depuis le commencement de la rébellion, par ses machinations occultes, il avait causé un mal énorme à ceux qu'il considérait comme étant les ennemis implacables de sa patrie et de sa race; mais ses mesures avaient toujours été si adroitement prises, ses complots si habilement ourdis, que, bien que les autorités espagnoles eussent la certitude morale de sa trahison, jamais elles n'avaient pu le prendre sur le fait, et acquérir une certitude qui eût permis de lui infliger un châtiment exemplaire.

Sa position d'alcade et son immense influence sur ses subordonnés empêchaient qu'on osât faire sans preuves positives la moindre tentative contre lui. Il le savait; aussi il redoublait de prudence, tout en continuant avec plus d'ardeur peut-être ses sapes souterraines.

D'ailleurs, don Ramon pressentait que l'heure de la lutte suprême, depuis si longtemps attendue, ne tarderait pas à sonner, et que le moment approchait où allait enfin se décider le sort de son pays.

Don Incarnacion Ortiz connaissait l'homme de longue date; il avait souri en lui entendant dire qu'il avait une idée; car il s'attendait de sa part à quelque chose de grave; il ne se trompait pas.

Don Ramon était dévoué à don José Moreno, qui avait en lui la plus entière confiance ; don José, de race indienne, de même que l'alcade, haïssait les Espagnols ; mais, père de deux enfants qu'il chérissait, et trop âgé pour prendre une part active à la guerre civile, retenu du reste chez lui par ses infirmités, il était contraint de demeurer spectateur de la lutte gigantesque que depuis dix ans ses compatriotes soutenaient avec un courage héroïque contre leurs oppresseurs ; mais s'il restait inactif, bien malgré lui, tous ses vœux étaient pour ceux qui voulaient rendre la liberté à leur patrie. Don José possédait une fortune colossale ; l'alcade, pauvre malheureusement ou du moins n'ayant que juste le nécessaire, n'hésita pas à lui communiquer ses plans ; les deux hommes s'entendirent en deux mots ; don José charmé de pouvoir, si ce n'est par son bras, du moins par sa fortune, servir la cause sacrée de l'indépendance, n'hésita pas à mettre à la disposition de don Ramon toutes les sommes que celui-ci lui demanda, et dont au reste celui-ci lui rendit un compte fidèle.

Alors l'alcade commença à faire acheter, par des affidés sur le dévouement desquels il savait pouvoir compter, toutes les armes et toutes les munitions qu'il lui fut possible de se procurer, sans attirer l'attention sur lui.

Le hasard le protégea en ce sens que la guerre, circonscrite dans certaines provinces du centre du Mexique, laissait les villes frontières où en apparence la tranquillité n'était pas troublée à peu près libres d'agir à leur guise sans éveiller les soupçons.

Tous les regards étaient fixés sur le théâtre de la lutte où l'on concentrait continuellement les forces espagnoles ; les provinces frontières, trop éloignées, demeuraient donc tout à fait en dehors du mouvement, se gouvernant comme en pleine paix, et inquiétées ni par l'un ni par l'autre parti.

L'invasion du Paso del Norte par le capitaine don Horacio de Balboa, était un fait isolé et complètement accidentel.

Le capitaine avait été conduit à tenter ce hardi coup de main, dans un but entièrement personnel et pour satisfaire des intérêts d'un caractère essentiellement privé.

Les troupes qu'il commandait ne faisaient en aucune façon partie de l'armée régulière espagnole, elles se composaient de bandits recrutés un peu partout et formant une cuadrilla de brigands dont le seul but était de pêcher en eau trouble dans le gouffre de la révolution, n'ayant aucune conviction politique, et prêts à changer de cocarde sans remords. à la condition d'y trouver un bénéfice en espèces sonnantes.

Cependant, comme tout se tient dans les choses humaines, et que souvent les petites causes amènent les plus grands effets, cette invasion d'un village presque ignoré, situé sur l'extrême frontière de la vice-royauté de la Nouvelle-Espagne, dans un but de vol et de pillage, alluma un incendie terrible qui ne devait s'éteindre que dans le sang du dernier Espagnol, en faisant triompher pour toujours la cause de l'indépendance.

Les armes et les munitions achetées par don Ramon avaient été apportées peu à peu à Paso del Norte, et cachées dans l'église même du pueblo, seul endroit où il était impossible qu'on soupçonnât leur présence, et cela à l'insu du padre Linarès lui-même, qui, malgré ses sentiments patriotiques, n'aurait certes pas souffert qu'on changeât la maison du Seigneur en arsenal.

L'alcade s'était servi en cette circonstance du sacristain, pauvre diable d'Indien qui lui devait tout et qui n'hésita pas à lui obéir.

Lorsque don Ramon avait quitté la maison pour obéir aux ordres d'Incarnacion Ortiz, après avoir fait, ainsi que cela avait été convenu, une ample distribution de liqueurs aux soldats campés sur la plaza Mayor, il était entré dans l'église par une porte de derrière.

L'église était sombre et déserte, un seul homme était assis, triste et pensif, sur les marches d'un autel. Cet homme était le sacristain.

Après l'avoir un instant examiné, l'alcade alla vers lui, sans que le pauvre diable absorbé par ses pensées le vît venir et il lui frappa sur l'épaule.

L'Indien tressaillit, à cet attouchement auquel il était loin de s'attendre ; mais, reconnaissant aussitôt l'homme arrêté devant lui et dont les regards étaient fixés sur son visage avec une expression singulière, il se leva en souriant de plaisir et attendit respectueusement ses ordres.

— Je te cherchais, *tio Picho*, lui dit l'alcade. Pourquoi restes-tu ici au lieu d'être dans ton rancho ?

— Je suis à mon poste, Seigneurie, répondit-il ; ma place n'est-elle pas ici ?...

— C'est vrai, mais au cas où il aurait plu aux brigands qui campent là, reprit-il en désignant la place, de piller l'église, tu n'aurais pu la défendre.

— Non, mais j'aurais pu me faire tuer sur le seuil.

Ces mots furent prononcés avec une simplicité et une conviction qui émurent l'alcade et lui causèrent une secrète joie ; car elles lui prouvèrent que cet homme était bien tel qu'il le désirait, et qu'il pouvait compter sur son dévouement.

— J'ai besoin de toi, lui dit-il.

— Je suis prêt ; que faut-il faire ? répondit-il sans hésiter.

— Écoute-moi d'abord.

— Parlez !

— Te souviens-tu de quelle façon pour la première fois nous nous sommes rencontrés ?

— Si je m'en souviens, Seigneurie ! s'écria-t-il avec élan ; c'est il y a trois ans ; je revenais d'Ojo-Lucero, où j'étais allé visiter un de mes parents qui était très malade et qui m'avait mandé auprès de lui pour le soigner; à deux lieues d'El Paso environ, vers trois heures de l'après-dînée, je marchais péniblement, la tête basse, car j'étais fatigué et je voulais arriver au pueblo avant la nuit, lorsque j'entendis un craquement de branches dans un *chaparral* que j'avais traversé quelques minutes auparavant. Je retournai la tête machinalement, et je tressaillis de terreur en apercevant à dix pas de moi à peine un jaguar posé en arrêt et qui me regardait avec des yeux rouges comme des charbons ardents; je me sentis perdu; j'étais sans armes et loin de tout secours humain; je recommandai mon âme à Dieu et je demeurai immobile, me préparant de mon mieux à une mort horrible et inévitable. Tout à coup, au moment où le jaguar se ramassait sur lui-même pour bondir en avant, un homme se jeta intrépidement au-devant de la bête féroce, l'ajusta et la tua raide d'une balle dans l'œil gauche. Je me jetai à vos pieds, seigneurie, car c'était vous qui m'aviez sauvé au risque de périr vous-même, et je vous dis : Seigneurie, je ne suis qu'un pauvre Indien; je ne possède que la vie que vous m'avez conservée; cette vie est à vous; n'importe quel jour, n'importe à quelle heure, quand vous me la demanderez, je vous la donnerai, sans hésitation comme sans regret, car je pourrai alors vous solder ma dette.

— Bien, je vois que tu as de la mémoire, *tio Picho*; je croyais que tu avais oublié cette rencontre. Il y a si longtemps déjà!

— J'ai la mémoire du cœur, Seigneurie; en effet, ne vous dois-je pas tout? Non content de me sauver du jaguar, vous m'avez encore sauvé de la misère. Cette place de sacristain, n'est-ce pas vous qui me l'avez fait obtenir?

— Eh bien! le moment est venu de t'acquitter envers moi; je dirai plus, même, de me rendre ton débiteur.

— Ordonnez, Seigneurie!

— Je t'avertis qu'en obéissant à mes ordres tu cours le risque d'être tué.

— Je vous répète que ma vie vous appartient. Disposez-en donc comme bon vous semblera, Seigneurie!

— Je t'enverrai, d'ici à quelques minutes, deux hommes sûrs; dès qu'ils seront arrivés, ils t'aideront à monter, du souterrain où elles sont enfouies, les armes que je t'ai confiées.

— Bon, fit-il, se frottant les mains avec joie; il paraît que le moment de s'en servir approche; tant mieux, Seigneurie.

— J'espère qu'elles serviront cette nuit même, *tio Picho;* dès que ces armes seront dans l'église, tu les cacheras dans les confessionnaux, où tu voudras, enfin; mais tu les disposeras de manière que, dès que tu en recevras l'ordre de moi, tu puisses les distribuer ainsi que la poudre et les balles à tous ceux qui les demanderont; m'as-tu bien compris?

— Parfaitement, Seigneurie; est-ce tout?

— Pas encore.

— Je le pensais aussi; je ne vois pas jusqu'à présent quel danger j'aurais à courir.

— Attends. A quelle heure sonne-t-on ordinairement l'angélus pour les prières du soir?

— Le premier coup est à sept heures, le second à huit et demie.

— Très bien!

— Pardon, Seigneurie, comme sans doute vous ne l'avez pas remarqué, je prendrai la liberté de vous faire observer que, depuis que les maudits gachupines se sont emparés du pueblo, c'est-à-dire depuis trois jours, l'église est demeurée fermée, et l'Angelus n'a été sonné ni matin ni soir.

— En effet, je ne l'avais pas remarqué ; pour quel motif le service a-t-il été ainsi interrompu?

— Parce que j'en ai reçu l'ordre, Seigneurie.

— Est-ce que par hasard les Espagnols?...

— Ce ne sont pas les Espagnols, Seigneurie.

— Qui donc, alors?

— Le señor curé.

— Le padre Linarès! s'écria-t-il avec surprise.

— Lui-même.

— Voilà qui est étrange.

— Il m'a dit que mieux valait ne pas prier Dieu que de prier pour les ennemis de la nation.

— Je ne l'aurais pas cru capable d'une telle volonté.

Il réfléchit un instant; enfin, il sembla prendre une décision :

— Écoute, dit-il, ce soir, à l'heure ordinaire, tu sonneras l'angélus comme si de rien n'était.

— Malgré l'ordre que j'ai reçu.

— Oui, je m'entendrai à ce sujet avec le padre Linarès.

— Oh! cela m'est égal, Seigneurie, dès que vous me le commandez, je n'ai pas besoin d'autre chose ; je vous obéirai.

— C'est bien; seulement, fais attention que quoi qu'il arrive, quand même on voudrait t'empêcher ou t'arrêter, il faut que l'angélus soit sonné.

— Il le sera, Seigneurie, je vous le jure sur ma part du paradis, quand même, pour m'en empêcher, les Espagnols me menaceraient de me tuer. D'ailleurs, je sais comment faire pour les tenir à distance.

— Peut-être ne songeront-ils pas à entrer dans l'église; dans tous les cas, je compte sur toi.

— Soyez sans inquiétude, Seigneurie; j'ai promis, je tiendrai.

— Allons, bonne chance, et au revoir, *tio Picho.*

— Allez avec Dieu, Seigneurie.

L'alcade quitta aussitôt l'église pour retourner chez lui où l'attendaient le curé et le partisan; mais, chemin faisant, il s'arrêta deux fois pour échanger quelques mots à voix basse avec des individus qui semblaient l'attendre, et ce ne fut qu'après les avoir vus se diriger vers la plaza Mayor qu'il se décida enfin à rentrer dans sa maison.

Don Ramon, en conspirateur expérimenté, songeait à tout; ainsi, il laça un de ses chevaux, le sella et le cacha dans la cour d'une maison située près de la douve par laquelle le partisan devait sortir, au cas où celui-ci, ce qui du reste arriva comme il l'avait prévu, aurait oublié de ramener son cheval du corral de sa maison, ou n'aurait pas osé le prendre de crainte d'éveiller les soupçons des Espagnols.

Lorsque Incarnacion Ortiz fut parti, l'alcade confia la garde de la douve à des hommes sûrs; puis il parcourut le pueblo, frappant à toutes les portes, glissant quelques mots à l'oreille des Indiens qui sortaient à son appel, si bien qu'en moins d'une heure plus de quatre cents personnes résolues à le seconder étaient prévenues, et selon toutes probabilités n'attendaient plus qu'un signal pour agir.

Ce devoir accompli, l'infatigable don Ramon, qui semblait se multiplier, tant, pendant ces quelques heures qui s'étaient écoulées depuis son entretien avec le partisan, il avait fait de choses, regagna la douve et attendit paisiblement le retour d'Incarnacion Ortiz tout en redoublant de vigilance, au cas où quelque improbable trahison essaierait de déjouer un plan si habilement conçu et si patiemment élaboré.

Le visage de l'alcade était impassible et froid comme si rien d'extraordinaire ne s'était passé; ses complices eux-mêmes, tous amis éprouvés, ne comprenaient rien à ce calme apparent. Cependant une tempête grondait dans le cœur du hardi conspirateur, ses tempes battaient à se rompre, ses nerfs tressaillaient au moindre bruit suspect; c'est que cette fois il avait brûlé ses vaisseaux, et jouait résolument sa tête dans une partie désespérée.

Lorsque Incarnacion Ortiz fut entré dans le pueblo à la tête de sa cuadrilla, don Ramon, après avoir d'un signe rassemblé ses amis autour de lui, les engagea à le suivre à distance, et de façon à ne pas attirer l'attention sur eux.

— Amis, leur dit-il, d'une voix profonde, la mine est chargée, le pétard est attaché, il s'agit maintenant d'y mettre le feu, de manière que si notre tentative échoue, nous nous fassions au moins de belles funérailles!... En avant, et vive la patrie!

— Vive la patrie! répétèrent les conjurés d'une voix contenue.

Le groupe se rompit alors; don Ramon partit en avant dans la direction de l'église.

Ses amis le suivirent à distance, en simulant autant que possible les allures de paisibles et inoffensifs promeneurs.

Sur son chemin, l'alcade rencontra plusieurs détachements de *rancheros* distribués de façon à complètement couper la retraite aux troupes espagnoles, et embusqués dans l'ombre aux angles des principales rues du pueblo.

Le digne homme se frotta les mains à s'enlever la peau, signe manifeste chez lui d'une joie extrême.

— *Viva Dios!* grommela-t-il en continuant à marcher d'un pas rapide, je crois que cette fois je tiens ces maudits gachupines! mais que va dire le padre Linarès? Bah! ajouta-t-il en riant, si nous réussissons, le succès me dispensera de toute explication! Et ce pauvre *tio Picho*, il a bravement tenu sa promesse. Pourvu qu'il ne lui soit rien arrivé.

Tout en se parlant ainsi à lui-même, l'alcade arriva à la porte de derrière qui déjà quelques heures auparavant lui avait servi à entrer dans l'église; cette porte n'était que poussée. Après avoir regardé autour de lui par une vieille habitude de prudence, il fit pieusement le signe de la croix et pénétra résolument à l'intérieur; sa détermination était prise, et dès lors irrévocable.

Derrière lui ses amis ou plutôt ses complices entrèrent un à un; le dernier ferma la porte et tira un verrou intérieur.

L'église regorgeait de monde; le padre Linarès lisait les prières du soir, assisté par *tio Picho*, le sacristain; l'alcade profita du recueillement général pour se glisser inaperçu à travers les rangs pressés des fidèles et aller se placer au pied de la chaire; alors il se croisa les bras sur la poitrine, promena un regard ferme et clair sur l'assistance, et il attendit silencieux et calme que le moment d'agir arrivât enfin.

VII

UN SERMON A PASO DEL NORTE

Le padre Linarès n'était pas un homme ordinaire; resté orphelin de bonne heure, pauvre et par conséquent sans appui dans le monde, la protection d'un parent éloigné de sa mère, chargé de sa tutelle et qui n'était pas fâché de s'en débarrasser, lui avait ouvert les portes d'un couvent de Guadalajara.

Devenu homme il regarda autour de lui; il se vit seul, sans ressources, et il se décida à entrer dans les ordres. La vie du cloître avait élevé son intelligence et développé ses instincts généreux; il avait complété son éducation par des études sérieuses faites dans la solitude; son esprit, énergique et ferme, aspirait à sortir de la position infime dans laquelle il semblait condamné à végéter, et cela non par ambition, mais simplement par amour du prochain et dans le but d'être utile à ses semblables, qui pourtant avaient si peu fait pour lui.

Cependant les événements avaient marché avec une rapidité effrayante, tandis que le pauvre prêtre, nommé curé de Paso del Norte, enseignait la parole divine aux Indiens ignorants qu'il avait mission d'instruire.

L'incendie ne devait s'éteindre que dans le sang du dernier Espagnol.

Le premier cri de liberté qui après une lutte héroïque de plus de dix ans, devait enfin assurer pour jamais l'indépendance du Mexique, avait été poussé dans un village ignoré et presque perdu dans les montagnes; ce cri avait eu un retentissement terrible, s'était propagé de proche en proche avec la rapidité d'une traînée de poudre; cent mille Indiens s'étaient levés et, guidés par un simple curé, ils avaient en quelques jours franchi une distance de plusieurs centaines de lieues, en traînant leurs canons à bras, à travers des routes impraticables, et étaient arrivés presque jusqu'aux portes de la capitale de la Nouvelle-Espagne, où ils avaient hautement réclamé la liberté aux Espagnols épouvantés de tant d'audace et de volonté de la part d'individus auxquels ils accordaient à peine le nom d'hommes.

Fait étrange et qui ne se rencontre dans l'histoire d'aucun peuple ; les premiers héros de la guerre de l'indépendance mexicaine furent tous des prêtres ou des jeunes gens qui se préparaient à la prêtrise et avaient reçu déjà les ordres mineurs.

Les grandes lueurs jetées sur les noms de Hidalgo et de Morelos, ces deux curés, les plus nobles chefs de la révolution mexicaine ; le rôle éclatant qu'ils avaient joué pendant quelques années, jusqu'à ce qu'enfin, tombés sous les coups des Espagnols, ils se fussent couchés dans des tombes sanglantes, avaient révélé au pauvre curé de Paso del Norte le but vers lequel il devait tendre pour laisser un souvenir dans le cœur de ses concitoyens et que son existence ne fût pas entièrement stérile.

Il comprit que le temps était venu pour lui de jouer à son tour un grand rôle dans le drame terrible de la révolution, non pas en remplaçant comme soldat les deux héros que la mort avait frappés : son caractère doux et naturellement timide s'y opposait ; mais en se dévouant à la cause sainte de la liberté pour encourager les combattants, secourir les blessés et consoler les mourants ; mission plus humble, mais non moins belle et que l'habit qu'il portait lui faisait, pensait-il, un devoir d'accomplir, quelles qu'en dussent être pour lui les conséquences dans l'avenir.

Il avait donc reçu avec une certaine satisfaction intime les ouvertures d'Incarnacion Ortiz ; sans refuser, mais aussi sans rien promettre; se réservant intérieurement d'intervenir, si besoin était, à la dernière heure, pour éviter ou du moins, si les deux partis en venaient aux mains, pour arrêter l'effusion du sang.

Attristé de toutes les horreurs dont malgré lui il avait été le témoin depuis l'irruption des dragons dans le pueblo, le padre Linarès s'était réfugié dans un oratoire retiré, afin d'échapper à la scène de débauche dont la maison de l'alcade était, depuis plusieurs heures, devenue le théâtre; et là, son bréviaire à la main, il priait avec ferveur, cherchant à ne pas entendre les bruits d'orgie qui parvenaient jusqu'à lui, lorsque soudain les premiers coups de l'angélus frappèrent son oreille.

Il releva vivement la tête. D'abord il crut s'être trompé. En effet, lui seul, en sa qualité de curé du pueblo, avait le droit de faire sonner l'angélus. Depuis le séjour des Espagnols il avait ordonné au sacristain de fermer l'église et avait interrompu les offices. Qui donc avait ainsi usurpé sa place, et osé convoquer les fidèles à la prière? Que signifiait cette sonnerie? Était-ce un signal? La révolte allait-elle éclater?

L'angélus sonnait toujours. Chaque tintement de la cloche résonnait, lugubre, aux oreilles du prêtre.

Il sentit une crainte vague et inexpliquée s'emparer de son esprit; d'où provenait-elle? Il n'aurait su le dire; cependant il voulut avoir le mot de cette énigme et, s'élançant hors de la maison, il se dirigea à pas précipités vers l'église.

Les habitants du pueblo de Paso del Norte, que, contrairement à leurs habitudes de chaque jour, la crainte confinait depuis le coucher du soleil dans leurs demeures, tressaillirent aux accents bien connus de cette cloche qui les convoquait à l'improviste; inquiets et effrayés, ils se trompèrent d'abord, eux aussi, et crurent entendre le tocsin annonçant le sac du pueblo. Mais aux premiers coups de l'angélus plusieurs hommes blottis dans le renfoncement des portes où probablement ils s'étaient embusqués à dessein se montrèrent tout à coup et commencèrent à aller de maisons en maisons en murmurant à voix basse quelques mots à l'oreille des habitants effrayés et stupéfaits; peu à peu les moins braves se rassurèrent; un silence profond régnait dans les rues; les soldats, ivres de mezcal, de pulque et de refino, dormaient couchés pêle-mêle sur la plaza Mayor.

Alors quelques portes s'entr'ouvrirent timidement, quelques visages effarés apparurent dans l'entre-bâillement de ces portes. Enfin, les plus hardis se décidèrent à mettre le pied hors de chez eux, d'autres les imitèrent peu à peu; les timides se hasardèrent à leur tour; si bien que, un quart d'heure plus tard, non seulement toute la population masculine du pueblo, mais encore la plupart des femmes, plus courageuses souvent que les hommes dans les circonstances décisives, débouchaient par toutes les rues qui donnaient sur la place, portant leurs enfants dans les bras, et se dirigeaient en troupes serrées vers l'église, dont les portes étaient toutes grandes ouvertes.

En moins de quelques minutes, l'église fut pleine; le sacristain, qui, sans doute, en avait précédemment reçu l'ordre, se préparait à fermer les portes derrière les derniers arrivés, lorsque le curé se présenta et entra avec eux.

Le sacristain réprima un geste de surprise et salua humblement le padre Linarès.

— Pourquoi avez-vous, malgré ma défense, sonné l'angélus? demanda le prêtre d'une voix irritée.

— Comment, mon père, malgré votre défense? répondit le sacristain en feignant le plus grand étonnement; mais je n'ai fait que vous obéir au contraire.

— Vous jouez-vous de moi, *tio Picho*, ou prétendez-vous me tromper?

— Vous ne le supposez pas, mon père.

— Je vous avais expressément défendu d'ouvrir l'église.

— C'est vrai, mon père.

— Eh bien! alors, comment se fait-il que, malgré cette défense, non seulement l'église soit ouverte, mais que de plus vous ayez osé sonner l'angélus?

— Il y a une heure, vous m'avez fait dire de sonner comme de coutume.

— Moi?

— Oui certes, mon père.

— Et par qui, s'il vous plaît?

— Par le seigneur alcade.

— Don Ramon Ochoa?

— Oui, mon père, lui-même; il est entré dans l'église, est venu vers moi, et s'est dit envoyé par vous. Pouvais-je désobéir à un ordre émanant de vous et si nettement formulé?

Le padre Linarès comprit qu'il ne saurait rien; il courba la tête avec résignation; que pouvait-il faire? Le sacristain était évidemment complice de don Ramon; mais quelle était l'intention de celui-ci? Quel but se proposait-il?

— Attendons, murmura-t-il à voix basse et soyons sur nos gardes! Puis s'adressant au sacristain humblement courbé devant lui: C'est bien, ajouta-t-il, puisque les fidèles sont réunis, il ne serait pas convenable qu'ils se retirassent sans entendre la parole divine, surtout en ce moment où tant d'afflictions les accablent; je ferai les prières accoutumées; fermez les portes.

Le sacristain s'inclina respectueusement, et, heureux d'en être quitte à si bon marché, il se hâta d'exécuter l'ordre qu'il venait de recevoir.

Cette église, d'une architecture sévère comme tous les monuments religieux dus aux Espagnols, était sombre, basse et voûtée; à peine éclairée par quelques cierges allumés çà et là et dont la lueur faible et tremblottante semblait rendre les ténèbres plus visibles au lieu de les dissiper, et encombrée par une foule triste, morne et silencieuse, elle offrait un spectacle étrange et saisissant qui faisait froid au cœur.

Le curé alla s'agenouiller devant le maître-autel, courba le front dans la poussière, et d'une voix basse et contenue :

— Seigneur, dit-il, vous voyez mon cœur, soutenez mon courage, faites que je puisse rappeler à la raison ces hommes égarés, et acceptez, s'il le faut, je vous en supplie, le sacrifice de ma vie pour leur salut.

Au bout de quelques minutes il redressa la tête; son visage ascétique rayonnait d'une expression sublime; il semblait transfiguré; le sacrifice était accompli dans son cœur; il était prêt pour le martyre; alors il promena un regard triste autour de lui, un sourire d'une expression de mansuétude indéfinissable plissa les coins de sa bouche aux lèvres pâlies par la douleur.

En ce moment le sacristain agita sa sonnette pour avertir les fidèles.

D'un pas lent et solennel comme celui des spectres, le padre Linarès gravit un à un les degrés du maître-autel, se tourna vers les assistants qu'il bénit, puis il croisa les bras sur sa poitrine et s'assit dans sa stalle.

La prière commença, dite par le curé d'abord, verset par verset, et répétée ensuite à haute voix par la foule.

Lorsque la prière fut terminée, le padre Linarès se leva, prit son bréviaire et se dirigea à pas lents vers la chaire. Chaque soir, après la prière, le curé avait l'habitude de faire une lecture pieuse aux fidèles.

Mais, devant les degrés, se tenait un homme calme, sombre et résolu qui fixait sur lui un regard ardent et semblait l'attendre.

Cet homme, c'était l'alcade.

Les Indiens, hommes et femmes, groupés auprès de la chaire suivaient avec anxiété les péripéties émouvantes de la scène muette qui se jouait en ce moment entre ces deux hommes, pour lesquels ils professaient un respect égal.

Cependant le prêtre avançait toujours, affectant un calme loin de son cœur, mais espérant, par une contenance ferme, contraindre l'homme dans lequel il devinait un adversaire à renoncer à une lutte avec lui.

Mais il se trompait: au moment où ils se trouvèrent face à face, l'alcade fit un pas en avant.

— Arrière, dit-il froidement au curé, en étendant le bras vers lui comme pour l'empêcher de passer outre. C'est moi qui aujourd'hui ferai la lecture.

— Vous, vous, don Ramon! s'écria le curé en reculant avec surprise devant son ami, et frappé au cœur par un triste pressentiment. Malheureux, que prétendez-vous faire?

— Mon devoir, répondit résolument celui-ci. Le temps est passé de courber lâchement le front devant nos impitoyables tyrans. L'heure de la vengeance a sonné.

— Quel blasphème osez-vous proférer? reprit-il avec douleur. Oubliez-vous que vous êtes dans la maison de Dieu, et que le Seigneur a dit : La vengeance n'appartient qu'à moi seul?

— Silence! padre Linarès, s'écria vivement l'alcade, silence! Eh quoi! c'est vous, le pasteur de ce village, qui osez parler ainsi? Êtes-vous donc traître à la cause sainte de l'indépendance mexicaine! Avez-vous pactisé avec nos bourreaux pour prononcer de telles paroles?

Terrifié par cette rude apostrophe, le curé courba la tête et, comme malgré lui et poussé par une force supérieure, il fit en tremblant deux ou trois pas en arrière.

Un tumulte épouvantable régnait dans l'église, des cris, des imprécations se faisaient entendre de toutes parts. L'alcade s'élança alors dans la chaire, où le curé, repoussé par la foule, essayait vainement de le suivre.

— Frères, s'écria don Ramon d'une voix vibrante, en s'adressant à la foule qui se pressait anxieuse pour l'entendre, êtes-vous donc si faibles de cœur que vous vous soyez résolus à supporter ainsi sans vous plaindre les vexations de toutes sortes, que depuis si longtemps vous font subir les gachupines? Les maux les plus horribles vous accablent, votre terre est foulée par un ennemi féroce et sans pitié. Vos frères, vos amis, sont fusillés sans jugement; vos femmes, vos filles menacées de devenir la proie du vainqueur et la risée d'une soldatesque ivre, et vous courbez lâchement la tête! Vous souriez à vos bourreaux!...

Un frémissement de colère qui courut dans la foule comme un choc électrique, interrompit l'orateur.

— Ne l'écoutez pas, s'écria le padre Linarès d'une voix brisée, ne l'écoutez pas, mes frères! Cet homme vous trompe, il se trompe, hélas! lui-même en vous prêchant cette révolte insensée; ce n'est pas au triomphe, sachez-le bien, c'est à la mort qu'il vous conduit.

Un murmure de colère coupa la parole au prêtre, qui s'affaissa en sanglotant sur les dalles : il se sentait vaincu et renonçait à soutenir plus longtemps une lutte impossible.

L'alcade sourit et fit un geste de la main.

Le silence se rétablit aussitôt comme par enchantement.

— Eh quoi! reprit don Ramon, parmi tant d'hommes forts et courageux, ne s'en trouvera-t-il donc pas un seul qui se dévouera au salut de ses frères? Ah! malheur au pays où les hommes ne savent plus venger leurs injures. Ce pays périra; car il est indigne de la liberté, qu'il ne sait pas conquérir par tous les sacrifices! Il périra, parce que Dieu retirera sa main puissante de dessus lui! Pour moi, mes frères, depuis dix ans que je suis parmi vous, vivant de votre vie, m'attristant de vos peines, me réjouissant de vos joies, je crois avoir accompli la tâche que je m'étais imposée, sans jamais me plaindre, heureux du peu de bien que je faisais! Mais aujourd'hui le fardeau devient trop lourd pour mes épaules, j'ai senti mon cœur se briser dans ma poitrine à l'arrivée de ces misérables gachupines dans le pueblo, et c'est avec des sanglots de désespoir que j'ai assisté au pillage de vos maisons et aux assassinats odieux de plusieurs de nos frères, que je n'ai pu empêcher, hélas! puisque moi-même, qui suis votre alcade, j'ai été menacé de mort! Impuissant à vous défendre, je préfère donc me séparer de vous, plutôt que de demeurer plus longtemps témoin de ces effroyables forfaits. Recevez mes adieux, je pars à l'instant pour me joindre aux indépendants. Là, du moins, peut-être vous pourrai-je servir, les armes à la main; et Dieu, je l'espère, dans son ineffable bonté, me fera la grâce de mourir pour mes frères, et de tomber ainsi martyr de la plus sainte des causes, celle de la liberté!

Décrire l'effet produit par cet astucieux discours sur ces simples et primitifs auditeurs nous serait tout à fait impossible.

A peine le dernier mot eut-il fini de vibrer au-dessus des têtes anxieuses de la foule, qu'il se fit dans l'église un épouvantable fracas de cris, de sanglots, de blasphèmes et de menaces.

Tous voulaient parler à la fois; les hommes serraient les poings en montrant le ciel avec fureur, les femmes sanglotaient en prenant leurs enfants dans leurs bras et les élevant au-dessus de leur tête. Le délire était à son comble.

L'alcade, debout dans la chaire, les bras étendus comme pour maudire, la tête rejetée en arrière, le regard étincelant et les lèvres serrées, ressemblait au génie du mal, soufflant la haine, la révolte et la vengeance.

— Adieu, cria-t-il d'une voix retentissante; l'heure de notre séparation a sonné!

— Non, non, restez! restez avec nous! que deviendrons-nous sans notre alcade? s'écrièrent tous les assistants en se pressant autour de la chaire.

— Dieu y pourvoira, mes frères!

— Parlez, parlez, don Ramon, nous vous obéirons; commandez-nous. Que faut-il faire? Nous sommes vos enfants, ne nous abandonnez pas! répétaient-ils avec prière.

L'alcade secoua tristement la tête.

— Non, non, dit-il d'une voix ferme, je ne puis consentir à ce que vous me demandez; qui m'assure que demain, lorsque la fièvre qui en ce moment vous anime sera calmée, l'égoïsme et la peur ne renaîtront dans vos âmes? Qui me dit que vous n'oublierez pas vos promesses et que pour un peu d'or vous n'essaierez point de me livrer lâchement à nos tyrans? Je vous le répète, mes frères, ne me retenez pas davantage, laissez-moi partir tandis qu'il en est temps encore, et que le sommeil qui a clos les yeux des gachupines me permet de me soustraire à leur fureur.

— Non! non! s'écrièrent tous les Indiens, en redoublant leurs instances, restez avec nous, vous êtes notre chef, nous mourrons jusqu'au dernier pour vous défendre! D'ailleurs vous êtes de notre sang, notre cause est la vôtre, nos intérêts sont les mêmes! Quoi que vous nous commandiez, sur un mot, sur un geste vous serez obéi.

L'alcade sembla réfléchir; bien que son parti fût pris depuis longtemps et que par conséquent il sût parfaitement ce qu'il voulait faire, pendant une minute il demeura immobile et muet, le front pâle, les sourcils froncés, comme si un combat se fût livré dans son cœur.

Cette foule un instant auparavant si agitée, si tumultueuse, les yeux ardemment fixés sur lui attendait, en proie à la plus vive anxiété, l'arrêt qu'il allait prononcer.

Un silence si profond régnait dans l'église qu'on aurait entendu battre dans leur poitrine les cœurs de tous ces hommes.

Enfin don Ramon releva la tête et, laissant errer un regard rempli d'une indicible tristesse sur la foule fiévreusement pressée autour de la chaire :

— Vous m'obéirez, dites-vous? fit-il d'un air de doute.

— Ordonnez, nous obéirons. Des armes, donnez-nous des armes!

— Ah! fit don Ramon avec un sourire sinistre, la lumière luit-elle donc enfin dans vos cœurs?

Par un effort suprême, le padre Linarès s'arracha des mains qui le retenaient et s'élançant aux côtés de l'alcade :

— Mes frères, s'écria-t-il, au nom de ce Dieu dont vous voyez ici l'image vénérée, je vous en conjure, écoutez-moi. Je suis votre pasteur, votre père spirituel. Moi aussi j'aime mon pays; moi aussi je veux la liberté; mais ce n'est pas par des assassinats ni des guet-apens odieux que cette liberté sainte peut être conquise. Vous êtes des citoyens paisibles, et non des soldats. Laissez à d'autres le soin de vous défendre; retournez dans vos demeures, afin de protéger vos femmes et vos enfants qui, si vous les abandonnez, seront impitoyablement massacrés par vos oppresseurs! Au nom de ces innocentes créatures, je vous en supplie, rentrez en vous-mêmes!

Le prêtre fut tout à coup interrompu par les hurlements furieux de la foule.

Sa voix se perdit dans le tumulte, impuissante à le dominer. Malgré sa résistance, le padre Linarès fut arraché de la chaire et entraîné vers la sacristie dans laquelle on le poussa sans cependant le brutaliser : tous ses paroissiens l'aimaient; plusieurs Indiens se placèrent devant la porte afin de lui barrer le passage s'il essayait de sortir.

Don Ramon avait assisté froid et impassible à cette scène, laissant errer un sourire dédaigneux sur ses lèvres.

Le padre Linarès, par sa résistance opiniâtre et son opposition inopportune à ce qui était devenu la volonté de la foule, loin de nuire à son triomphe, l'avait au contraire assuré.

Le discours de don Ramon.

Lorsque le prêtre eut disparu et que l'émotion causée par cet incident commença à se calmer, l'alcade réclama le silence d'un geste. Chacun aussitôt redevint attentif.

— Ainsi, reprit-il, vous êtes prêts à m'obéir?

— Oui, oui! hurlèrent les Indiens.

— Jurez-le! s'écria-t-il d'une voix tonnante en étendant les bras vers le Christ qui surmontait le maître-autel.

Par un mouvement spontané tous les assistants se tournèrent vers l'autel, non pas en étendant le bras droit ainsi que cela se pratique dans la vieille Europe, mais en s'agenouillant, relevant la tête et croisant le pouce droit sur le pouce gauche selon la coutume indienne; coutume qui vient des anciens Incas. Ce serment est sacré et irrévocable. Don Ramon, Indien lui-même, le savait; un sourire de triomphe plissa ses lèvres.

— Jurez-vous de m'obéir? reprit-il, l'œil en feu, la poitrine haletante.

— Nous jurons de vous obéir, crièrent-ils d'une seule voix, nous jurons de vivre et de mourir avec vous pour conquérir l'indépendance de notre pays.

— C'est bien, dit-il. Dieu a reçu votre serment, il est maintenant irrévocable.

— Des armes! des armes! hurlèrent les Indiens.

— Des armes! vous allez en avoir, reprit l'alcade. *Tio Picho*, ajouta-t-il en s'adressant au sacristain qui se tenait immobile au bas de la chaire, *tio Picho*, distribuez les armes et les munitions que je vous ai confiées.

Le sacristain obéit; la distribution commença aussitôt. *Tio Picho* et ses deux aides semblaient se multiplier, tant ils mettaient d'entrain et d'ardeur à remplir leur tâche.

En moins de dix minutes toutes les armes, sabres, piques, arcs, flèches, fusils, furent enlevées, et passèrent dans les mains frémissantes des Indiens qui les brandissaient avec fureur.

Don Ramon comprenait combien il était important de ne pas laisser à l'effervescence des assistants le temps de se calmer. Aussi, à peine la distribution fut-elle terminée, que saisissant un machete et le levant au-dessus de sa tête avec geste de commandement suprême :

— Maintenant, mes amis, s'écria-t-il d'une voix terrible, ne songeons plus qu'à la vengeance! Mort aux gachupines!

— Oui, oui, vengeance! vengeance! mort aux gachupines! répéta la foule avec enthousiasme.

En ce moment, un bruit assez fort de pas de chevaux et de froissement de fer se fit entendre au dehors, et deux coups vigoureusement frappés résonnèrent sur la grande porte de l'église.

— Silence! dit l'alcade, c'est à moi seul de répondre.

Il descendit de la chaire et, passant à travers les rangs pressés des Indiens qui s'écartaient respectueusement devant lui, il marcha d'un pas ferme vers la porte.

VIII

LA SURPRISE

D'un geste, l'alcade recommanda le silence.

— Qui est là? demanda-t-il.

— *La patria!* répondit-on du dehors.

— Enfants, s'écria don Ramon, Dieu a exaucé nos prières, il nous envoie du secours, je reconnais la voix du célèbre ranchero don Incarnacion Ortiz. En avant! en avant!

— Mort aux Espagnols! s'écrièrent les Indiens en brandissant leurs armes avec fureur.

L'alcade ouvrit lui-même les portes.

Incarnacion Ortiz pénétra dans l'église. Il avait le sabre à la main, sa tête était découverte. Après avoir dévotement fait le signe de la croix en s'inclinant respectueusement devant le maître-autel, il serra la main de don Ramon et se tournant vers les Indiens :

— Êtes-vous des hommes, des esclaves oudes vieilles femmes criardes et peureuses? s'écria-t-il d'une voix vibrante. Si vous êtes des hommes, prouvez-le moi en combattant vaillamment pour la liberté. Je viens avec ma cuadrilla vous aider à la conquérir. Puis-je compter sur vous?

— Oui! oui! vive Incarnacion Ortiz! s'écrièrent les Indiens avec délire.

— Puisqu'il en est ainsi, en avant, frères! reprit-il avec feu! Suivez-moi. *Dios y libertad!*

— *Dios y libertad!* hurlèrent les Indiens en s'élançant sur ses pas.

En un instant l'église fut vide.

Le padre Linarès sortit alors de la sacristie où personne ne songeait plus à le retenir, se traîna jusqu'au maître-autel et se prosterna dans la poussière, priant avec ferveur pour ces hommes qui faisaient si noblement le sacrifice de leur vie à la cause sainte de la liberté.

Cependant sur la plaza Mayor la bataille ou plutôt le carnage commença avec une fureur inouïe; don Ramon s'était joint aux rancheros, qui, impassibles à l'entrée des rues, se contentaient de repousser dans la place à coups de plat de sabre les malheureux qui tentaient de fuir.

L'incendie ne tarda pas à se joindre au massacre; les Indiens, en proie à une sorte de frénésie que rien ne pouvait contenir, s'étaient armés de torches et couraient de tous les côtés, brûlant leurs propres demeures et poussant des cris et des hurlements de fureur. La maison de l'alcade fut une des premières incendiées; lorsque les officiers espagnols, à demi asphyxiés, se précipitèrent vers les portes pour échapper aux flammes, ils tombèrent les uns après les autres, impitoyablement massacrés.

Un seul, le capitaine don Horacio de Balboa, parvint à s'ouvrir passage, après une lutte héroïque; couvert de blessures, il atteignit la plaza Mayor en faisant une trouée au milieu des Indiens acharnés après lui, s'empara d'un cheval, sauta en selle, et, faisant tournoyer son épée autour de sa tête, il s'approcha du groupe des officiers indépendants.

— Ah! ah! s'écria-t-il avec un ricanement terrible, je me souviendrai de vous, señores, si Dieu permet que j'échappe à vos sicaires, je vous jure que je prendrai une rude revanche du guet-apens de cette nuit.

— Feu sur ce misérable! s'écria Incarnacion.

— Arrêtez! dit vivement don Pedro. Que nous importent les menaces impuissantes d'un homme qui n'a peut-être que quelques instants à vivre! Laissez-le fuir.

— A votre aise, señor, fit l'Espagnol en ricanant. Mais je vous promets, moi, que si un jour je vous tiens dans mes mains comme en ce moment vous me tenez dans les vôtres, *viva Dios!* je ne vous épargnerai pas.

— Partez, caballero, et évitez-vous de ridicules rodomontades.

— Oui, je pars. Adieu, don Ramon Ochoa, digne alcade que j'ai eu le tort de ne pas fusiller; adieu, don Pedro Moreno, le moins coupable de tous; adieu, don Incarnacion Ortiz, loyal étudiant en théologie. Sur mon âme! vos trois noms sont à jamais gravés dans ma mémoire. Malédiction sur vous!

Il enleva alors son cheval, lui fit faire un bond terrible et se précipita au plus épais de la mêlée, en brandissant son sabre et en criant d'une voix de tonnerre :

— Place! place!

Il passa comme un météore au milieu des rancheros et des Indiens qui se signaient de terreur, et disparut bientôt à l'angle de la place.

— Vous avez eu tort de le laisser fuir, dit Incarnacion d'un ton de reproche.

— Peut-être, mais c'est un brave soldat, répondit don Pedro Moreno. J'ai voulu lui laisser une chance de salut.

— Il se vengera!

— Ou du moins il essayera. Bah! gens menacés vivent longtemps.

Don Pedro Moreno avait vainement essayé de

s'opposer à l'épouvantable massacre des Espagnols; reconnaissant enfin son impuissance, il avait massé sa troupe sur la plaza Mayor, en lui ordonnant de rester neutre.

Le padre Linarès, échappé ainsi que nous l'avons dit à ses gardiens et réfugié sur la place, se tordait les mains avec désespoir. Il se reprochait tous ces meurtres.

— Oh! s'écria-t-il avec colère, ces Indiens ne sont pas des hommes, ce sont des bêtes fauves; pourquoi les avoir ainsi excités à la vengeance? Si cruels que se soient montrés les Espagnols, rien ne pourra jamais justifier l'attentat infâme que ces hommes commettent contre des ennemis sans défense; ces misérables déshonorent la cause sainte de la liberté au nom de laquelle ils prétendent combattre! Venez, señores, dussions-nous périr, mettons un terme à cette effroyable boucherie!

— Allons, mes amis, s'écria vivement don Pedro, car je sens moi aussi mon cœur se soulever de pitié et de dégoût.

Dégainant alors leurs sabres et armant leurs pistolets, don Ramon et don Incarnacion se mirent à la tête de leur troupe, suivis du padre Linarès; et ils allaient donner l'ordre de charger, lorsque tout à coup de grands cris se firent entendre, cris de joie, autant qu'il était possible d'en juger au milieu du tumulte; et une foule considérable d'Indiens fit irruption sur la place avec la violence d'un torrent qui rompt ses digues.

Ces Indiens se dirigèrent en courant vers le centre de la place; là ils s'arrêtèrent, ouvrirent leurs rangs et démasquèrent don José Moreno et doña Linda, qu'ils portaient au milieu d'eux sur un palanquin.

En apercevant la jeune fille qui lui souriait calme et tranquille, au milieu de cette foule rugissante, noire de poudre et rouge de sang, Incarnacion s'élança vers elle.

— Oh! mon Dieu! pourquoi êtes-vous venue ici, ma cousine? lui demanda-t-il avec inquiétude. Don Ramon Ochoa aurait-il manqué à la parole qu'il m'a donnée?

— Don Ramon Ochoa est un homme d'honneur, répondit don José Moreno avec animation. C'est moi qui ai, non pas demandé, mais exigé de lui qu'on me conduise ici.

— Quelle imprudence, dans un tel moment! s'écria le jeune homme.

— Nous n'avions rien à redouter, mon ami, dit la jeune fille, les braves gens qui nous entourent sont tous de vieux et fidèles serviteurs de notre maison.

— Mon cher Incarnacion, reprit don José, c'est avec vous que je veux quitter le pueblo.

— S'il en est ainsi, vos désirs seront bientôt satisfaits, mon cousin, car mon intention bien formelle est de partir à l'instant même.

— Et vous, padre Linarès, que comptez-vous faire? Demeurez-vous au pueblo ou nous accompagnez-vous?

— Ni l'un ni l'autre, señores. Après ce qui s'est passé ici je ne saurais y rester davantage. Mon devoir m'ordonne d'être auprès de ceux qui souffrent; demain je partirai pour rejoindre l'armée de l'indépendance, où je vous retrouverai sans doute vous-mêmes.

— C'est probable, répondit évasivement le partisan. Alors, mon père, que Dieu vous garde!

— Il me donnera, je l'espère, la force et les moyens d'accomplir la dure mission que je me suis imposée.

Pendant que le partisan et le curé échangeaient ces quelques paroles, don José Moreno et sa fille avaient quitté leur palanquin et étaient montés sur des chevaux qu'on leur avait amenés. Une vingtaine d'Indiens, armés de fusils et de machetes, se rangèrent aussitôt à leurs côtés.

— Pensez-vous, demanda Incarnacion à don José Moreno, que votre goutte vous permettra de vous tenir à cheval?

— Oui, mon ami. D'ailleurs la traite que nous avons à faire ne sera pas longue.

— Partons, alors.

La cuadrilla se forma en ordre de marche, et au commandement de : En avant! les cavaliers s'ébranlèrent au grand trot, emmenant au milieu d'eux don José, sa fille et leurs serviteurs.

Une seconde troupe, forte de douze cents hommes environ, mais mal montés et plus mal armés, suivis de femmes et d'enfants, sortit presque en même temps, mais à un point opposé du pueblo.

Cette troupe était commandée par l'alcade en personne, et elle se composait de toute la population valide du Paso del Norte, c'était une véritable émigration.

Derrière eux le village était en flammes, et l'on entendait les derniers cris d'agonie des Espagnols blessés, abandonnés sans secours au milieu de ces ruines fumantes.

Les rancheros marchèrent au galop de chasse, pendant trois heures environ dans la direction de Ojo Lucero.

Vers quatre heures du matin, c'est-à-dire un peu avant le lever du soleil, sur l'ordre de don Incarnacion Ortiz qui avait repris le commandement, la cuadrilla fit halte sur le bord d'une petite rivière, affluent perdu du Rio Grande Bravo del Norte; les cavaliers reçurent l'ordre de mettre les chevaux au piquet et de leur donner la provende.

On avait fait seize ou dix-sept lieues.

A deux portées de fusil environ du campement et un peu sur la gauche, au sommet d'une légère éminence, complètement boisée, s'élevait une hacienda assez importante, construite tout en pierre de taille; les murs, garnis d'*almenas* ou créneaux, témoignaient des prétentions du propriétaire à la noblesse.

— Voici le lieu où je voulais vous conduire, señores, dit don José.

— Ah çà! où sommes-nous donc? Depuis El Paso nous avons marché en aveugles, répondit Incarnacion Ortiz.

— Ne reconnaissez-vous donc pas réellement le pays? reprit don José Moreno avec un léger accent de reproche.

— Ma foi, non, je vous l'avoue à ma honte. J'ai beau regarder, je ne me rappelle pas être jamais venu dans ces parages.

— Alors, mon ami, il faut convenir que vous avez la mémoire bien courte, si vous ne reconnaissez pas l'hacienda de la Vega?

— Comment! s'écria Incarnacion avec surprise, nous sommes à la Vega.

— Mon Dieu, oui! et si vous en doutez, regardez ces deux cavaliers qui accourent vers nous à toute bride.

— Don Ramon et don Pedro Moreno.

— En effet, ce sont eux.

— Ah! fit le jeune homme en se frappant le front, je suis venu ici, c'est vrai, mais il y a bien des années.

Don José sourit, et s'avança, suivi d'Incarnacion, au-devant des cavaliers.

Don Pedro et don Ramon, venus par un chemin plus court et par conséquent arrivés plus d'une heure auparavant, avaient averti le mayordomo de l'hacienda de faire préparer les vivres nécessaires; en un mot, d'improviser une réception convenable aux hôtes qu'ils précédaient et que don José Moreno amenait avec lui.

Après que les premiers compliments eurent été échangés et que don Pedro eut rendu compte à son père des ordres qu'il avait donnés en son nom, don José Moreno se tourna vers les officiers indépendants, et les saluant gracieusement du geste:

— Caballeros et amis, leur dit-il, j'espère que vous ne me ferez pas l'affront de passer devant cette hacienda sans vous y reposer, ne serait-ce que quelques minutes; vos fatigues de cette nuit doivent vous engager à prendre en bonne part mon invitation et à accepter les quelques rafraîchissements que j'ai fait à votre intention préparer dans ma pauvre demeure.

— Mon cousin, répondit don Incarnacion Ortiz, au nom de tous, nous vous remercions du fond du cœur de la gracieuse hospitalité que vous daignez nous offrir, et nous l'acceptons d'autant plus volontiers que, pour parler franc, nous tombons littéralement de faim et de fatigue.

— S'il en est ainsi, caballeros, reprit en souriant don José, veuillez me suivre sans plus tarder, et bientôt vous serez à même de satisfaire votre appétit, si fort qu'il soit.

Les officiers s'inclinèrent en signe de remerciment.

La cuadrilla demeura où elle était campée, sous les ordres de sous-officiers de confiance: et toute la compagnie se dirigea au grand trot vers l'hacienda dans laquelle elle entra moins d'un quart d'heure plus tard.

Les partisans mirent pied à terre dans la cour, abandonnèrent aux peones la bride de leurs chevaux, et, conduits par don José, ils pénétrèrent dans une vaste salle où, par les soins du majordome, une table splendidement servie avait été dressée.

Sur un signe du propriétaire de l'hacienda chacun prit place.

Le repas, offert aux partisans et présidé avec une grâce charmante par doña Linda, fut tel qu'on devait l'attendre d'un homme riche et hospitalier comme don José Moreno.

Lorsque les dulces, les vins et les liqueurs parurent sur la table au dessert, car au Mexique on ne boit généralement que de l'eau glacée pendant le repas, don José ordonna d'un geste aux peones de se retirer, et, levant son verre plein jusqu'aux bords de champagne, vin presque inconnu à cette époque dans l'Amérique centrale:

— Caballeros, dit-il à ses hôtes, je bois aux martyrs de notre sainte cause et au triomphe de l'indépendance! Faites-moi raison.

Les verres se choquèrent avec enthousiasme, et ce brindisi, — le mot *toast* n'était pas encore inventé, — fut répété par tous les convives.

— Maintenant, caballeros, continua don José, laissez-moi vous féliciter du succès de l'expédition de cette nuit, qui a été conduite avec une adresse incontestable et une décision digne d'éloges. Ce hardi coup de main fait le plus grand honneur à notre ami Ortiz.

— Permettez, mon cousin, s'écria avec feu le ranchero, notre succès en cette affaire est dû non pas à ma décision et à mon adresse, mais bien au courage, à l'habileté et au dévouement sans bornes de don Ramon Ochoa; lui seul a tout fait!

— Grâce à votre généreux concours, don Incarnacion, répondit l'alcade en saluant. Sans vous, mes projets auraient été complètement paralysés.

— En somme, caballeros, reprit gracieusement don José, tous deux vous avez bien mérité de la patrie. Car la prise d'El Paso est beaucoup plus importante que vous ne le supposez pour le succès de notre cause. Il faut donc à tout prix empêcher les Espagnols de s'établir de nouveau sur ce point.

— Je ne crois pas, dit don Ramon, qu'ils aient la pensée de le faire; le capitaine de Balboa n'est point un soldat, mais un bandit; son invasion dans le pueblo n'avait à mon avis aucune portée politique, mais seulement un but de pillage que, du reste, il a laissé voir dès le premier moment.

— C'est possible, mais la situation de Paso del Norte n'en est pas moins importante pour nous, puisque c'est par le Rio Bravo del Norte que nous nous procurons les armes et les munitions de guerre dont nous avons besoin et que les trafiquants américains nous amènent à travers le désert.

Le carnage commença avec une fureur inouïe...

— En effet. Du reste rien ne sera plus facile que de faire occuper le pueblo par une force respectable, pour enlever aux Espagnols toute vélléité de retour, reprit don Ramon. Je m'en occuperai moi-même.

— Bien; maintenant, caballeros, une dernière santé avant que de nous quitter, car c'est ici que nous nous séparerons.

— Eh quoi! se récrièrent les rancheros, vous ne restez point avec nous, señor don José?

— Non, caballeros, cela ne m'est point possible. Don Incarnacion Ortiz sait pour quel motif je vous quitte en ce moment; mais avant peu, caballeros, je l'espère, de nouveau nous serons réunis, et cette fois pour longtemps.

— Comptez-vous donc demeurer seul dans cette hacienda, monseigneur? lui demanda don Ramon Ochoa.

— Non pas, *caramba!* Au contraire, je pars en même temps que vous; seulement, selon toutes probabilités, nous nous tournons le dos, si, comme je le suppose, vous comptez demeurer dans cette province.

— En effet, monseigneur, j'ai, il y a quelques jours, reçu l'ordre du général en chef de former une cuadrilla de partisans et de rester dans l'État de Chihuahua, afin de veiller à sa sûreté.

— Moi, je me rends dans l'État de Queretaro, où comme vous le savez, caballero, le congrès national est provisoirement réuni.

— Prenez garde, señor José, la traite est longue de Chihuahua à Queretaro, reprit don Ramon. Vous risquez fort de ne pas atteindre le but de votre voyage; car il vous faut traverser des États hostiles et dans lesquels se trouvent massées toutes les troupes espagnoles.

— Je le sais; malheureusement je suis contraint de partir quelles que soient les difficultés que je doive rencontrer sur mon chemin; ce voyage est indispensable, c'est auprès du congrès lui-même que je me rends. J'ai à faire à nos gouvernants certaines propositions que seuls ils ont le droit d'accepter ou de refuser.

— Alors, dit Incarnacion, puisqu'il en est ainsi et que rien ne peut vous dissuader, permettez-moi, mon cousin, de laisser ici à votre disposition deux cents cavaliers qui vous serviront d'escorte pendant le cours de votre voyage.

— Vous comblez tous mes vœux, mon brave

ami, non point que j'aie l'intention de voyager en aussi nombreuse compagnie, mais parce que, ma fille devant attendre mon retour à la Vega, je veux profiter de votre offre toute gracieuse pour mettre l'hacienda à l'abri d'une surprise. Cent hommes demeureront donc ici avec mon fils don Pedro pour veiller spécialement à la sûreté de doña Linda.

Incarnacion fronça les sourcils.

— Vous avez tort, don José, dit-il. Cette hacienda, si forte qu'elle paraisse, n'est pas une place de guerre ; en cas d'attaque, elle serait facilement emportée.

— Mon voyage doit être extrêmement rapide, mon ami ; ma fille n'est pas en état d'en supporter les fatigues. La dure leçon donnée cette nuit aux Espagnols les rendra moins audacieux, je l'espère, dans leurs entreprises. D'ailleurs, en sus de vos rancheros, j'ai ici environ soixante peones dévoués et bien armés ; ces forces sont suffisantes pour tenir l'ennemi en respect s'il osait se présenter devant nos portes.

— Je ne partage pas entièrement votre opinion, señor. Cependant je ne me permettrai pas de la discuter plus longtemps ; mieux que moi, sans doute, vous savez ce que vous avez à faire dans cette circonstance.

La conversation se prolongea encore quelques instants, puis on se leva de table.

Une heure plus tard, don Ramon prit congé de ses hôtes, embrassa Incarnacion et don Pedro, serra affectueusement la main de don José, monta à cheval et quitta l'hacienda. Il rejoignit sa cuadrilla, qui forma ses rangs presque aussitôt et ne tarda pas à se mettre en marche et à disparaître dans les méandres de la route.

Don Incarnacion était triste.

— Qu'avez-vous? lui demanda don José.

— Rien, répondit évasivement le jeune homme. Mais, au bout d'un instant, laissant échapper la pensée secrète qui l'obsédait : Je ne sais pourquoi, murmura-t-il, il me semble que ce qui s'est passé cette nuit n'est que le prologue d'événements plus terribles encore. Je serais heureux d'avoir près de moi l'homme que j'aime comme un frère, et pour lequel je n'ai jamais rien eu de caché.

— Don Luis Morin, n'est-ce pas ? Je m'étonnais en effet de ne l'avoir pas vu. Où est-il donc ?

— En expédition secrète ; mais bientôt vous le verrez sans doute ; car, si mes pressentiments se réalisent, je lui expédierai avant peu un courrier.

IX

LE CUADRILLA

Nous abandonnerons pour un instant les environs de Paso del Norte où les événements ne tarderont pas à nous ramener bientôt afin de présenter à nos lecteurs un nouveau personnage appelé à jouer un des premiers rôles de cette histoire.

Entre sept et huit heures du soir, au moment où les dernières lueurs du crépuscule, envahies par les ténèbres, s'éteignaient, presque subitement remplacées par la pâle clarté des étoiles, une nombreuse troupe de cavaliers bien montés et armés jusqu'aux dents sortit au grand trop d'un étroit *cañon* — ravin — creusé par quelque révolution de la nature entre deux hautes montagnes, et se trouva sur la rive orientale du Rio Grande del Norte, en pleine Apacheria. Un cavalier, qui galopait à une légère distance en avant de la troupe, s'avança jusqu'au bord même de la rivière, et ne s'arrêta que lorsque l'eau jaunâtre du Rio Grande couvrit les sabots de son cheval qui renâcla et fit un brusque mouvement de recul.

Alors ce cavalier jeta un regard inquiet autour de lui et chercha à se rendre compte des divers accidents du paysage ; chose bien difficile en ce moment à cause des ténèbres qui l'entouraient ; aussi, reconnaissant bientôt l'inutilité de ses efforts, il laissa, d'un air découragé, tomber sa tête sur sa poitrine et parut s'absorber dans de profondes et tristes réflexions.

Cependant les autres cavaliers avaient continué de s'avancer, et bientôt ils se trouvèrent rangés muets et immobiles presque sur la même ligne que leur chef.

Mais celui-ci continuait à demeurer silencieux et sombre, sans paraître remarquer l'arrivée de la troupe.

Cependant cette situation ne pouvait durer longtemps ainsi, la nuit se faisait de plus en plus noire. Hommes et chevaux, fatigués d'une longue course à travers le désert, avaient impérieusement besoin de repos.

Un des cavaliers, qui paraissait être un officier subalterne, se détachant alors du groupe de ses compagnons, s'approcha de celui qui semblait les commander, et le saluant respectueusement :

— J'ai l'honneur de faire observer à Votre Seigneurie, caballero, dit-il, que la cuadrilla attend ses ordres pour le campement de nuit.

Désagréablement tiré de sa rêverie par cette brusque interpellation, bien que faite avec la plus exquise politesse, le cavalier tressaillit, et relevant brusquement la tête :

— Que voulez-vous, don Cristoval? répondit-il d'un ton de mauvaise humeur.

Mais don Cristoval ne parut pas s'apercevoir de cette rebuffade. Il salua de nouveau, plus profondément encore que la première fois, et répéta impassiblement sa phrase.

— Ah ! c'est juste, reprit le cavalier, je n'y songeais pas. Excusez-moi donc, je vous prie. A propos, dites-moi à quelle heure se lève la lune en cette saison?

Don Cristoval, assez étonné de cette question,

à laquelle il était loin de s'attendre, ne sut d'abord que répondre. Mais il avait sans doute l'habitude des façons excentriques de son interlocuteur ; car il reprit bientôt son sang-froid.

— A onze heures, Seigneurie, dit-il.

Le cavalier sortit une magnifique montre de sa ceinture, et comme l'obscurité l'empêchait d'y voir l'heure, il la fit sonner.

— Bien, fit-il, il est à peine neuf heures, nous avons du temps devant nous.

Don Cristoval s'inclina avec un geste d'approbation, bien qu'il ne comprît rien aux paroles du cavalier.

— A propos, reprit nonchalamment celui-ci en replaçant sa montre dans sa faja, ne me demandiez-vous pas mes ordres pour le campement, cher don Cristoval?

— En effet, Seigneurie.

— Eh bien, mais c'est tout simple. Vous connaissez ce pays mieux que moi, il me semble ; señor. Chargez-vous, je vous prie, de ce soin ; je vous donne carte blanche.

Don Cristoval s'inclina avec un sourire de satisfaction, et rejoignit ses compagnons, qui attendaient son retour, impassibles et immobiles comme des statues équestres.

Il prit alors la tête de la troupe et, la faisant obliquer à gauche, il rebroussa chemin, fit un crochet, la conduisit jusqu'à une accore entièrement couverte d'épais taillis et assez élevée qui s'avançait profondément dans le lit de la rivière ; on y parvenait par une espèce de rampe en pente douce. Ce lieu était admirablement choisi pour une halte de nuit, la position offrait toutes les garanties désirables de sécurité contre les attaques des bêtes fauves ou les embûches des Peaux-Rouges.

Sur un ordre de don Cristoval, les cavaliers mirent aussitôt pied à terre, et, en un instant, avec cette adresse particulière aux hommes habitués à la vie du désert, ils eurent organisé le campement, allumé les feux de veille, donné, sur des zarapés étendus à terre, la provende de maïs à leurs chevaux et préparé les éléments d'un souper dont ils paraissaient avoir un sérieux besoin.

Ces hommes de taille athlétique, aux traits caractérisés, à l'allure martiale, étaient trois cent cinquante environ, ils portaient le pittoresque costume des rancheros, la veste ronde, la culotte de velours ornée de galons d'or, les guêtres de peaux de daim enveloppant les jambes, les souliers ouverts de côté, les éperons de cuivre incrustés d'argent et armés de molettes de six pouces de diamètre; et, particularité qui les faisait reconnaître pour des indépendants ou insurgés mexicains, leurs chapeaux à larges bords, entourés d'un golilla ou galon d'argent, étaient décorés d'une image grossière et représentant tant bien que mal Nuestra Señora de Guadalupe, la patronne du Mexique, sous la protection de laquelle s'étaient placés les insurgés, avec cette foi naïve et touchante qui faisait le fond de leur caractère.

Au moment où ils terminaient leur souper et allumaient les cigarettes, dessert obligé de tout repas mexicain, le cavalier que nous avons laissé sur le bord de la rivière entra au camp. Il mit pied à terre, abandonna la bride de son cheval à un ranchero et, faisant signe à don Cristoval de s'approcher, il alla s'asseoir à l'écart sur un bloc de rocher, où l'on avait allumé un feu, à son intention sans doute.

Ce cavalier chose singulière et digne de remarque, surtout dans la position qu'il occupait, était tout jeune. Il avait à peine vingt ans, bien qu'il en parût beaucoup davantage ; ses traits réguliers, éclairés par des yeux bleus surmontés de sourcils épais et bien arqués, avaient une rare expression d'énergie, de douceur, d'intelligence et de loyauté; de fines moustaches blondes, coquettement relevées, couvraient sa lèvre supérieure, et une forêt de cheveux blonds, s'échappant sous les ailes de son chapeau, tombaient en touffes soyeuses sur ses épaules.

L'histoire de ce partisan était simple et triste; nous la dirons en quelques mots.

Jean-Louis-Pierre Morin, que plus habituellement on nommait Louis Morin ou don Luis [1], appartenait à une famille de haute bourgeoisie, dont plusieurs membres sont devenus plus tard célèbres à divers titres, et était né, vers 1795, dans une grande ville de l'une de nos provinces méridionales de la France.

Après avoir terminé d'excellentes études, il avait été nommé à l'âge de seize ans à peine, et grâce à la haute position occupée alors par sa famille, caissier de la Monnaie de ***, place qu'il occupait en 1815. A la rentrée des Bourbons, une dénonciation indigne et calomnieuse le contraignit à donner sa démission.

Louis Morin, doué d'une âme ardente, se sentit frappé au cœur par l'injustice dont il était la victime, et sans but arrêté, résolu fermement à fuir au plus vite un pays où son caractère était si odieusement méconnu et dans lequel par conséquent rien ne le retenait désormais, il s'embarqua pour les États-Unis.

Le jeune homme, presque privé de ressources, et assez embarrassé de sa personne dans une contrée où il n'avait ni amis ni connaissances, cherchait vainement, depuis quelques mois, un emploi qui le fît vivre, lorsque le hasard amena à la Nouvelle-Orléans, où il se trouvait alors, Xavier Mina, neveu du fameux Espoz y Mina. Ces deux natures d'élite, mises en présence, se comprirent aussitôt et s'apprécièrent au premier mot à leur juste valeur.

1. Des raisons de haute convenance nous contraignent à cacher sous ce nom celui d'un homme que son intelligence élevée et son intégrité ont rendu populaire au Mexique. G. AIMARD.

Mina, contraint de quitter l'Espagne, où la paix ne lui fournissait plus les moyens de satisfaire sa dévorante activité, était venu aux États-Unis dans le but d'organiser une expédition en faveur de l'insurrection mexicaine; à Norfolk et à Baltimore, il avait déjà recruté des aventuriers; le désir de terminer les préparatifs de son audacieuse tentative l'amenait à la Nouvelle-Orléans.

Louis Morin accepta avec joie le commandement que lui offrit Mina dans l'expédition, projetée et il débarqua avec lui à Soto la Marina. Les services rendus à l'insurrection par le jeune Français, pendant la courte et brillante campagne de six mois si malheureusement terminée par la surprise du rancho del Venadito, furent appréciés comme ils devaient l'être par le congrès révolutionnaire, et lui valurent, malgré sa grande jeunesse, le grade de lieutenant-colonel.

Le jeune officier tenta vainement par tous les moyens en son pouvoir, en risquant même sa vie à différentes reprises, de sauver son ancien chef; mais ses efforts ne purent aboutir, et le malheureux Mina tomba sous les balles espagnoles.

Deux mois s'étaient écoulés depuis cette catastrophe, au moment où nous rencontrons le colonel don Louis Morin à la tête de sa cuadrilla, forte de trois cent cinquante hommes environ, ainsi que nous l'avons dit plus haut, sur la rive orientale du Rio Grande del Norte.

Après un court silence que le Mexicain se garda bien de rompre, le colonel releva enfin la tête, se pencha vers son compagnon, et lui frappant doucement sur l'épaule :

— Qu'est-ce cela, don Cristoval? lui dit-il en souriant. Nos rancheros se fatiguent, il me semble! Refuseraient-ils donc de me suivre plus longtemps?

— Eux! Seigneurie! s'écria-t-il avec étonnement, eux qui vous sont si dévoués! *Voto a brios!* Qui peut vous faire supposer une chose semblable?

— Pardieu! la façon singulière dont vous m'avez accosté ce soir, au gué de la rivière, et l'air embarrassé avec lequel vous m'avez interrogé.

— Vous vous êtes trompé, Seigneurie, sur mes intentions et celles de nos braves rancheros, reprit don Cristoval avec une certaine animation, car il adorait son chef. Si je me suis permis d'interrompre vos réflexions, c'est parce qu'il se faisait tard, que les hommes avaient faim, et que les chevaux ne pouvaient plus avancer.

— C'est bien là tout, mon cher don Cristoval? demanda don Juan en le regardant fixement.

— Oui, sur mon honneur, mon colonel, je vous le jure.

— Je vous crois, mon ami. Causons donc de nos affaires sans insister davantage sur ce sujet. Êtes-vous bien sûr de la route que vous nous avez fait suivre depuis cinq jours?

Don Cristoval sourit avec finesse :

— Seigneurie, dit-il, permettez-moi de vous apprendre ceci : c'est que, avant d'être partisan, j'ai été chasseur et gambucino; ce qui signifie que je connais le désert sur le bout du doigt, et que, de jour comme de nuit, je le puis traverser sans craindre de m'égarer.

— Cette assurance me tranquillise, cher seigneur. Maintenant veuillez me renseigner. Arriverons-nous bientôt aux Norias de Ojo-Lucero? Vous savez que c'est là le but réel et sérieux de notre voyage?

— Nous y serions et même depuis très longtemps déjà, Seigneurie, si vous ne m'aviez témoigné le désir de ne pas les atteindre avant d'avoir reçu certaines nouvelles.

— C'est vrai, je ne songeais plus à cela moi, cher don Cristoval. Mais peu importe maintenant; quelle distance nous en sépare encore?

— Dix-sept lieues, ni une de plus, ni une de moins, Seigneurie.

— Bon, c'est l'affaire d'une marche, pas davantage.

— Oui, une bonne marche; mais en partant à minuit avec la lune, nous pourrons être rendus avant la grande chaleur.

— Ces *norias* — puits — sont toujours sur le territoire indien, n'est-ce pas?

— Pardonnez-moi, Seigneurie; elles se trouvent au contraire en pleine terre chrétienne; mais pardon de vous adresser cette question; de quelle façon devez-vous recevoir les nouvelles que vous attendez?

— Oh mon Dieu! tout simplement par un coureur indien qui est, m'assure-t-on, dévoué à la cause de l'indépendance.

Don Cristoval, malgré le profond respect qu'il professait pour son chef en toutes circonstances, hocha la tête d'un air de doute :

— Les Indiens, croyez-moi, Seigneurie, je les connais mieux que vous, ne sont dévoués qu'à eux-mêmes et au mezcal, dit-il.

— On m'a répondu de celui-ci.

— Dieu fasse que vous ne vous trompiez pas, Seigneurie. Pour moi qui suis *hijo del pays* — enfant du pays — Indien a toujours été synonyme de traître.

En ce moment les branches d'un buisson, placé à quelques pas à peine des deux interlocuteurs, s'écartèrent brusquement sans produire le plus léger bruit; un homme s'élança vivement au dehors, et, d'un bond de jaguar, se trouva debout devant les deux partisans.

A cette brusque apparition, à laquelle ils étaient si loin de s'attendre, ceux-ci se levèrent en saisissant leurs sabres.

L'inconnu, sans s'émouvoir, étendit le bras droit dans toute sa longueur, la main ouverte, la paume en avant à la façon indienne, et prononça d'une voix gutturale ces mots :

— *Amigo de la independencia!* — ami de l'indépendance! — Puis, croisant les bras sur la poitrine et relevant fièrement la tête, il attendit

Un cavalier galopant en avant de la troupe s'avança jusqu'au bord de la rivière.

sans paraître remarquer les dispositions hostiles des deux partisans.

Le colonel examina un instant l'Indien avec une attention extrême, puis se tournant vers son compagnon :

— Je crois que cet homme est le coureur que j'attends, dit-il.

— C'est possible, en effet, répondit froidement don Cristoval; Votre Seigneurie peut toujours l'interroger, cela ne l'engage à rien.

— C'est ce que je vais faire.

X

LE COUREUR

Un fait singulier et caractéristique qui par cela même doit être constaté, c'est la différence pour ainsi dire complète et nettement tranchée qui existe entre les Indiens *mansos* et civilisés et ceux qu'on est convenu de nommer *bravos* ou indomptés.

Les premiers, réunis dans le principe à force de courage et de dévouement dans les missions par les Pères Jésuites dont la conduite, en Amérique et en Océanie surtout, a toujours été au-dessus de tout éloge et ne s'est jamais démentie, se sont peu à peu, malgré eux pour ainsi dire, courbés aux exigences et à la discipline, s'il est permis d'employer ce terme, d'une civilisation complètement en dehors de leurs aspirations et de leurs instincts, qu'ils ne sont par conséquent pas aptes à comprendre et qu'ils subissent bien plutôt qu'ils ne l'admettent.

Il est résulté de là qu'ils ont perdu leur caractère propre, pour en prendre un, qui n'est et ne peut être qu'un vernis peu consistant, étendu sur leur barbarie primitive, et qui s'écaille et disparaît, au moindre contact de la vie du désert.

Ce fait, du reste, a été surabondamment démontré, lors de la mesure impolitique qui a supprimé les missions au Mexique. Malgré les efforts continus des Jésuites, les Indiens, à peine assouplis aux habitudes de la vie calme et sédentaire auxquelles on essayait depuis si longtemps de les courber, s'échappèrent comme des écoliers heureux d'être délivrés d'un joug trop lourd et tous, sans exception, ils retournèrent à la barbarie, oubliant en quelques mois les leçons de tant d'années.

Les Indiens *bravos* au contraire, demeurés libres depuis les premiers jours de la conquête, dédaignant une civilisation qui pour eux s'est constamment traduite par les mots spoliation, esclavage et supplice, sont demeurés ce qu'ils étaient lors de la découverte de l'Amérique: des hommes fiers, résolus, fanatiques de liberté et poussant au plus haut degré la haine des blancs, qu'ils considèrent avec raison comme leurs ennemis les plus implacables.

Les quelques Indiens mansos qu'on rencontre dans les villes sont de pauvres misérables dégradés par l'abus des liqueurs fortes, et que les Espagnols eux-mêmes ont flétris du nom caractéristique de *gente sin razon* — gens sans raison.

L'inconnu, qui avait si à l'improviste paru devant les partisans, était un Indien bravo. Aussi mérite-t-il une description particulière.

Autant qu'il est possible de reconnaître l'âge d'un Indien, celui-ci paraissait être jeune encore et ne pas avoir atteint le milieu de la vie; sa taille presque gigantesque dépassait six pieds trois pouces, mesure française; tout chez lui dénotait une vigueur extraordinaire, une agilité et une souplesse peu communes.

Cet homme était un véritable modèle de la beauté indienne. Son front haut et large, ses yeux noirs et profonds comme la nuit, surmontés d'épais sourcils, sa bouche un peu grande, garnie de dents éblouissantes, l'expression de son visage, mélange de fierté, de bravoure, d'intelligence et de finesse, tout en lui résumait le type le plus parfait de la race aborigène.

Son costume, des plus simples, se composait d'une blouse de calicot bleu, serrée aux hanches par une ceinture de peau de daim non tannée; une culotte de la même étoffe que la blouse tombait un peu plus bas que les genoux; des moksens, enjolivés de verroteries et de piquants de porc-épic, garantissaient ses pieds et une partie de ses jambes. Sa tête était nue; ses cheveux, d'un noir bleu, séparés sur le front et maintenus par une peau de vivora, — vipère, — tombaient en désordre sur ses épaules. Une espèce de gibecière de parchemin, nommée *sac à la médecine*, contenant ses provisions, était passée en bandoulière de l'épaule droite au flanc gauche; il tenait un long bâton à la main; excepté son couteau, il n'avait pas ou du moins ne paraissait pas avoir d'armes.

Cependant le colonel, qui voyait pour la première fois un aussi beau spécimen de la race rouge, regardait l'Indien avec un étonnement mêlé d'admiration.

Il fit enfin signe à don Cristoval de procéder à l'interrogatoire, car il n'est pas aussi facile qu'on le suppose de faire parler les Peaux-Rouges, et le colonel qui le savait n'osait par lui-même tenter cette épreuve, se réservant d'intervenir si besoin était.

— Sois le bienvenu parmi nous, *José*[1], dit le partisan; tu voyages bien tard, il me semble? Le soleil est couché depuis longtemps et tu devrais dormir. D'où viens-tu ainsi?

L'Indien haussa, sans daigner répondre autrement, imperceptiblement les épaules.

— Ne m'as-tu pas entendu, drôle? reprit don Cristoval.

— Le chef comanche a entendu chanter un oiseau moqueur qui répète les mots sans les comprendre, fit l'Indien d'une voix gutturale, avec un accent de suprême dédain. Le chef ne se nomme pas José; ce sont les gachupines qu'il trompe qui lui donnent ce nom; ses frères rouges l'appellent Mos-ho-ké. Quant aux visages-pâles dont il est l'ami, ils le nomment le Grand-Castor.

Après avoir, pour ainsi dire, laissé tomber une à une ces paroles de ses lèvres hautaines, l'Indien releva la tête et fixa sur le ranchero un regard de feu. A l'instant un changement complet s'opéra dans le ton et les manières de don Cristoval: il se leva vivement, et, saluant le chef avec cordialité:

— Que mon frère me pardonne, dit-il; j'ignorais avoir l'honneur de m'adresser à un sachem aussi sage, à un guerrier aussi renommé; voici la première fois que je me rencontre avec lui. Mon frère prendra place à mes côtés et il fumera le calumet en conseil.

L'Indien sourit en entendant les paroles du Mexicain, mais il déclina cette invitation par un léger signe de tête.

— Le Grand-Castor, dit-il avec emphase, a marché pendant de longs jours afin de rejoindre le jeune chef né de l'autre côté du grand lac salé; il a promis de ne pas prendre de repos avant de l'avoir rencontré. Le Grand-Castor est un chef, il tiendra sa promesse.

— Quel est ce jeune chef dont vous parlez, guerrier? demanda don Luis en se mêlant alors à la conversation.

— C'est celui qui accompagnait le chef pâle que les gachupines ont tué, et que les blancs nomment Mina.

— S'il en est ainsi, chef, dit le colonel en se levant et faisant un pas vers l'Indien, votre voyage est terminé; l'homme que vous cherchez est devant vous.

— Que mon frère le prouve.

— Cela me sera facile, si vous êtes, vous aussi, l'homme que j'attends, reprit le colonel en fixant sur lui un regard interrogateur.

L'Indien, sans répondre, fit un pas en arrière, porta les mains à sa poitrine, écarta sa blouse, découvrit un sachet de cuir suspendu à son cou par un cordon de fil d'aloès, coupa ce cordon avec son couteau, ouvrit le sachet, en tira un papier plié en quatre, et le présenta tout ouvert au co-

1. Nom qu'on donne ordinairement aux Indiens mansos au Mexique.

lonel. Celui-ci le prit et l'examina, à la lueur du foyer, avec la plus sérieuse attention; sur ce papier apparaissait une image grossièrement enluminée de Nuestra Señora de Guadalupe. Un des angles avait été déchiré en zigzags, et sept piqûres d'aiguilles se voyaient disséminées, en apparence au hasard, sur la couronne et le visage de la Vierge. Mais ces dessins bizarres avaient sans doute pour le jeune homme une signification particulière, car il fit un geste de satisfaction et retira de son portefeuille un papier en tout semblable, qu'il montra à l'Indien en lui rendant le premier.

Le Comanche n'eut besoin que d'un coup d'œil pour s'assurer de la complète identité des deux images. Ses traits, jusqu'alors si froids et si sévères, semblèrent s'éclairer tout à coup ; il s'inclina respectueusement devant le colonel et, lui offrant en même temps le bâton noueux qu'il tenait à la main :

— Och ! dit-il d'une voix douce et insinuante, mon frère est bien le jeune guerrier que je cherche ; mon voyage est enfin heureusement terminé. Que mon frère accepte ce bâton, qui désormais m'est inutile.

Don Luis, peu au fait des habitudes des Peaux-Rouges, prit le bâton sans attacher aucune importance à la conduite de l'Indien.

— Depuis combien de temps mon frère le Grand-Castor est-il sur ma piste ? reprit-il.

— La lune était vieille de deux jours lorsque les chefs blancs ont appelé auprès d'eux le Grand-Castor et l'ont envoyé à la recherche de l'Œil-de-Feu, répondit le Comanche, qui, avec la poésie naturelle aux hommes de sa race, avait donné ce nom au Français.

— Bon ! Mon frère a marché pendant sept jours alors.

L'Indien sourit.

— La lune qui nous éclaire est mourante, répondit-il ; que le jeune chef ajoute cette lune à la précédente, et il aura le nombre exact des jours pendant lesquels le Grand-Castor a marché sans prendre d'autre repos que celui strictement nécessaire pour réparer ses forces épuisées.

— Comment ! Mon frère a marché ainsi, pendant trente-cinq jours ? s'écria le jeune homme avec surprise.

— Le Grand-Castor avait plusieurs missions à remplir.

— Ces missions, le Grand-Castor les a remplies, sans doute ?

— Toutes l'ont été, répondit-il en s'inclinant.

— Et maintenant que fera le Grand-Castor ?

— Il demeurera auprès de l'Œil-de-Feu et obéira à ses ordres ; tel a été le désir de l'assemblée des sages des visages-pâles.

— Avez-vous donc pour moi une mission du Congrès ?

— Que mon frère Œil-de-Feu jette les regards sur ses *colliers*, et il apprendra tout ce qu'il veut savoir, fit l'Indien en souriant doucement.

— Qu'entend-il par ce mot *colliers ?* demanda le colonel, qui se tourna très intrigué vers don Cristoval.

— C'est juste, répondit celui-ci en riant, vous n'êtes pas encore au courant des expressions indiennes. Chez eux le mot *colliers* signifie *lettres*, parce qu'en effet ils ont la coutume de se servir de certaines graines enfilées et de différentes couleurs en guise d'écriture.

— Fort bien ; mais ces lettres, je ne les ai pas reçues encore, je les attends.

— Vous entendez ce que dit le colonel, chef ? fit don Cristoval en s'adressant à l'Indien.

— Les oreilles du Grand-Castor sont ouvertes; il a entendu, répondit celui-ci.

— Eh bien, que nous répondrez-vous, chef ? Parlez clairement, ainsi qu'il convient à un sachem ; la situation est grave.

— Les gachupines [1] sont nombreux sur le sentier de la guerre, reprit l'Indien avec une inexprimable expression de triomphe en se levant et posant la main sur son cœur; les tamarindos [2] sont plus nombreux encore. Le Grand-Castor a plusieurs fois été arrêté et visité par eux ; mais le Grand-Castor est un chef sage et renommé dans sa nation ; les tamarindos n'ont point découvert les colliers malgré leurs recherches.

— Vous les avez donc ! s'écria vivement le colonel.

— Je les avais, il y a quelques minutes encore; mais maintenant ils sont entre les mains de l'Œil-de-Feu.

— Moi ! mais vous ne m'avez rien remis absolument, Indien, fit le colonel avec impatience ; vous voulez rire sans doute.

— Un chef de guerre ne sait pas mentir ; les Comanches sont des hommes ; le Grand-Castor n'a point la langue fourchue; les paroles que souffle sa poitrine sont toujours vraies, répondit le Peau-Rouge avec une certaine emphase.

— Mais, au nom du Seigneur tout-puissant ! s'écria le jeune homme avec impatience, je vous répète que vous confondez et que vous ne m'avez rien remis ; don Cristoval l'a vu comme moi, il vous l'attestera au besoin.

— Permettez, Seigneurie, interrompit le partisan, vous ne connaissez pas encore les Indiens. Puisque celui-ci est, de votre propre aveu, le premier que vous voyez, vous n'êtes donc pas au courant de leurs façons parfois bizarres d'agir ; laissez-moi approfondir cette affaire. Ce Peau-Rouge est, ainsi qu'il le dit, un chef renommé, le mensonge ne saurait souiller ses lèvres ; il y a évidemment un malentendu qu'il est important d'éclaircir.

1. Terme de mépris pour désigner les Espagnols. Il signifie littéralement *porteurs de souliers*.

2. Dragons espagnols, nommés *tamarindos* à cause de la couleur jaune de leur uniforme.

— Pardieu ! fit le jeune homme, qui ne put s'empêcher de rire, vous serez bien fin, mon cher don Cristoval, si vous parvenez à me prouver que ces lettres m'ont été remises.

— Qui sait? Peut-être y parviendrai-je plus facilement que vous ne le supposez, seigneurie. Laissez-moi faire ?

— Je vous donne carte blanche, cher don Cristoval, pour tenter cette épreuve, dit-il en riant.

Le Peau-Rouge fumait impassiblement, les yeux fixés sur le foyer, sans paraître s'occuper en aucune façon du débat soulevé entre les deux officiers indépendants.

Don Cristoval reprit au bout d'un instant :

— Les Indiens ne sont pas des hommes comme les autres, seigneurie ; ils ne font et ne disent jamais rien d'inutile ; leur moindres paroles, leurs gestes les plus légers ou les plus indifférents en apparence ont toujours une signification. Que tenez-vous à la main ?

— Vous le voyez, il me semble; un bâton.

— Ce bâton ne vous a-t-il pas été remis par le chef?

— En effet; mais...

— Attendez, reprit vivement le partisan : l'Indien ne vous a-t-il pas dit, en vous le remettant dans la main, que son voyage étant terminé, ce bâton lui devenait inutile?

— C'est vrai, il m'a dit cela; mais je vous avoue que je ne comprends pas ce qu'a de commun ce bâton avec les dépêches dont...

— Eh bien, interrompit vivement le Mexicain, je me trompe fort, ou ce bâton contient ce que vous cherchez. Brisez-le, Seigneurie; vous verrez alors si j'ai deviné juste.

Le colonel ne se fit pas répéter l'invitation; il saisit le bâton par les deux extrémités, l'appuya sur son genou et le rompit en deux. Le bâton était creux dans toute sa longueur et contenait plusieurs papiers roulés avec soin, qui s'en échappèrent et roulèrent sur l'herbe.

— Qu'en dites-vous? s'écria joyeusement don Cristoval. Avais-je tort, Seigneurie?

L'Indien retira alors de sa gibecière un morceau de bois d'*ocote*, l'alluma au foyer et le piqua en terre devant le colonel.

— Voilà une torche pour lire, dit-il.

Cependant don Cristoval s'était levé, et, sur l'invitation du colonel, il avait rejoint ses compagnons, et, enveloppé dans son manteau, s'était couché auprès d'eux; quelques minutes plus tard il se livrait au sommeil.

Il ne restait plus que trois hommes éveillés dans le camp : une sentinelle chargée de veiller sur la sûreté commune; l'Indien qui fumait, accroupi devant le feu, les coudes sur les genoux et la tête dans les mains, et le colonel qui lisait attentivement ses dépêches.

Quand ce dernier eut fini, il plaça soigneusement les lettres dans son portefeuille, puis, passant la main sur son front, comme pour en chasser d'importunes pensées, il releva brusquement la tête et se tourna vers l'Indien ; les yeux du chef étaient fixés sur lui avec une expression singulière.

— L'Œil-de-Feu veut me parler, dit le Peau-Rouge en jetant un regard investigateur autour de lui. Qu'il m'écoute d'abord, car maintenant que toutes les oreilles sont fermées, j'ai à lui répéter les paroles d'un ami.

— Parlez, chef, je vous prête la plus sérieuse attention, dit le jeune homme.

L'Indien se leva, fit quelques pas dans diverses directions, comme pour s'assurer que nul ne pouvait l'entendre ; puis, satisfait sans doute du résultat de son inspection, il revint paisiblement se rasseoir devant le feu.

— Voici ce que dit l'ami de l'Œil-de-Feu, murmura-t-il d'une voix basse : la moitié de mon cœur me manque, la colombe aimée a disparu; mon ami m'abandonnera-t-il dans la douleur?

— Qui vous a chargé de me répéter ces paroles, chef? s'écria le jeune homme avec une extrême agitation.

— Mon frère est vif, il aime son ami, c'est bien, reprit le chef toujours impassible. Le Grand-Castor, lui aussi, aime Incarnacion Ortiz, c'est un brave guerrier, les gachupines le redoutent; le Grand-Castor aidera l'Œil-de-Feu à secourir Incarnacion Ortiz.

— Est-ce donc d'Incarnacion Ortiz que vous parlez, chef? Au nom du ciel ! ne me cachez rien; lui serait-il arrivé malheur?

— Lui-même dira au jeune chef pâle ce qui s'est passé; le Grand-Castor est un Peau-Rouge ignorant, il n'a pas une langue blanche dans la bouche, et il ne sait point parler, ni s'expliquer comme les blancs.

La conversation que le colonel avait eue précédemment avec l'Indien lui avait trop péremptoirement prouvé l'inutilité de l'interroger, lorsqu'il ne voulait point s'expliquer, pour que, malgré son inquiétude et sa curiosité, il insistât davantage sur ce sujet, ostensiblement du moins; il jugea donc préférable d'y revenir par un détour.

— Ainsi, dit-il de l'air le plus indifférent qu'il lui fut possible d'affecter, le Congrès a chargé le chef comanche de me servir de guide jusqu'au lieu de la réunion.

— Och ! le Grand-Castor s'est engagé à le faire et il le fera.

— Merci, chef, je compte sur votre connaissance du pays où nous nous trouvons, pour nous conduire par le chemin le plus court.

— Les oiseaux vont en ligne droite, c'est ainsi que marche le Grand-Castor, lorsqu'il est sur le sentier de la guerre.

— Et dites-moi, chef, parmi les guerriers blancs qui se trouveront au rendez-vous, Incarnacion Ortiz viendra-t-il?

— Incarnacion Ortiz viendra, l'Œil-de-Feu le verra.

Une foule considérable d'Indiens fit irruption sur la place.

— Si nous nous mettions en marche à présent, chef, vous sentiriez-vous assez reposé pour nous diriger?

Le chef comanche sourit avec dédain, et resserrant aussitôt sa ceinture qu'il avait un peu relâchée en s'asseyant :

— Le Grand-Castor ne connaît pas la fatigue, dit-il; lorsque son devoir l'exige, rien ne saurait l'arrêter.

— Puisqu'il en est ainsi, nous allons reprendre notre marche; il est plus de minuit, les chevaux et les hommes sont reposés, rien ne nous retient davantage ici.

— Je suis prêt, que l'Œil-de-Feu ordonne, il est le chef du Grand-Castor.

Le colonel se leva sans plus attendre, réveilla don Cristoval et lui commanda d'avertir les rancheros et de tout préparer pour le départ. Les pauvres diables étaient épuisés de fatigue. Aussi avaient-ils vu avec une joie indicible arriver le moment de la halte. Cependant, ce fut sans se permettre le plus léger murmure qu'ils se levèrent et qu'ils sellèrent leurs montures; ils comprenaient qu'il fallait à leur chef des motifs bien puissants pour les obliger à se remettre ainsi en route à l'improviste et juste au meilleur moment de leur sommeil.

Une demi-heure plus tard, conduits par le Grand-Castor, les rancheros quittaient définitivement leur campement et descendaient silencieusement, en conduisant leurs chevaux par la bride, la rampe un peu escarpée de l'accore; arrivés dans la plaine ils sautèrent en selle et partirent au galop, ressemblant dans la nuit à une troupe de ces noirs fantômes des légendes scandinaves qui, pendant les brumeuses et froides nuits d'hiver, terribles et muets, errent dans les forêts dix fois séculaires de la Norwège.

XI

L'ESCARMOUCHE

La nuit était sombre, la chaleur suffocante; les nuages couraient lourdement dans le ciel; des myriades de moustiques tournoyaient dans l'air avec des bourdonnements insupportables; les branches des arbres craquaient sans cause apparente; des murmures mystérieux traversaient l'espace; par intervalles de larges gouttes de pluie tombaient sur les feuilles avec un bruit lugubre; tout présageait une tempête prochaine.

Les rancheros s'avançaient tristement, maintenant avec peine leurs chevaux fatigués qui buttaient à chaque pas sur les cailloux de la route.

Seul le Grand-Castor marchait avec autant d'assurance et de certitude que si le soleil eût brillé; jamais il ne s'arrêtait, jamais il n'hésitait; il se contentait seulement de toucher l'écorce des arbres avec la main ouverte; cet indice si léger suffisait, à défaut de la vue, pour l'avertir qu'il suivait toujours la bonne voie.

Plusieurs cours d'eau se rencontrèrent sur le chemin de la cuadrilla, et furent traversés sans que jamais le guide manquât le gué, en face duquel il arrivait avec une sagacité surprenante.

Cependant, vers le matin, l'orage qui avait menacé sembla se dissiper peu à peu; le ciel s'éclaircit, la brise se leva et rafraîchit l'atmosphère embrasée.

Les rancheros sentirent alors renaître leur courage; ils se redressèrent sur leurs selles et, oubliant déjà la fatigue passée, ils échangèrent à voix basse de joyeux lazzis.

Don Luis Morin et don Cristoval marchaient côte à côte avec le guide; celui-ci, subissant malgré lui l'influence attractive du jeune homme, s'était peu à peu dépouillé de sa morgue indienne, et il se laissait aller à parler et à rire comme s'il se fût trouvé au milieu de vieux amis.

Don Cristoval, habitué à la vie du désert et connaissant à fond le caractère réservé et soupçonneux des Peaux-Rouges, qui, bien qu'ils soient naturellement gais et insouciants, ne se livrent jamais complètement, surtout en présence des étrangers, et conservent toujours au contraire un certain décorum, ne savait à quoi attribuer l'humeur joyeuse du chef qui, non seulement répondait aux plaisanteries qu'on lui adressait, mais encore ne se gênait nullement pour en faire lui-même lorsque l'occasion s'en présentait.

Les rancheros continuaient donc ainsi leur voyage dans la meilleure intelligence; cependant, bien que don Luis fût impatient de rejoindre ses amis, lorsqu'il fut environ neuf heures du matin, il résolut de donner quelques heures de repos à sa troupe, autant pour laisser passer la plus grande force du soleil, que pour que ses cavaliers pussent reposer leurs forces épuisées par les rudes fatigues auxquelles, depuis quelques jours, ils avaient été constamment exposés.

Sur l'ordre du capitaine, la troupe fit halte, et campa sur le bord même du Rio Bravo del Norte, en face d'un gué découvert par le guide.

Ce gué se trouvait un peu au-dessus de Paso del Norte, où le colonel, ignorant les faits accomplis depuis quelques jours, avait l'intention de conduire sa troupe; c'était là, ou du moins dans les environs du pueblo, qu'il comptait rencontrer ses amis.

L'endroit était des mieux choisis pour une halte de quelques heures; les hautes ramures des arbres répandaient une ombre bienfaisante; l'herbe verte et drue offrait un lit moelleux qui invitait au sommeil; les rancheros dessellèrent leurs chevaux auxquels ils donnèrent leur provende de maïs sur des couvertures; ce devoir accompli, ils songèrent à eux-mêmes; chacun s'installa le plus confortablement possible: les alforjas furent ouvertes, les vivres étalés sur l'herbe et on déjeuna gaiement.

Don Luis, don Cristoval et le Grand-Castor, que le colonel avait invité à partager son repas, honneur qui flatta beaucoup le chef en lui montrant le cas que le jeune officier faisait de lui, mangèrent un peu à l'écart.

Les vivres étaient à la vérité d'une simplicité primitive : ils se composaient de quelques *tortillas* de maïs, d'un morceau de venaison rôtie, de quelques baies cueillies en chemin, et d'un verre de refiño de Catalogne; mais ce repas était assaisonné par l'appétit des convives, le meilleur de tous les condiments; car il possède l'inappréciable avantage de faire toujours paraître excellents les mets les plus insipides.

Les vivres disparus et les cigarettes fumées, chacun s'arrangea du mieux possible pour dormir; seul le guide se leva, resserra sa ceinture et fit un mouvement pour s'éloigner.

— Est-ce que vous ne vous reposez pas, chef? lui demanda le colonel.

— Non, répondit l'Indien; le Grand-Castor veillera; il a promis à l'ami de l'Œil-de-Feu de ramener sain et sauf le jeune chef auprès de lui.

— Je vous remercie, chef, de ce dévouement; mais en ce moment je le crois inutile; nos sentinelles suffisent pour nous garder.

— Le Grand-Castor chassera pour le repas du soir; en même temps il reconnaîtra la route, ainsi que c'est son devoir de le faire.

— A votre aise, chef; quant à moi, je sens mes yeux qui se ferment et je vais dormir.

— Bon! mon frère dormira pour réparer ses forces; Mos-ho-ké sera de retour lorsque le soleil allongera l'ombre des grands arbres jusqu'à la ligne d'eau du fleuve.

— C'est entendu, chef; surtout ne vous éloignez pas trop.

Le coureur sourit sans répondre et se dirigea vers le gué; les partisans le virent traverser la rivière en n'ayant de l'eau que jusqu'à la ceinture.

Le colonel avait fait donner un cheval à l'Indien; mais celui-ci préféra ne pas s'en servir en cette circonstance; sans doute dans le but de mieux suivre une piste, si, dans son excursion, il en découvrait une.

Excepté deux ou trois sentinelles éparses çà et là, tous les rancheros dormaient, selon l'expression espagnole, *a pierna suelta*, locution que nous rendons en français par les mots : à poings fermés.

Vers trois heures de l'après-dîner, le colonel sentit une main se poser doucement sur son épaule; si léger que fût cet attouchement, il suffit pour réveiller immédiatement le jeune homme, qui ouvrit aussitôt les yeux et se redressa.

Mos-ho-ké se tenait immobile devant lui; à ses pieds gisaient deux magnifiques *peccaris*, produits de sa chasse.

— Ah! c'est vous, chef, dit le colonel en étouffant un dernier bâillement, croyez-vous donc qu'il soit déjà l'heure de partir?

Sans répondre autrement, l'Indien lui montra le soleil qui descendait à l'horizon.

— C'est juste, reprit-il, vous êtes exact, merci. Je vais donner l'ordre de sonner le boute-selle.

Le guide l'arrêta.

— Non, dit-il, avec un geste circulaire du bras droit, trop d'oreilles ouvertes dans les bois.

— Redoutez-vous un danger, chef?

— Le danger est l'ami des hommes braves; il vient toujours à son heure sans qu'on l'attende. La prudence est bonne sur le sentier de la guerre. Le Grand-Castor veille : que les fusils de mes amis pâles soient chargés.

— Vive Dieu! ils le sont toujours.

— Bon, ils serviront peut-être avant le coucher du soleil; que les guerriers se préparent, il est temps de partir.

Les paroles ambiguës du chef donnèrent fort à réfléchir au colonel; mais il jugea prudent de suivre le conseil détourné que lui donnait le coureur, convaincu que le moment venu d'agir, si le danger qu'il lui laissait entrevoir existait réellement, il n'hésiterait pas à s'expliquer plus clairement avec lui.

Selon la recommandation du guide, les rancheros furent éveillés sans être appelés par la trompette, ce qui occasionna un léger retard; de sorte que, lorsque la troupe se trouva en selle et prête à se mettre en marche, il s'était écoulé un temps considérable et il était plus de quatre heures.

Le coureur, auquel on avait amené son cheval, prit la tête du détachement afin de sonder le gué et de diriger sûrement les cavaliers.

Le fleuve était d'accès facile; la traversée s'exécuta sans encombre, et bientôt toute la cuadrilla foula de nouveau la terre réellement mexicaine; car, à cette époque, la rive qu'ils abandonnaient, bien que déserte et livrée entièrement aux déprédations des Indiens bravos, était enclavée dans les possessions espagnoles et faisait partie de la vice-royauté de la Nouvelle-Espagne.

Sur l'ordre du colonel, aussitôt que le fleuve eût été passé, la cuadrilla fit halte pendant quelques minutes afin de rétablir les rangs, puis on partit au galop de chasse, allure habituelle des chevaux mexicains.

Mos-ho-ké se pencha à ce moment à l'oreille du colonel, et, lui désignant du doigt un *chapparal* peu éloigné et dans lequel la troupe n'allait pas tarder à s'engager :

— Que le chef pâle fasse attention ici, murmura-t-il à voix basse.

— Que voulez-vous dire, chef? demanda le jeune homme.

— Le Grand-Castor a découvert une piste.

— Une piste?

— Och! A quatre lieues d'ici au plus.

— Je ne comprends pas, fit le colonel en s'adressant à don Cristoval.

— Il veut dire qu'il a reconnu les traces du passage de certains individus.

— Ah! fort bien. Et cette piste, reprit-il en se tournant vers le chef, quelle est-elle?

— C'est une piste de guerre; les chevaux sont ferrés; ils appartiennent à des visages-pâles.

— Ce sont sans doute des rancheros indépendants, il n'en manque pas par ici; leurs cuadrillas occupent toute la province.

L'Indien hocha la tête.

— Non, répondit-il, ce sont des gachupines.

— Des Espagnols?

— Oui.

— Et quelle direction suivent-ils?

— Celle opposée à la nôtre.

— Ainsi, ils viennent par ici?

— Dans une heure ils seront devant nous.

— Quels peuvent être ces gens?

— Le Grand-Castor le sait.

— Vous les avez vus?

— Oui.

— Et qui sont-ils?

— C'est la cuadrilla de l'homme que les blancs appellent don Horacio de Balboa.

— Impossible, chef, vous vous trompez.

— Le Grand-Castor ne se trompe pas.

— On me dit dans les dépêches que vous m'avez apportées que don Horacio de Balboa, surpris à Paso del Norte par Incarnacion Ortiz, a été complètement défait, et que sa troupe de bandits s'est dispersée!

— C'est vrai, les coyottes ont été enfumés par les jaguars : mais ils se sont ralliés, le Grand-Castor le sait. Il les a vus deux fois; la première, avant de rencontrer l'Œil-de-Feu; la seconde, aujourd'hui. Que mon frère veille, ils sont nombreux.

— Que m'importent ces drôles? Ils ne tiendront pas devant mes braves compagnons.

— Peut-être serait-il plus prudent de les éviter, ce qui est facile.

— Non, sang-Dieu! Je leur passerai sur le ventre.

— L'Œil-de-Feu est le maître.

— Je serais honteux de me déranger de ma route pour de tels misérables.

— Si telle est son intention, l'Œil-de-Feu doit prendre tout de suite les précautions qu'exige la prudence.

— Vous avez raison, chef. Don Cristoval, faites

former une avant-garde de quarante hommes; envoyez des éclaireurs à droite et à gauche sur les flancs de la colonne; que le plus grand silence règne dans les rangs, et que chacun soit prêt au combat; l'ennemi est devant nous.

Don Cristoval exécuta les ordres de son chef avec une rapidité telle que cinq minutes s'étaient à peine écoulées lorsque la cuadrilla pénétra dans le chaparral dans le meilleur ordre, et préparée à tout événement.

L'espoir d'une bataille prochaine avait complètement fait oublier aux rancheros les fatigues passées, et leur avait rendu toute leur insouciante gaieté.

— Maintenant, dit le coureur en mettant pied à terre et confiant son cheval au soldat le plus proche de lui, le Grand-Castor va éclairer la route à ses amis blancs; il les préviendra de l'approche de l'ennemi en imitant trois fois le cri de l'épervier d'eau, à deux minutes d'intervalle.

— Allez, chef, et merci, répondit le jeune homme avec effusion.

L'Indien se glissa au milieu des arbres du chaparral et ne tarda pas à disparaître.

La cuadrilla continua à s'avancer lentement avec précaution.

— Il faut convenir que ces Indiens ont du bon et que ce sont des créatures dévouées, dit le colonel à son lieutenant.

— Oui, à ceux qu'ils aiment, répondit don Cristoval en souriant.

— Pardieu! c'est bien ainsi que je l'entends, reprit le jeune homme sur le même ton.

Un chaparral est une basse futaie qui a une grande ressemblance avec les mâquis de la Corse; même fouillis, même enchevêtrement inextricable d'arbres et de plantes, et par conséquent même difficulté à les traverser.

Aussi était-ce avec des difficultés extrêmes que les rancheros parvenaient à conserver leurs rangs et à empêcher leurs chevaux, non seulement de butter, mais encore d'être renversés par les obstacles qu'ils rencontraient à chaque pas.

Cependant cette troupe composée de cavaliers d'élite réussit, au prix d'efforts prodigieux, à franchir la plus grande partie du chaparral sans accident sérieux et à entrevoir devant elle, à travers les éclaircies ménagées par le hasard entre les arbres, le commencement de la savane.

Le soleil, très bas à l'horizon, n'allait pas tarder à disparaître; il ressemblait à une boule de cuivre rouge, et il était sans force et sans chaleur; il fallait se hâter de sortir du chaparral avant la nuit qui, dans ces parages presque intertropicaux, succède pour ainsi dire immédiatement au jour.

Au moment où la cuadrilla, parvenue à l'extrême limite du couvert, allait émerger dans la plaine dont on voyait au loin onduler les hautes herbes, bien qu'il n'y eût pas un souffle de brise dans l'air, le cri de l'épervier d'eau se fit subitement entendre, suivi presque immédiatement d'un coup de feu et d'un horrible cri d'agonie; les rancheros s'arrêtèrent en proie à la plus vive inquiétude.

Que se passait-il dans la plaine qui semblait toujours déserte?

Qui avait tiré ce coup de feu?

Le coureur surpris par l'ennemi, avait-il été tué?

Quel parti prendre?

Fallait-il continuer à marcher en avant, ou bien fallait-il battre en retraite?

L'anxiété de tous était extrême.

Tout à coup un cri de triomphe strident et éclatant retentit à une courte distance; le bruit d'une course rapide se fit entendre; les hautes herbes furent violemment écartées et le guide parut, tenant son fusil d'une main, et, de l'autre, brandissant une chevelure sanglante.

— Dieu soit loué! s'écria le colonel en l'apercevant, il est sauf!

— Les gachupines sont là! dit le chef en étendant le bras en avant : le Grand-Castor a pris la chevelure de l'un de leurs éclaireurs.

Il n'y avait pas à perdre son temps en délibérations; il fallait prendre un parti à l'instant.

Le colonel n'hésita pas.

Les rancheros se formèrent en bataille sur la lisière du chaparral, tandis qu'une réserve de cent hommes, commandée par don Cristoval, demeurait invisible sous le couvert, prête au premier signal à se porter partout où besoin serait, sur l'ordre du colonel.

Une demi-heure s'écoula, pendant laquelle les rancheros demeurèrent immobiles, calmes et silencieux.

Si braves que soient des soldats, si grande habitude qu'ils aient d'affronter la mort, ce n'est jamais sans un certain tressaillement nerveux, indépendant de leur volonté, dernière et intime protestation de la matière contre l'intelligence, qu'ils se préparent à une lutte qu'ils savent devoir être sans merci.

Les indépendants pas plus que les Espagnols n'accordaient de quartier dans cette guerre impie des frères contre les frères; la *vœ victis!* avait toute son horrible application : il fallait vaincre ou mourir!

Une vingtaine de cavaliers avaient été disséminés en éclaireurs à une cinquantaine de pas en avant sur le front de la colonne, afin de prévenir de l'approche de l'ennemi.

Soudain une fusillade assez vive éclata; les éclaireurs, vigoureusement ramenés, accoururent en désordre se reformer derrière le gros du détachement; tandis que les cavaliers qui les poursuivaient, salués à leur apparition par un feu bien nourri, faisaient tourner leurs chevaux et rebroussaient chemin au galop, en abandonnant quelques-uns des leurs sur le terrain.

La situation se dessinait; l'escarmouche menaçait d'être vive.

Les cavaliers s'ébranlèrent au grand trot emmenant don José et sa fille.

Le colonel, honteux de demeurer ainsi immobile à attendre le choc, position toujours désavantageuse dans un combat de cavalerie, forma sa troupe en colonne, fit sonner la charge, et laissant sa réserve en embuscade sous le couvert, il se rua ventre à terre à la rencontre de l'ennemi, aux cris mille fois répété de: *Mexico y independencia!* poussés à pleins poumons par les rancheros.

Le guide ne s'était pas trompé; la cuadrilla contre laquelle don Luis Morin se préparait à escarmoucher était bien celle commandée par le capitaine don Horacio de Balboa.

Maintenant, par quel étrange caprice du hasard cet homme que nous avons vu quelques jours auparavant si complètement écrasé par la cuadrilla de Incarnacion Ortiz dans Paso del Norte, qui s'était à grand'peine et plus qu'à demi roussi échappé presque seul des ruines fumantes du pueblo se retrouvait-il de nouveau et en aussi peu de temps à la tête d'une nombreuse troupe de partisans? C'est un mystère qu'il nous est impossible de découvrir, quant à présent du moins.

Mais le fait existait, il était en conséquence indiscutable.

La route suivie par le partisan espagnol, route qui ne conduisait et ne pouvait conduire que dans les déserts de l'Apacheria, était un autre sujet de commentaires et d'étonnement pour le colonel.

L'intérêt bien entendu d'un homme comme don Horacio, pour qui la guerre se résumait par le seul mot pillage, devait au contraire l'engager à se diriger vers le centre du Mexique, où les rancherias, les haciendas et les petites villes ne manquaient point, faciles à piller, car elles étaient presque toutes sans défense, et par cela même devaient offrir de grandes chances de bénéfices aux partisans soi-disant Espagnols. Mais l'Apacheria, le désert, quel attrait pouvait attirer don Horacio de ce côté? Les seuls hôtes des savanes, les Comanches, les Sioux, les Apaches et tant d'autres Indiens nomades et indomptés, possesseurs errants de ces immenses territoires, lui procureraient-ils ces richesses qu'il ambitionnait si vivement et que par tous les moyens, même les plus criminels, il voulait acquérir?

Ceci était un autre problème aussi impossible à résoudre que le premier.

Il était évident qu'en prenant cette direction le capitaine don Horacio avait un but ténébreux. Sans doute cet homme, vicié jusqu'à la moelle, ne pouvait en avoir d'autre; mais ce but, quel était-il?

Chose singulière, toutes ces pensées se heurtaient dans le cerveau du jeune colonel, tandis qu'il chargeait bravement en tête de sa cuadrilla et, sans qu'il pût s'en rendre compte, le préoccupaient vivement.

Pourquoi?

Il n'aurait su le dire.

Jamais il ne s'était encore trouvé en contact avec cet homme, et logiquement, ses actions, quelles qu'elles fussent, devaient lui être indifférentes.

Cependant, nous le répétons, il était inquiet; plus que cela même, il sentait une angoisse secrète lui serrer le cœur.

Était-ce un pressentiment?

Mais à propos de quoi ce pressentiment au sujet d'un homme inconnu? Voilà ce qu'il essayait vainement de comprendre.

Le capitaine était occupé à écouter le rapport de ses éclaireurs, lorsqu'il fut tout à coup interrompu par un bruit ressemblant au roulement du tonnerre.

Don Horacio, si bandit qu'il fût, n'en était pas moins un homme brave et un officier expérimenté.

Contraint de recevoir la charge au lieu de l'exécuter lui-même, il embusqua ses cavaliers dans les taillis, à droite et à gauche du chemin, ne laissant sur la route qu'un rideau de partisans, massés de façon à donner le change à l'ennemi.

Sa cuadrilla se composait de quatre cents hommes environ; elle était, par le nombre du moins, supérieure au détachement des indépendants; seulement, le capitaine don Horacio menait avec lui un palanquin fermé, lequel palanquin devait, selon toute probabilité, renfermer quelque chose, homme, femme ou marchandise, de bien précieux; car soixante cavaliers étaient spécialement chargés de l'escorter et avaient l'ordre, quoi qu'il pût arriver, de ne pas s'en écarter d'un pas.

Ce palanquin et son escorte furent cachés dans l'épaisseur du bois, sous le regard du capitaine qui, lui non plus, ne le voulait point perdre de vue.

A peine ces diverses dispositions furent-elles prises que les rancheros arrivèrent avec la rapidité d'un torrent qui, dans sa course furieuse, renverse et brise tous les obstacles qui s'opposent à son passage.

Mais, avec cette infaillibilité de coup d'œil qui caractérise les véritables militaires, don Luis avait deviné l'ordre de bataille du capitaine et il avait modifié son plan d'attaque en conséquence.

Lorsque les rancheros arrivèrent sur les partisans, avec un ensemble et une dextérité extrêmes, leur troupe se partagea en trois détachements; tandis que le centre continuait à charger à fond, les ailes obliquèrent à droite et à gauche et, le sabre haut, se précipitèrent sur les cavaliers embusqués dans les taillis et qui, comptant surprendre leurs ennemis, n'étaient pas préparés à cette rude attaque, et par conséquent furent en un clin d'œil mis en désordre.

Le mêlée devint alors terrible; la bravoure était égale des deux côtés; l'acharnement, excité par la haine de race, poussé à son extrême limite.

Les partisans d'abord surpris de cette furieuse attaque s'étaient railliés, et ils combattaient avec l'énergie du désespoir.

Il était impossible de prévoir à qui demeurerait l'avantage.

Le guide s'approcha du colonel et lui montrant le palanquin, immobile sous le couvert et toujours gardé par son escorte.

— Là, lui dit-il laconiquement.

Don Luis jeta un regard du côté que lui désignait l'Indien, et, sans en comprendre le motif, il devina l'importance que don Horacio attachait à la conservation de ce mystérieux palanquin si soigneusement surveillé.

Il fit signe à un de ses officiers, lui dit quelques mots à voix basse et, ralliant une vingtaine de rancheros, il chargea l'escorte qui jusqu'à ce moment n'avait pris aucune part au combat.

Bientôt tout l'intérêt de la lutte se concentra autour du palanquin, les rancheros voulant s'en emparer et les partisans redoublant d'efforts pour le défendre.

Don Horacio surtout semblait se multiplier; il faisait des prodiges de valeur et il avait des élans de bravoure, dignes certes d'une meilleure cause que celle qu'il soutenait.

Le capitaine, par un mouvement habilement exécuté, avait réussi à complètement envelopper les rancheros qui se trouvaient ainsi être en même temps assaillants et assaillis.

La mêlée ne pouvait longtemps durer ainsi : les partisans commençaient à prendre l'avantage, lorsque tout à coup le cri : « *Mexico! Mexico! independencia!* » résonna avec force, et une troupe fraîche, ivre de colère et d'enthousiasme, se précipita avec une violence irrésistible au milieu des combattants.

C'était don Cristoval qui, averti par le guide, avait abandonné son embuscade et accourait au secours du colonel.

Ce renfort, arrivant si à point, changea immédiatement la face du combat; les partisans refoulés et dispersés de toutes parts perdirent courage e songèrent à la retraite.

En ce moment les rideaux du palanquin s'écartèrent, une ravissante tête de jeune fille apparut, et une voix mélodieuse, que don Luis crut reconnaître, s'écria avec l'accent du plus violent désespoir:

— A moi! à moi! au secours, rancheros! Je suis Mexicaine! je suis la fille de...

Don Luis ne put en entendre davantage; le capitaine s'était précipité vers le palanquin et, après avoir repoussé brutalement la jeune fille, il avait fermé les rideaux.

— En avant! cria le colonel. Enfants, sauvons cette jeune fille.

— En avant! en avant! répétèrent les rancheros en se précipitant à l'envi sur ses pas.

Mais leurs efforts furent inutiles; don Horacio avait eu le temps de rallier ses partisans autour de lui et comme un tigre aux abois, mais qui n'accepte pas sa défaite, il avait reculé pas à pas, faisant toujours face à ses ennemis, et s'était enfoncé dans le dédale inextricable de la forêt.

C'eût été une folie insigne de le poursuivre : la nuit était venue, de profondes ténèbres enveloppaient la terre; malgré eux les rancheros furent contraints de s'arrêter et de camper sur le champ de bataille couvert de cadavres espagnols.

D'ailleurs, rendons cette justice aux braves rancheros, qu'ils étaient accablés de fatigue et que quelques heures de repos leur étaient indispensables.

Le colonel, après avoir expédié des éclaireurs dans différentes directions, afin de s'assurer que la retraite des partisans était réelle, fit prendre tous les arrangements pour la nuit.

XII

EL OJO-LUCERO

Cependant, malgré lui, don Luis se sentait triste; le succès qu'il avait remporté sur les partisans équivalait presque à une défaite dans son esprit, puisque, malgré tous ses efforts, il n'avait pas réussi à délivrer la jeune fille qui avait d'une façon si attendrissante réclamé son secours.

Mais qui était cette jeune fille, à peine aperçue pendant quelques secondes au milieu de la bataille, et qu'il avait cru reconnaître, sans que pourtant il lui fût possible de se rappeler où et quand il l'avait vue précédemment?

Ce fut en vain que pendant plusieurs heures le jeune homme essaya de raviver ses souvenirs.

Vers minuit, le guide arriva et vint s'accroupir devant le feu auprès duquel se tenait le colonel, toujours plongé dans ses réflexions.

Le jeune homme releva la tête.

— Ah! c'est vous, chef, dit-il; vous rentrez bien tard.

— Mos-ho-ké a marché beaucoup à la suite des gachupines, répondit-il en bourrant tranquillement son calumet, qu'il alluma ensuite au moyen d'une baguette *médecine* ou sacrée.

— Vous les avez vus?

— Pendant plusieurs heures Mos-ho-ké a marché dans leurs pas.

— Que font-ils maintenant?

— Ils courent comme des daims effarouchés par les chasseurs.

— Ainsi ils n'ont pas l'intention de tenter un retour offensif?

— Non, ils sont pressés de se rendre là où ils vont.

— Où vont-ils donc?

— Dans le désert.

— Que prétendent-ils faire là?

— Mos-ho-ké le saura quand il en sera temps; l'Indien a le regard de l'aigle, il voit tout dans la savane.

— Mais ils emmènent une jeune fille avec eux?

— Oui.

— Le chef la connaît-il?

— Peut-être.

— Qui est-elle? demanda-t-il avec anxiété.

L'Indien le regarda un instant.

— La nuit est à la moitié de sa course, dit-il; dans quelques heures il faudra reprendre la marche; Mos-ho-ké a besoin de repos, il va dormir.

Il s'étendit alors devant le feu, s'enveloppa dans sa couverture, ferma les yeux et s'endormit, ou du moins parut s'endormir.

Le jeune homme baissa la tête avec accablement.

— Ce démon sait quelque chose, j'en suis convaincu, murmura-t-il tristement; mais pourquoi s'obstine-t-il ainsi à garder le silence? Quel intérêt si grand peut-il avoir à me cacher la vérité?

Au lever du soleil on partit.

Les morts avaient pieusement été enterrés le soir précédent, et de grosses pierres placées sur leurs fosses, afin d'empêcher que les cadavres ne fussent profanés par les bêtes fauves.

Le temps était magnifique, la journée fraîche et embaumée par les âcres senteurs de la savane. Les oiseaux, blottis sous la feuillée, chantaient gaiement leur hymne matinal; enfin tout riait dans la nature; le voyage se continua donc toute la matinée dans les meilleures conditions et sans incidents dignes d'être rapportés.

Vers onze heures, selon la coutume, on campa, afin de laisser tomber la plus grande ardeur du soleil.

Cependant le colonel n'était pas satisfait du guide; il lui gardait une sérieuse rancune pour ses réticences volontaires de la veille, et se promettait intérieurement de l'obliger, bon gré mal gré, à lui donner l'explication qu'il désirait si ardemment au sujet de la jeune fille.

A plusieurs reprises il essaya, par des détours plus ou moins ingénieux, de revenir sur le même sujet; mais le Peau-Rouge était trop fin pour se laisser surprendre; il se tenait sur ses gardes, pour une raison ou pour une autre. Aussi, avec son habileté habituelle, il évita, quoi que fît le jeune homme, d'entrer dans aucun détail, de sorte que le colonel en fut auprès de lui pour ses frais d'amabilité; si bien que, de guerre lasse, reconnaissant enfin qu'il ne parviendrait jamais à faire parler cet homme, il renonça à l'interroger davantage.

— Arriverons-nous bientôt, chef? Il me tarde d'être à Ojo-Lucero, dit un soir le colonel au coureur, en s'arrêtant au campement.

— Ooah! mon frère l'Œil-de-Feu est impatient, répondit-il en souriant; il a hâte de voir ses amis.

— Je vous l'avoue, chef.

— Bon. Que le jeune chef attende encore un peu, il sera bientôt auprès d'eux.

— Dites-vous vrai?

— Mos-ho-ké n'a pas la langue fourchue, tout ce qu'il dit est vrai. Le deuxième soleil ne s'écoulera pas tout entier sans que mon frère atteigne la grande case en pierre des visages-pâles, ses amis.

— Je retiens votre promesse.

— Mon frère verra.

Le colonel, malgré son vif désir d'être positivement instruit, fut forcé de se contenter de ces vagues renseignements.

Le lendemain, le voyage continua.

Il y avait trois jours déjà que la cuadrilla des rancheros avait traversé le Rio Bravo del Norte, et abandonné l'Apacheria pour fouler le sol mexicain, où par son brillant combat avec les partisans, elle avait si noblement marqué son retour; depuis une heure environ on avait quitté le campement; les hommes, à moitié endormis encore, marchaient un peu à l'aventure; c'était une heure à peu près avant le lever du soleil.

Le guide qui, suivant la coutume adoptée par lui dès le premier jour, éclairait la route à trois cents pas environ en avant de la troupe, s'arrêta soudain, regarda attentivement autour de lui; puis, au lieu de continuer à avancer, il se replia en toute hâte jusqu'auprès des rancheros et vint se placer aux côtés du colonel.

— Qu'y a-t-il? lui demanda don Luis.

— Que l'Œil-de-Feu regarde, répondit l'Indien en étendant le bras droit.

Le partisan tourna les yeux vers la direction indiquée.

— Je ne vois rien, dit-il après un instant d'examen.

Le guide sourit en haussant imperceptiblement les épaules.

— Les blancs ont des yeux qui ne voient pas, dit-il; là est le pueblo de Ojo-Lucero.

Don Luis, piqué au jeu de ces paroles, regarda de nouveau, mais avec aussi peu de succès que la première fois.

— Je ne distingue rien, dit-il.

— Bon, reprit l'Indien. Mon frère cachera ses guerriers sous le couvert, pendant que Mos-ho-ké sortira du bois et ira voir dans le village.

— Vous voulez nous quitter, Indien? dit vivement le jeune homme.

— Mon frère ne comprend pas, répondit le guide avec un sourire; le Grand-Castor est un guerrier renommé au feu du conseil de sa nation, il a beaucoup de ruses; il entrera dans le village des blancs comme un voyageur qui retourne à l'*atepelt* — village — de sa tribu. Les *Yoris* — Mexicains — n'auront pas de soupçons contre un homme seul et sans armes; le guerrier indien regardera partout s'il aperçoit des gachupines, il reviendra avertir mon frère.

— Vive Dieu! s'écria don Luis, votre idée est excellente, chef. Allez à la découverte, nous vous attendrons ici.

— Bon, mon frère comprend à présent; qu'il ne se montre pas. Le Grand-Castor part, il sera bientôt de retour.

Le guide tourna alors vivement sur les talons, s'enfonça dans un bosquet, au milieu duquel il disparut presque aussitôt.

Cependant le colonel résolut de suivre son conseil.

Ses rancheros mirent pied à terre: les chevaux furent attachés au piquet, on plaça des sentinelles afin d'éviter les surprises; et chacun s'installa comme il put pour passer le temps le plus commodément possible, en attendant qu'on eût des nouvelles certaines.

Les ténèbres s'étaient peu à peu dissipées; le soleil, en apparaissant au-dessus de l'horizon, avait, pour ainsi dire, donné le signal du réveil de la nature. Le paysage, noyé jusqu'à ce moment dans la brume, s'éclaira subitement. Les herbes et les feuilles, lavées par l'abondante rosée du matin, parurent plus vertes et pour ainsi dire perlées de gouttes d'eau; les oiseaux, éveillés par les chauds rayons de l'astre du jour, commencèrent leurs joyeux concerts; et l'on vit au loin les buffles sauvages lever leurs têtes au-dessus des taillis et des buissons, en poussant de sourds mugissements de joie.

Don Luis distingua alors el Ojo-Lucero, dont les ranchos blanchissaient au milieu d'un fouillis d'arbres de toutes sortes, à une demi-lieue à peine de l'endroit où la cuadrilla était campée. Un chemin tortueux, large et assez bien entretenu, conduisait de la forêt au village; ce chemin était en ce moment complètement désert.

Le ranchero prit une lorgnette, et se mit à examiner et à étudier les environs avec le plus grand soin.

L'hacienda de Ojo-Lucero, c'est-à-dire, dans la langue du pays, de la *Fontaine-Brillante*, est située sur le penchant d'une colline assez élevée, qui domine le chemin de Chihuahua au Paso del Norte; au pied de la colline s'élève une rancheria, composée d'une centaine de masures qu'habitent des Indiens et des peones occupés aux travaux des mines d'argent.

Les papiers roulés s'échappaient du bâton.

A l'époque où se passe notre histoire, la guerre civile d'une part, de l'autre la fuite précipitée du propriétaire, compromis par son zèle pour l'Espagne, avaient naturellement arrêté toute l'exploitation de ces mines fort riches cependant.

A peine délivrés d'un maître qu'ils abhorraient, les peones et les vaqueros avaient, dans un premier élan de colère, pillé et incendié l'hacienda; puis, deux ou trois ans plus tard, les indépendants s'y étaient établis à leur tour, et avaient mis le corps de logis principal en état de défense.

Ojo-Lucero, par sa situation, présentait pour les Mexicains une position stratégique importante; aussi y entretenaient-ils une garnison nombreuse, chargée non seulement de battre continuellement la campagne, mais encore d'assurer les communications avec le désert.

La route conduisant à la rancheria continuait à être toujours solitaire; don Luis commençait même à ressentir une vague inquiétude, lorsqu'il se sentit toucher légèrement l'épaule; il se retourna vivement.

Le guide se tenait à son côté, aussi calme, aussi impassible que lorsqu'il l'avait quitté.

— Eh quoi! s'écria don Luis avec surprise, c'est vous, chef?

— Le Grand-Castor est de retour, répondit l'Indien en s'inclinant avec un sourire légèrement railleur.

— Mais, reprit le jeune homme avec étonnement, depuis près d'une heure j'ai les yeux fixés sur la route et je ne vous ai point aperçu; de quel côté êtes-vous donc venu?

— Les blancs ont besoin d'une sente tracée pour se conduire, fit l'Indien; la route de Mosho-ké est celle de l'oiseau, partout il passe.

— Soit, dit le partisan, mais pourquoi ces précautions? Nos amis seraient-ils en mauvaise situation?

— Que l'Œil-de-Feu reprenne ses yeux *médecine*, répondit l'Indien en désignant la longue-vue que le colonel tenait à la main. Il verra aussitôt ses amis accourir joyeux vers lui.

Le jeune homme braqua aussitôt sa lorgnette sur la route, et ne put retenir un cri de joie, en apercevant un groupe de cavaliers qui accouraient à toute bride.

Quelques minutes plus tard, ces cavaliers s'arrêtèrent à la lisière de la forêt; don Luis Morin reconnut au milieu d'eux son ami Incarnacion Ortiz et don José Moreno.

Il s'élança à leur rencontre; mais, malgré lui, il s'arrêta bientôt, douloureusement ému par l'expression de tristesse qu'il lisait sur le visage de son ami et du vieillard.

Aussi, après avoir échangé un peu à la hâte les compliments de bienvenue avec les autres officiers, s'approcha-t-il avec empressement d'Incarnacion et de l'haciendero.

— Que se passe-t-il donc, ici? Qu'est-il arrivé, au nom du ciel? s'écria-t-il en leur pressant affectueusement la main.

— Vous le saurez bientôt, ami, fit tristement Incarnacion.

— Mais plus tard, ajouta don José; laissons aux affaires publiques le pas sur les affaires privées.

Le jeune homme s'inclina, comprenant qu'il serait de mauvais goût d'insister en ce moment, et, se tournant vers les officiers :

— Me voici à vos ordres, señores, dit-il, en les saluant avec courtoisie.

— C'est nous qui sommes aux vôtres, colonel, répondit un capitaine. Mieux que nous, vous savez sans doute pour quel motif nous avons été convoqués ici.

— A cette question c'est à moi de répondre, caballeros, dit don José, qui fit un pas en avant.

— Nous vous écoutons, señor.

Don José Moreno retira alors de sa poitrine un large pli cacheté aux armes du Congrès et le présenta à don Luis.

— Voici, señor colonel, dit-il, une commission signée du général commandant en chef l'armée *libertadora* et contre-signée du président du Congrès national, qui m'investit du droit de choisir parmi tous les cavaliers de votre cuadrilla les hommes qu'il me conviendra de prendre pour exécuter une mission importante dont le secret ne doit être connu que de moi seul.

— En effet, señor don José Moreno, répondit don Luis après avoir parcouru le papier remis entre ses mains, et j'ai, de plus, reçu l'injonction de me mettre à vos ordres et de vous obéir en tout, sans vous demander d'explications.

— Nous avons reçu de semblables instructions, dit le capitaine qui déjà une première fois avait pris la parole.

— Êtes-vous dans l'intention d'obéir à cet ordre, señores?

— Certes, répondirent les officiers.

— Quoi que j'exige de vous?

— Ordonnez, dit le colonel.

— Caballeros, reprit l'haciendero, pardonnez-moi mon apparente précipitation; mais, je vous le répète, la mission dont je suis chargé est grave; nous n'avons point un instant à perdre pour l'accomplir. Capitaine Frias, n'avez-vous pas reçu des ordres particuliers?

— Si, caballero, répondit le capitaine; hier, au coucher du soleil, un coureur indien m'a apporté des dépêches.

— Et ces dépêches vous ordonnent...?

— De mettre garnison au Paso del Norte, surpris il y a un mois environ par don Incarnacion Ortiz et que, par oubli peut-être, on avait négligé d'occuper.

— Fort bien. Don Luis vous laissera le commandement de sa cuadrilla, ce qui vous permettra, sans affaiblir la garnison d'Ojo-Lucero, de doubler celle del Paso.

— J'obéirai, señor.

— Vos dépêches ne vous donnaient-elles pas d'autres instructions?

— Pardonnez-moi, caballero; il m'était de plus enjoint de réunir dans le plus bref délai une troupe de soixante ou quatre-vingts chasseurs ou gambucinos pour un service exceptionnel.

— C'est cela même.

— Malheureusement, Seigneurie, permettez-moi de vous faire observer que, n'ayant reçu ces dépêches qu'hier au soir, il m'a été impossible de me conformer jusqu'à présent à cette dernière partie de mes instructions.

— J'ai sous mes ordres une quarantaine de gambucinos, qui m'attendent dans un endroit convenu depuis deux mois; votre besogne se trouve donc ainsi simplifiée, puisque vous n'avez plus qu'à réunir la moitié des hommes qui me sont nécessaires.

— En effet, señor. Malgré cela, je ne puis vous promettre de réunir ces quarante hommes avant cinq ou six jours.

— Nous les aurons en moins de dix minutes, dit en souriant don José. Mon cher don Luis, ajouta-t-il en se tournant vers le Français, vous voudrez bien choisir dans votre cuadrilla quarante hommes de bonne volonté, n'est-ce pas?

— Aussitôt que vous le désirerez.

— Don Cristoval Nava, qui, à ce que je crois du moins, était chasseur de bisons avant le commencement de la guerre, les commandera sous vos ordres; car, si cela ne vous déplaît pas trop, vous m'accompagnerez.

— Je vous remercie d'avoir prévenu mes désirs, señor don José.

— Tout est pour le mieux alors. Je n'ai pas besoin de vous recommander le secret le plus absolu; maintenant, caballeros, vous êtes libres.

Il ne me reste qu'à vous remercier de votre empressement à obéir aux ordres du Congrès.

— Ne nous ferez-vous pas l'honneur de nous accompagner jusqu'à Ojo-Lucero, señor don Luis, dit en s'inclinant avec politesse le capitaine Frias? Tout est préparé pour vous y offrir une hospitalité digne de vous.

— Il ne dépend pas de moi d'accepter votre gracieuse invitation, señor capitaine, répondit courtoisement le jeune homme.

— Alors, je l'accepterai pour vous, mon cher don Luis, dit vivement don José Moreno. Nous profiterons de l'offre du capitaine pour terminer nos derniers préparatifs ; avez-vous des mules par ici, señor Frias?

— Quelques-unes, oui, señor.

— Vous serait-il possible d'en réunir cinquante à soixante ?

— Facilement.

— En combien de temps?

— Oh! deux heures tout au plus.

— Très bien!... et des chevaux ?

— Nous n'avons ici, en général, que des mustangs ou chevaux des prairies.

— Ce sont justement ceux-là que je veux, mon cher capitaine.

— Alors, rien n'est plus facile : aujourd'hui même je puis vous en faire lasser cent cinquante et même deux cents, qu'on placera dans le corral de l'hacienda.

— Oh! il ne m'en faut pas autant, capitaine. Cent me suffiront.

— Vous les aurez ; avez-vous besoin de harnais?

— Non, c'est inutile, je vous remercie, mon cher capitaine, je ne prends ces animaux que comme manada de rechange.

— C'est entendu; señor, ce soir ils seront prêts.

L'entretien se termina là. Don Juan donna l'ordre de lever le camp, et toute la troupe prit au galop le chemin de Ojo-Lucero, où elle arriva une heure plus tard.

Au moment où don Luis allait franchir le seuil de l'hacienda, le Grand-Castor s'approcha de lui, et se penchant à son oreille.

— Quelle réponse dois-je porter à ceux qui m'ont envoyé vers l'Œil-de-Feu? lui dit-il à voix basse.

— Vous voulez déjà nous quitter, chef, et pourquoi donc ? lui demanda le jeune homme.

— Mos-ho-ké n'a-t-il pas loyalement accompli sa mission?

— C'est vrai, chef; vous l'avez accomplie non seulement avec intelligence et célérité, mais avec dévouement.

— Mes frères blancs seront satisfaits, le cœur de Mos-ho-ké se réjouira de leurs éloges ; il va retourner vers eux.

— Attendez encore, chef, reprit le jeune homme; peut-être aurez-vous une réponse à leur transmettre.

— Bon, puisque l'Œil-de-Feu le désire, Mos-ho-ké restera dans l'atepelt des visages pâles jusqu'au coucher du soleil.

— Non, interrompit don José Moreno qui avait assisté muet jusque-là à cet entretien. Mos-ho-ké est un chef sage et expérimenté, il entrera dans le calli de pierre avec ses amis blancs. Sa place est au feu du conseil. Peut-être les chefs blancs auront-ils besoin bientôt que le sachem leur donne son avis.

L'Indien sourit orgueilleusement en recevant cette gracieuse invitation à laquelle il était si loin de s'attendre et suivit les officiers mexicains dans l'hacienda.

La cuadrilla campa dans le premier patio — cour — où par l'ordre de don José Moreno des peones servirent avec empressement aux soldats les rafraîchissements dont ils avaient besoin.

XIII

MOS-HO-KÉ

Don Luis Morin connaissait trop bien l'attachement des rancheros à sa personne pour laisser à un autre le soin de leur apprendre les résultats de son entretien avec don José. Il quitta donc l'hacienda et se rendit auprès d'eux; sur son ordre, la cuadrilla abandonna son campement et le suivit. Lorsqu'elle fut rangée en bataille dans le patio de l'hacienda, don Luis fit former le cercle et avec une certaine émotion qu'il ne put entièrement dissimuler, il donna lecture des ordres qu'il avait reçus.

Les rancheros écoutèrent d'abord cette lecture dans un morne silence; mais lorsqu'elle fut terminée, comme d'un commun accord, ils éclatèrent tous à la fois en plaintes et en reproches. Cependant, à force de prières et de raisonnements, don Luis parvint sinon complètement à les consoler, du moins à leur faire accepter sans trop de murmures leur nouveau commandant, en leur promettant un prochain retour. De plus, ce qui leur rendit toute leur gaieté, il ordonna à don Cristoval Nava de choisir parmi eux quarante hommes de bonne volonté, qui devaient l'accompagner.

Mais là se présenta une nouvelle difficulté à laquelle personne n'avait songé : c'est que tous voulurent suivre leur chef, et le partisan dut remettre au sort le soin de décider quels seraient les élus.

Enfin tout se termina à la satisfaction générale, et don Luis, après avoir affectueusement pris congé de sa cuadrilla, se hâta de rejoindre dans les appartements de l'hacienda don José Moreno et les autres officiers, qui l'attendaient pour se mettre à table.

Le repas fut court et silencieux.

Lorsque les convives se furent levés de table et dispersés pour terminer les préparatifs du départ, don Luis Morin, Incarnacion Ortiz, don José Moreno et le chef indien Mos-ho-ké demeurèrent seuls en présence, assis sur des butaccas et fumant sans échanger une parole.

Don Luis, absorbé par ses devoirs de commandant, n'avait pas encore trouvé, depuis le matin, un seul instant pour causer à cœur ouvert avec ses amis; affligé de leur tristesse, il éprouvait naturellement le plus vif désir d'en connaître la cause. Aussi se hâta-t-il de saisir l'occasion qui se présentait enfin à lui.

Don José ne répondit que par un profond soupir aux questions affectueuses que lui adressa le jeune homme. Incarnacion Ortiz se leva, et posant sa main sur l'épaule de don Luiz :

— Hélas! ami, dit-il d'une voix brisée par la douleur, pendant votre absence un malheur affreux est venu tout à coup fondre sur nous.

— Au nom du ciel! s'écria le colonel, ne me laissez pas plus longtemps dans cette mortelle inquiétude, mes amis. Je vous supplie, dites-moi ce qui s'est passé!

— A quoi bon, fit don José en hochant la tête, raviver un cuisant chagrin? Hélas! ce malheur est irréparable.

— Irréparable! dit le Français avec force. Que signifie cet abattement, señor don José Moreno? Ne savez-vous pas qu'il y a remède à tout, excepté à la mort?

— Eh! si c'était d'une mort qu'il s'agit?

— D'une mort! s'écria le jeune homme. Qui donc est mort? Au nom du ciel, parlez!

— Moi, je n'en aurai pas la force, murmura Incarnacion Ortiz, qui cacha sa tête dans ses mains.

— Ce sera donc moi, reprit en soupirant don José Moreno : eh bien soit, j'aurai ce courage puisqu'il le faut; d'ailleurs, je n'ai que quelques mots à vous dire.

Le Grand-Castor, seul indifférent en apparence à ce qui se passait devant lui, continuait à fumer, impassible, froid et digne, son calumet indien.

— Après la prise del Paso del Norte, reprit le vieillard, appelé auprès du Congrès, je laissai, malgré les observations pressantes de plusieurs de mes amis, ma fille à mon hacienda de la Vega, sous la garde de mon fils Pedro et de Ramon Ochoa.

« La place était forte, bien approvisionnée, elle renfermait une garnison nombreuse et dévouée. De plus, les Espagnols atterrés par leur dernière défaite, avaient disparu du pays; je crus n'avoir rien à redouter. Je partis donc accompagné par Incarnacion et quelques peones. Mon voyage dura douze jours. Que se passa-t-il à l'hacienda pendant mon absence? Je l'ignore, et personne n'a pu me renseigner d'une façon certaine à ce sujet. Il paraît que mon fils et ma fille, quelques jours après mon départ, complètement rassurés par l'apparente tranquillité du pays, avaient pris l'habitude de faire tous les matins une promenade aux environs de l'hacienda, suivis seulement par un ou deux serviteurs. Les premières fois, ils ne perdirent pas de vue les murailles de l'habitation, mais peu à peu ils s'enhardirent. Leurs excursions se prolongèrent, durèrent plusieurs heures, et bientôt elles se changèrent en chasses dans les bois des environs.

— Quelle imprudence! murmura don Luis.

— La jeunesse est confiante et aveugle, fit don José Moreno avec un soupir étouffé; un jour, entre sept et huit heures du matin, mon fils et ma fille sortirent, accompagnés seulement du mayordomo de l'hacienda et d'un peon de confiance, pour chasser l'antilope. L'heure du retour s'écoula sans qu'on les vît reparaître; don Ramon commença à s'inquiéter, il expédia des coureurs aux environs, mais ces coureurs rentrèrent les uns après les autres sans avoir découvert les traces des chasseurs. Alors, en proie à une vive anxiété, don Ramon n'hésita plus : malgré l'heure avancée de la journée, il était presque nuit, il fit monter à cheval quarante hommes résolus et bien armés, se mit à leur tête, et à son tour il quitta l'hacienda. Toujours la même tranquillité et la même solitude régnaient aux environs de la Vega.

« Don ramon se dirigea vers un bois où il avait vu le matin entrer les chasseurs, et il le fit fouiller avec le plus grand soin sans rien découvrir; il traversa alors ce bois, s'engagea dans une plaine découverte assez étendue, puis il s'enfonça dans un *chaparral*, en donnant à ses peones l'ordre de se disperser de tous les côtés. Un pressentiment secret l'avertissait que dans ce chaparral mal famé et servant de retraite ordinaire à des bandits de toutes sortes, vaqueros, mineros et gambucinos, il découvrirait enfin les traces qu'il cherchait vainement depuis plusieurs heures déjà. Hélas! les prévisions de don Ramon devaient se réaliser bientôt d'une façon terrible. A peine la battue était-elle commencée, qu'un peon poussa un cri d'appel. Don Ramon accourut; un spectacle affreux s'offrit alors à ses yeux.

— Du courage! dit doucement don Luis en pressant doucement la main du vieillard.

— Trois cadavres horriblement mutilés gisaient sur le sol; ces cadavres étaient ceux de mon fils, du mayordomo et du peon qui les avait accompagnés dans leur chasse; les armes qu'ils tenaient encore à la main, le terrain piétiné sur un assez vaste espace, leur chevaux morts auprès d'eux, tout prouvait qu'ils n'avaient succombé qu'après un combat long et acharné.

— Et doña Linda! s'écria don Luis avec intérêt.

— Ma fille avait disparu.

— Sans doute, fit le jeune homme, qu'ils avaient été surpris à l'improviste par une bande d'Espagnols pillards.

— Non, reprit douloureusement don José Moreno, les cadavres étaient scalpés, ils avaient la poitrine ouverte, le cœur arraché et le corps

Chacun s'installa comme il put pour passer le temps le plus commodément possible.

traversé par de longues flèches cannelées, semblables à celles des Apaches.

— Des Apaches, si loin de la frontière ! s'écria don Luis avec surprise.

— Hélas ! les frontières n'existent plus depuis la guerre, vous le savez, mon ami; don Ramon passa la nuit tout entière dans le chaparral, pour retrouver les traces de ma fille, mais toutes ses recherches furent inutiles, il ne découvrit rien. Force lui fut, au lever du soleil, de regagner l'hacienda en emportant les cadavres afin de leur donner une sépulture chrétienne.

— Mais il ne borna point là ses recherches, j'imagine ?

— Oh ! non, elles continuèrent activement et sans relâche, pendant plusieurs jours, au contraire, mais en vain.

— Je ne puis croire qu'ils aient assassiné doña Linda, s'écria don Luis; les Indiens, si féroces qu'ils soient, ne tuent pas les femmes; doña Linda n'est pas morte !

— N'est-ce pas, mon ami, s'écria Incarnacion Ortiz avec exaltation, n'est-ce pas que doña Linda vit encore ?

— J'en ai la conviction, ils l'ont enlevée dans l'espoir d'obtenir de vous une forte rançon.

Don José secoua la tête.

— Si telle était leur intention, reprit-il, pourquoi, lors de mon retour à l'hacienda, ne m'ont-ils pas expédié un de leurs guerriers afin de débattre avec moi cette rançon?

— Je m'y perds, reprit don Luis devenu pensif, et si vous n'étiez pas aussi certain que les coupables sont des Peaux-Rouges...

— Il ne peut rester aucun doute à cet égard, malheureusement.

— Enfin, quels que soient ces hommes, on a suivi leurs traces jusqu'à une certaine distance?

— Pendant l'espace de dix lieues environ.

— Et, pardonnez-moi cette insistance, cher don José, de quel côté se dirigeaient ces traces?

— Du côté de la frontière.

Don Luis hocha la tête.

— Vous n'êtes pas convaincu?

— Eh bien ! non, s'il faut vous l'avouer. Je ne crois pas que ce crime ait été commis par des Indiens.

— Mais vous avez des motifs, sans doute pour soutenir cette hypothèse?

— Certes, j'en ai. Écoutez-moi. Il y a quelques jours, je me trouvai subitement en présence d'un détachement espagnol, il y eut entre nous une rude escarmouche; bref les Espagnols furent contraints de prendre la fuite.

— Mais qu'a de commun ?..

— Attendez; ces Espagnols menaient au milieu d'eux un palanquin dans lequel se trouvait une femme.

— Une femme ! s'écrièrent les deux hommes avec stupeur.

— Oui, une Mexicaine, elle-même nous l'a dit. Elle nous appela à son secours avec des larmes et des sanglots. Malheureusement, malgré tous nos efforts, il nous fut impossible de la délivrer; les Espagnols l'entraînèrent dans leur fuite; maintenant savez-vous qui commandait cette cuadrilla? Don Horacio de Balboa, le vaincu de Paso del Norte !

— Don Horacio?

— Lui-même! et si quelqu'un qui est ici, ajouta-t-il en jetant un regard de côté sur le sachem, voulait parler, peut-être vous apprendrait-il ce que vous avez un si grand intérêt à connaître.

— Mais ces horribles mutilations exercées sur les cadavres, les Apaches ou les Comanches seuls ont l'habitude...

— Peut-être, don José Moreno; quant à moi, je vous le répète, ma conviction intime est que les Peaux-Rouges sont complètement innocents du crime que vous leur imputez.

— Cela est étrange, en effet, murmura Incarnacion Ortiz.

En ce moment l'Indien se leva, il repassa son calumet à sa ceinture, et faisant un pas en avant :

— Mos-ho-ké veut parler, dit-il d'une voix sourde.

Les trois hommes se tournèrent vers lui avec surprise.

— C'est un sachem qui prendra la parole, continua-t-il ; mes frères blancs écoutent-ils?

— Nous écoutons, chef, fit don Luis au nom de tous.

— Que les visages pâles ouvrent les oreilles, reprit l'Indien; Mos-ho-ké n'a pas une langue fourchue; le Grand-Esprit a enlevé la peau de son cœur et son sang est aussi rouge que le fruit du chirimoya. La vierge pâle aux yeux d'azur n'est pas morte. Mos-ho-ké l'affirme, et le Wacondah sait que Mos-ho-ké n'a jamais menti.

— Parlez, au nom du ciel ! s'écria don José.

— Comment savez-vous qu'elle existe, chef? fit Incarnacion en s'élançant vers lui.

— Mos-ho-ké n'est point une vieille femme bavarde, reprit l'Indien avec emphase ; ce qu'il dit est vrai, il a vu le combat de ses yeux; il était là.

— Comment! s'écria don Luis avec un accent de reproche; vous étiez présent, chef, et vous n'avez pas essayé de défendre cette malheureuse jeune fille?

L'Indien sourit avec dédain.

— Mos-ho-ké a-t-il vingt bras pour lutter contre trente ennemis? Pouvait-il réussir là où quatre cents cavaliers ont échoué? répondit-il. Non, le sachem est brave, il n'est pas fou.

— Mais enfin, reprit don Luis en recommandant d'un geste la patience à ses amis, comment étiez-vous là, chef?

— Un rien étonne les visages pâles; Mos-ho-ké était envoyé par les chefs des blancs à l'Œil-de-Feu; bien qu'il fût parti en même temps que la tête grise du grand village de pierre des visages pâles, il avait cependant laissé bien loin derrière lui le vieux chef.

— En effet, dit don José, le Grand-Castor a quitté la ville en même temps que moi, je me le rappelle à présent.

— Qui peut égaler la marche de Mos-ho-ké? reprit l'Indien avec un orgueilleux sourire. Son pas, égal au vol de l'aigle, ne laisse point de traces, et toujours se dirige en droite ligne. Le soleil avait bu toute l'ombre des arbres au moment où le chef entrait dans le chaparral, la terre brûlait. Mos-ho-ké s'abrita sous un mahogany pour laisser tomber la chaleur du jour, et, retirant du pennekam de sa gibecière, il commença à manger; un bruit léger frissonna à travers les taillis épais, le chef releva la tête et regarda attentivement autour de lui. Alors il vit plusieurs hommes, trente au moins, se glisser à travers les arbres et se placer en embuscade à droite et à gauche d'une sente de bufalos. L'Indien est rusé; il comprit que ces hommes marchaient dans le sentier de la guerre, et il se cacha dans un buisson pour ne pas être aperçu; car ces hommes l'auraient tué s'ils l'avaient découvert. Une heure s'écoula sans que le moindre bruit troublât le silence; au bout de ce temps, les sabots de plusieurs chevaux résonnèrent sous la feuillée, et des voix joyeuses parvinrent aux oreilles du chef; il leva un peu la tête et reconnut ceux qui s'approchaient. Ils étaient quatre, trois hommes et une femme ; la femme était la vierge pâle aux yeux d'azur. Soudain, les guerriers embusqués se précipitèrent tous à la fois avec de grands cris sur les arrivants; bien que surpris, ceux-ci n'essayèrent pas de fuir; d'ailleurs leurs ennemis les entouraient de toutes part; ils combattirent vaillamment; plusieurs guerriers, dix au moins, tombèrent sous leurs coups; mais que pouvaient-ils faire? Après avoir tué plusieurs de leurs ennemis, ils tombèrent à leur tour et succombèrent sous le nombre; la jeune vierge demeura seule et sans défense. On l'enveloppa dans un zarapé solidement lié avec un lazo autour de son corps, et on l'étendit sur la terre. Le chef des guerriers s'approcha alors de ses ennemis renversés sur le sol, s'assura qu'ils étaient bien morts : « Enfants, dit-il alors aux siens en langue espagnole, enlevons la chevelure à ces cadavres et plantons des flèches dans leurs corps, afin qu'on suppose qu'ils sont tombés sous les coups des Indiens bravos. »

— Ce n'étaient donc pas des Apaches? s'écria don José Moreno.

— C'étaient des Espagnols, répondit froidement l'Indien; l'Œil-de-Feu l'a dit déjà à mon père, et il ne s'est pas trompé. Puis, continua-t-il, le chef fit charger sur des chevaux les cadavres de ses compagnons tués dans le combat, il enleva la jeune fille sur ses épaules; tous partirent au galop et bientôt ils disparurent dans les taillis.

— Oh! cet homme! ce misérable! je donnerais ma fortune pour le connaître, murmura don José Moreno avec douleur.

— Je donnerais ma vie, moi! s'écria Incarnacion Ortiz.

— Si mes frères blancs le désirent, dit froidement l'Indien, Mos-ho-ké le retrouvera.

— Vous, chef! Oh! que Dieu vous entende! Mais qui sait maintenant où il s'est réfugié, depuis si longtemps déjà que l'enlèvement a eu lieu? Non, non, c'est impossible, cette tâche est au-dessus de vos forces.

L'Indien sourit avec ironie.

— Lorsque Mos-ho-ké fut demeuré seul, reprit-il, le Wacondah lui inspira la pensée de prendre les empreintes des pas du chef et de l'un de ses compagnons; cela suffit; lorsque Mos-ho-ké tient le commencement d'une piste, il arrive toujours à la fin.

— Faites-y attention, chef, vos paroles me rendent presque l'espoir, s'écria don José Moreno.

L'Indien s'inclina en souriant.

— Que mon père la tête grise espère, reprit-il; d'ailleurs le sachem n'a pas tout dit; mes frères veulent-ils écouter encore?

— Parlez! parlez au nom du ciel! s'écrièrent-ils d'une seule voix.

— Mos-ho-ké rejoignit l'Œil-de-Feu et s'acquitta auprès de lui de la mission que lui avaient confiée les visages pâles; on partit pour se rendre à Ojo-Lucero; comme toujours, le chef éclairait la route. Un jour, pendant que les blancs dormaient, Mos-ho-ké, au lieu de demeurer près d'eux, préféra chasser; il revenait auprès de ses amis lorsqu'il découvrit une piste; des blancs avaient campé à l'endroit où il se trouvait. Alors le chef regarda; parmi les nombreuses traces laissées sur la terre, deux se rapportaient aux empreintes relevées dans le chaparral par Mos-ho-ké, il avait retrouvé les ravisseurs et leur victime; ainsi que l'a dit l'Œil-de-Feu, c'est l'homme nommé don Horacio qui a enlevé la jeune vierge pâle, c'est lui et non un autre; le sachem en est sûr.

— Mais alors comment se fait-il, chef, que lorsqu'à plusieurs reprises je vous ai interrogé, vous ayez refusé de me répondre? s'écria le jeune homme avec colère.

— Mos-ho-ké a refusé de répondre parce que, s'il avait parlé, l'Œil-de-Feu se serait mis aussitôt à la poursuite des gachupines et que son devoir exigeait qu'il se rendit ici d'abord; de plus, le sachem s'était lancé sur la piste des gachupines et les avait suivis assez longtemps pour être certain de les retrouver quand besoin serait; si bien *terré* qu'il soit, nul ne saurait échapper dans le désert au regard d'un guerrier comanche, quand celui-ci le veut découvrir. Le chef retrouvera la jeune vierge pâle.

— Oh! chef, si vous me rendez ma fille...

— Mos-ho-ké a donné sa parole, interrompit l'Indien; il tiendra sa promesse. Que mon frère prenne courage!

Don José, accablé par l'émotion, se laissa tomber presque évanoui sur une butacca, ses deux amis s'élancèrent à son secours.

— Les visages pâles sont des femmes, murmura l'Indien en les regardant avec un indicible dédain; ils ne savent être forts ni dans la joie ni dans la douleur.

L'évanouissement de don José Moreno se prolongea assez longtemps pour causer d'assez sérieuses inquiétudes à ses amis; cependant, grâce à leurs soins affectueux, il reprit peu à peu connaissance.

— Oh! ce don Horacio! murmurait-il à chaque instant avec une expression de douleur navrante.

— Il n'échappera pas au châtiment qu'il a mérité, mon ami, s'écrièrent les deux jeunes gens.

— Pardonnez-moi cette faiblesse, le coup a été trop rude, et puis je suis vieux et je souffre tant! Merci de vos soins, répondit-il en se redressant sur son fauteuil, mais maintenant je me sens complètement remis; occupons-nous sans retard des préparatifs de notre expédition.

— Tout est prêt, nous partirons dès que vous en donnerez l'ordre, répondit don Luis.

— Alors ce sera demain, car nous n'avons pas un instant à perdre. J'ai à remplir un devoir sacré et qui n'admet pas de retard.

— Soit, demain au point du jour nous nous mettrons en route.

— Et vous, chef, que comptez-vous faire? demanda don José Moreno à l'Indien qui se tenait froid et immobile auprès de lui.

— Que mon père la Tête-Grise ne s'occupe pas du sachem, répondit doucement le Peau-Rouge. Quand mon père aura besoin de lui, il le trouvera à ses côté; Mos-ho-ké rentre dans le désert: lui aussi a une mission sacrée à accomplir, il n'y faillira pas.

— Allez, chef, je sais que vous êtes un homme de cœur, dévoué franchement à vos amis; j'ai confiance en vous, agissez comme bon vous semblera, vous êtes libre.

— Mon père a bien parlé, le sachem le remercie. Le quatrième soleil après celui-ci, la Tête-Grise reverra Mos-ho-ké. Qu'il prenne courage jusque-là; le chef lui apportera de bonnes nouvelles.

Après avoir prononcé ces paroles avec l'emphase particulière à sa nation, l'Indien salua gravement les trois Mexicains et sortit à pas lents de la salle.

— Avez-vous réellement confiance en cet homme? demanda alors don Luis à don José.

— Vous ne connaissez pas les Peaux-Rouges, mon ami, répondit le vieillard. Ils aiment ou ils haïssent, ils sont complets dans leurs sentiments comme la nature abrupte au milieu de laquelle ils vivent; quand ils se dévouent, c'est franchement et sans arrière-pensée.

— Dieu le veuille! murmura le jeune homme avec une incrédulité secrète.

XIV

LE CAMP

A quelques milles au plus du Presidio del Norte, le Rio Conchos unit ses eaux limpides aux eaux jaunes et bourbeuses du Rio Grande, et la vallée se trouve enfermée dans un rempart de montagnes élevées et abruptes qui ne laissent entre elles qu'un étroit passage pour le fleuve. Le Rio Grande se précipite alors en nombreuses cataractes.

L'horizon, assez rétréci du reste, est borné par des groupes de montagnes qui affectent les formes les plus étranges, des tours, des aiguilles, des clochers et des créneaux, et donnent au paysage un cachet d'étrangeté impossible à rendre.

Or, le surlendemain du jour où se passaient à Ojo-Lucero les événements que nous avons rapportés au chapitre précédent, un campement considérable était établi sur la rive droite du Rio Grande, dans le désert, au centre du paysage que nous avons essayé d'esquisser.

Ce camp, installé à la mode indienne, occupait un espace assez considérable; plusieurs feux, autour desquels des hommes bizarrement éclairés par les flammes étaient couchés ou accroupis, brûlaient de distance en distance; un peu à l'écart, attachés à des piquets et entravés à l'amble, des chevaux mangeaient à pleine bouche l'alfalfa ou broyaient le maïs. Une tente de peaux de bisons peintes de diverses couleurs et cousues ensemble s'élevait au centre même du camp.

Il était environ huit heures du soir; le ciel, d'un bleu sombre, resplendissait d'étoiles; la lune presque dans son plein semblait nager dans l'éther et laissait tomber sur la terre une douce et blanche lumière.

Soudain un cavalier, lancé à toute bride, déboucha d'un étroit cañon et entra au galop dans le camp sans avoir été interpellé par les sentinelles, qui le saluèrent silencieusement au passage. Arrivé auprès des feux, ce cavalier mit pied à terre, et, abandonnant sa monture, qu'un homme saisit aussitôt par la bride, il se dirigea à grands pas vers la tente.

Après avoir soulevé le rideau, il demeura un instant immobile, soit qu'il fût retenu par le respect, soit plutôt que le spectacle qui s'offrit tout à coup à ses regards le remplît malgré lui d'admiration.

L'intérieur de la tente était assez vaste et meublé avec tout le luxe que comportait une si précaire habitation.

Au premier coup d'œil, on reconnaissait facilement que ce lieu servait de nid et de refuge à une jeune fille.

Un *petate* — natte — couvrait le sol, des meubles précieux étaient disséminés çà et là dans un désordre apparent; une torsade de fil d'or, descendant du centre de la tente, retenait une lampe d'argent curieusement ciselée; dans un hamac de fils d'aloès une jeune fille se balançait nonchalamment, tandis qu'une jeune Indienne l'éventait avec de longues plumes et qu'une seconde chantait d'une voix mélodieuse un *triste* en s'accompagnant avec un jarabé, espèce de mandoline fort en usage au Mexique.

Cette jeune fille, à demi couchée sur le hamac et blottie dans un flot de dentelle, était doña Linda Moreno.

A l'entrée imprévue du cavalier, la chanteuse s'interrompit brusquement, et sa compagne cessa d'imprimer au hamac son doux balancement.

— Serai-je assez malheureux, señorita, dit respectueusement le cavalier, pour que ma présence trouble vos innocents plaisirs?

Doña Linda se tourna à demi vers lui, et le regardant avec dédain :

— En aucune façon, señor don Horacio de Balboa, lui répondit-elle; que m'importe votre présence?

— Vous êtes dure pour moi, señorita.

— C'est vrai, fit-elle avec un rire railleur, j'abuse de ma faiblesse, n'est-ce pas? pour vous laisser voir le mépris que vous m'inspirez. Que voulez-vous, señor. Il m'est impossible de m'habituer à reconnaître pour mon maître un ancien valet de ma famille.

— Oh! señorita!

— Ne dis-je pas vrai? ou bien avez-vous oublié le long temps que vous avez passé au service de mon père en qualité de peon ou de tigrero, je ne sais plus lequel?

— Je n'ai rien oublié, señorita, et le respect dont vous êtes entourée en est la preuve.

La jeune fille sourit avec amertume, et faisant un geste d'ennui :

— Comptez-vous demeurer longtemps ici? dit-elle.

— Cela dépendra de vous seule, señorita.

— Oh! alors, s'il en est ainsi, vous êtes libre de vous retirer à l'instant même, señor, je ne vous retiens pas.

— Pardon, señorita, vous ne m'avez pas compris; je désire avoir avec vous un instant d'entretien.

— A quoi bon revenir sur un sujet épuisé? Ne vous ai-je pas dit vingt fois que ma résolution est inébranlable et que ma réponse sera toujours la même?

— J'espérais que vous daigneriez réfléchir à mes propositions.

Le coureur traversa la rivière en ayant de l'eau jusqu'à la ceinture.

— Mes réflexions ont été faites, señor, du moment où je suis tombée en votre pouvoir ; je reconnais que la force est de votre côté ; vous pouvez donc abuser de votre position pour me retenir prisonnière ; mais jamais, sachez-le bien, vous ne me contraindrez à commettre une action indigne de moi.

— Ainsi rien ne pourra vous fléchir, señorita ! fit don Horacio, les lèvres serrées.

— Rien, señor ; j'ai la conviction que le Dieu juste et bon ne m'abandonnera pas.

Don Horacio se préparait à répondre, lorsque le rideau de la tente se souleva et un aventurier parut.

— Capitaine, fit respectueusement le soldat après avoir salué son chef, un Indien bravo, à ce que j'ai cru reconnaître, vient de se présenter à l'entrée du camp. Il dit que vous lui avez assigné un rendez-vous pour ce soir même, ici.

— C'est vrai, fit le capitaine avec une joie mal contenue. Je ne l'attendais pas aussi tôt, mais, *viva Dios!* qu'il soit le bienvenu. Et, se tournant vers doña Linda, devant laquelle il s'inclina avec un mauvais sourire et un respect ironique : Agréez mes excuses, señorita, reprit-il ; je ne veux pas plus longtemps abuser de vos précieux instants ; que Dieu veille sur votre sommeil, je me retire. Demain au point du jour nous continuerons notre voyage.

A peine le capitaine eut-il disparu qu'à l'angle opposé de la tente la peau de bison se déchira sur une longueur de dix pouces environ, fendue d'un coup de poignard ; une main passa par l'ouverture et une pierre vint doucement rouler jusqu'au hamac de la jeune fille.

Les deux servantes poussèrent un cri de frayeur ; mais doña Linda leur imposa silence d'un geste, et, sautant vivement à terre, elle s'empara, avec un frémissement de joie, de cette pierre à laquelle un papier était attaché.

— Ah ! murmura-t-elle, aurais-je dit vrai, et l'heure de la délivrance s'approcherait-elle ? Oh ! oui, s'écria-t-elle, c'est l'écriture de mon père ! Dieu soit béni !

Et elle lut :

« Courage, ma fille chérie ; tes amis veillent ; bientôt ils seront près de toi.

« Ton malheureux père,

« JOSÉ MORENO. »

Puis en post-scriptum :

« Brûle ce billet. »

Doña Linda leva les yeux au ciel avec une expression de bonheur ineffable ; elle brûla le papier à la flamme de la lampe, ainsi que cela lui était recommandé, et elle alla s'agenouiller devant son prie-Dieu ; les deux jeunes Indiennes l'imitèrent.

— Eh bien, demanda don Horacio au soldat qui l'attendait en dehors de la tente, où est cet Indien ?

— Par ici, capitaine, à ce feu, où je l'ai fait surveiller par quelques-uns des nôtres.

— Fort bien, répondit l'Espagnol en s'avançant d'un pas rapide vers le feu, emmenez vos hommes et laissez-moi seul avec lui. Seulement ne vous éloignez pas.

L'Indien se tenait accroupi devant le feu, enveloppé dans son zarapé, les bras croisés sur la poitrine.

Sur un geste du capitaine, les hommes qui veillaient sur le Peau-Rouge s'éloignèrent.

Don Horacio considéra attentivement l'Indien pendant quelques secondes ; puis il s'assit en face de lui sur un crâne de buffle, et après avoir essayé vainement d'attirer son attention, il se décida enfin à prendre la parole.

— Soyez le bienvenu dans mon camp, chef, lui dit-il ; je suis heureux de vous voir, vous êtes avec un ami.

L'Indien releva la tête, et fixant un regard ardent sur l'Espagnol :

— Les Yorris ont-ils la coutume de faire garder les amis qui les visitent par des hommes armés de fusils ? répondit-il d'une voix gutturale.

— Non, sans doute ; mais nous sommes au désert, ici, chef. Entourés d'ennemis qui n'attendent qu'une occasion favorable pour nous assaillir, nous devons veiller. Mon frère aurait-il à se plaindre de quelque insulte depuis qu'il est entré dans mon camp ?

— Mos-ho-ké est un chef puissant et un guerrier redouté ; l'homme qui aurait osé l'insulter serait mort, répondit l'Indien d'une voix sèche et gutturale.

— Bon ! mon frère est brave dans le combat, je le sais, mais il est sage aussi au feu du conseil ; fumera-t-il avec son frère pâle ?

— Mos-ho-ké fumera, répondit laconiquement l'Indien.

Il ôta son calumet de sa ceinture, le bourra de morichè, l'alluma avec une baguette médecine, et commença à aspirer gravement la fumée sans passer le calumet au capitaine.

Celui-ci ne remarqua pas, ou ne voulut pas remarquer cette infraction à la coutume la plus sérieuse de la prairie. Il tira un excellent régalia de son porte-cigare et se mit à fumer de son côté en imitant le laconisme du chef.

Cependant ce fut don Horacio qui au bout d'un instant renoua l'entretien.

— Mon frère compte-t-il bientôt envoyer ses jeunes hommes chasser le bison dans les prairies de l'Ouest ? demanda-t-il.

— Les jeunes hommes de Mos-ho-ké sont sur le sentier de la chasse depuis une lune déjà, répondit gravement l'Indien ; les femmes sont retirées dans les *atepetls* d'hiver. Le chef serait parti lui-même, si le visage pâle ne lui avait pas demandé une entrevue.

— Je remercie le chef d'être venu, j'espère que nous nous entendrons.

— Peut-être. Que désire le visage pâle ?

— Une seule chose.

— Laquelle ?

— Le chef peut-il disposer de quelques jours ?

— Le sachem est libre.

— Bon, alors je m'explique.

— Les oreilles du chef sont ouvertes.

— Mon frère consent-il, avec quelques-uns de ses guerriers, à guider ma cuadrilla dans la prairie jusqu'à la lagune du Lagarto ?

— Pourquoi Mos-ho-ké ne le ferait-il pas ? La lagune du Lagarto est voisine des villages de sa nation.

— Ainsi, vous connaissez bien cet endroit, chef ? dit le capitaine avec un accent de joie mal dissimulé.

L'Indien baissa affirmativement la tête.

— Que donnera mon frère ? dit-il.

— Je donnerai dix fusils avec cinquante charges de poudre pour chacun, vingt sacs de balles, deux cents varas d'étoffes pour faire des vêtements aux *ciualts* — femmes — et trois douzaines de couteaux à scalper fabriqués par les Grands-Cœurs de l'Est. Que dit mon frère de ces propositions ?

— Le chef dit : C'est bon.

— Ainsi, il accepte ?

— Oui, mais à une autre condition.

— Laquelle ?

— La jeune fille pâle que le chef blanc retient prisonnière sera remise entre les mains du sachem trois jours après l'arrivée des Yorris à la lagune del Lagarto.

— Comment ! s'écria l'officier avec surprise. Que voulez-vous dire, chef ?

— Le calli de Mos-ho-ké est vide, il a besoin d'une femme pour préparer la venaison et faire cuire sa nourriture, il veut la prisonnière.

Il y eut un long silence, don Horacio réfléchissait.

Enfin, un mauvais sourire plissa ses lèvres et il releva la tête.

— Je vous la donnerai, chef, dit-il. Mais vous me servirez de guide.

— Le sachem a promis. Quand le visage pâle donnera-t-il les présents?

— En arrivant à la lagune.

— Les visages pâles sont des chiens méfiants, dit l'Indien avec un frémissement de colère, Mos-ho-ké ne traitera pas avec eux.

— Que demande donc le chef? fit l'Espagnol, qui pâlit légèrement.

— Rien, puisque le visage pâle n'a point confiance dans la parole d'un chef.

— Vous vous trompez, je ferai ce qu'il vous plaira.

— Il n'en sera point ainsi, répondit le chef après un instant de silence, Mos-ho-ké prouvera au visage pâle qu'il sait se venger d'une insulte : dix de mes jeunes gens entreront demain dans son camp conduits par l'Antilope, un guerrier renommé de ma nation ; ils guideront le visage pâle jusqu'à la lagune.

— Et vous, chef, ne viendrez-vous pas avec nous?

— Mos-ho-ké paraîtra lorsqu'il en sera temps, les Yorris le verront à la lagune, le chef pâle ne fera aucun présent à mes jeunes hommes, Mos-ho-ké le veut ainsi. Ces conditions sont-elles acceptées par le visage pâle?

— Bien, j'accepte, chef; mais je regrette que vous vous soyez mépris sur mes intentions, elles sont loyales, et, je vous le répète, je suis prêt à vous donner à l'instant même, s'il le faut, ce que vous désirez.

— Mos-ho-ké a parlé, répondit gravement l'Indien en se levant. Ce n'est pas une vieille femme bavarde, ce qu'il a dit, il le fera.

Il prit congé d'un geste majestueux, s'éloigna à pas lents et sortit du camp, sans que personne essayât de l'arrêter.

— Malédiction! s'écria don Horacio en suivant le chef du regard; il est impossible de comprendre jamais ces païens maudits ni de deviner leurs pensées! Enfin, espérons que celui-ci me sera fidèle, je dois me fier à lui, car seul il peut me guider sûrement au *placer*.

Après ces réflexions, il s'enveloppa dans son manteau, se coucha auprès du feu, et ne tarda pas à s'endormir.

Le lendemain, un peu avant le lever du soleil, dix guerriers comanches entrèrent dans le camp sous la conduite d'un chef.

Ces guerriers étaient les guides promis par le sachem à don Horacio de Balboa.

Quelques minutes plus tard le capitaine levait son camp et il s'enfonçait résolument dans le désert à la tête de sa cuadrilla.

XV

LES COMANCHES

Contre l'habitude des autorités mexicaines, qui savent éterniser les affaires les plus simples, le capitaine Frias, jaloux sans doute de montrer son dévouement, avait procédé avec une rapidité telle que, le jour convenu et presque à l'heure dite, tout était prêt à Ojo-Lucero pour la grande excursion projetée dans les prairies.

La troupe placée sous les ordres immédiats de don José Moreno, don Luis Morin, don Incarnacion Ortiz et don Cristoval Nava, se composait de quatre-vingt-dix hommes choisis avec le plus grand soin, résolus, éprouvés et connaissant à fond toutes les ruses et toutes les exigences de la vie du désert.

Lorsque la caravane s'ébranla dans la direction du Rio Grande, elle offrait un aspect des plus pittoresques et des plus saisissants. On aurait dit une de ces hordes de barbares qui, sortis des Palus-Méotides, se ruèrent au moyen âge sur l'Occident.

Les hommes et les animaux étaient complètement métamorphosés.

Par ordre exprès de don José Moreno, chacun avait endossé le costume de coureur des bois; c'est-à-dire les larges mitasses en peau de daim tombant à la cheville et la ceinture de peau d'alligator, dans laquelle étaient passés un long couteau, une hache, une corne de buffle remplie de poudre et un sac à balles; une blouse de calicot couvrait le haut du corps, la tête était garantie par un bonnet de poil de castor. Chaque homme portait, en outre, une gibecière en parchemin renfermant ses vivres, un rifle américain et un machete sans garde et sans fourreau, à lame droite et large et passé dans un anneau de fer rivé à la ceinture.

L'accoutrement des chevaux semblait plus singulier encore. Leurs harnais couverts de verroteries et de plumes; leur queue et leur crinière, tressées avec des rubans des nuances les plus tranchantes; de larges taches de couleurs voyantes éparses çà et là sur leur corps, leur donnaient un aspect étrange. A côté de la peau de bouc et de l'alforja, espèce de besace en toile et à double poche qui contenait l'eau et les provisions, s'enroulait la longue reata en cuir tressé, cette arme terrible des aventuriers mexicains. Enfin deux *manadas* libres, conduites par une *yegua madrina* ou jument mère, la clochette au cou, suivaient la caravane sous la direction de quelques vaqueros. Ces manadas se composaient des chevaux de rechange pour les cavaliers et des mules destinées à transporter les bagages; elles formaient une troupe de trois cents animaux environ.

Un matin, un peu après le lever du soleil,

l'expédition quitta Ojo-Lucero et se dirigea en bon ordre vers le Rio Grande del Norte.

Malgré l'heure peu avancée de la journée, son départ fut presque un triomphe; presque tous les habitants du village, hommes, femmes et enfants encombraient les rues étroites du pueblo et saluaient de leurs joyeux vivats et de leurs souhaits de bon retour les hardis aventuriers.

Les rancheros de la cuadrilla de don Luis Morin se firent un point d'honneur d'accompagner leur chef jusqu'à près de quatre lieues du village; ils ne consentirent à retourner sur leurs pas et à regagner leur campement que lorsque le jeune colonel leur eut affirmé, sur son honneur, qu'avant un mois ils le reverraient à leur tête.

Ces braves gens s'arrêtèrent alors, poussèrent un dernier hurrah, déchargèrent leurs carabines toutes à la fois et, lâchant la bride à leurs chevaux, ils partirent ventre à terre dans la direction du pueblo, et disparurent bientôt dans un épais nuage de poussière.

Le soir, la troupe campa sur les bords même du fleuve; les feux de bivouac furent allumés, les chevaux dessellés et attachés au piquet, et chacun s'installa pour la nuit.

Don José Moreno, don Incarnacion, don Luis et don Cristoval Nava, s'étaient assis tous les quatre autour du même feu.

Lorsque le repas du soir fut terminé et que chacun eut allumé sa cigarette, don José Moreno, qui pendant toute la journée avait à peine échangé quelques mots avec ses compagnons, prit la parole :

— Caballeros, dit-il, demain au point du jour nous traverserons le fleuve, et nous entrerons dans les prairies, c'est-à-dire que nous abandonnerons le sol de la civilisation pour fouler pendant un laps de temps, assez long peut-être, celui de la barbarie; permettez-moi, en conséquence, de vous faire quelques observations à ce sujet.

— Nous vous écoutons, répondirent les officiers en s'inclinant.

— La discipline la plus sévère, répondit don José, doit régner parmi nous; il faut nous garder avec soin; veiller attentivement sur nos bêtes de charge, et surveiller, dans un périmètre de plusieurs milles, les abords des campements que nous choisirons; l'expédition que nous tentons, je ne dois pas vous le dissimuler à vous, caballeros, qui possédez toute ma confiance, est d'une difficulté extrême; je dirai plus, elle est presque impossible; il n'y a qu'à force de courage et de persévérance que nous aurons l'espoir de réussir; je compte sur votre dévouement et votre abnégation.

— Señor don José Moreno, répondit don Luis au nom de ses compagnons et au sien, notre concours vous est acquis sans restriction, vous pouvez disposer de nous à votre guise.

— Je vous remercie, caballeros, j'avais la conviction qu'il en serait ainsi, mais je me devais à moi-même de vous parler comme je le fais; il ne faut pas cependant mettre les choses au pis et voir l'avenir plus noir qu'il n'est en réalité; j'espère, je compte même contracter des alliances avec les Indiens; si cela arrive, nous serons sauvés et, je ne crains pas de l'affirmer, le succès de notre expédition sera assuré. Seulement, à ce sujet, il me reste une dernière et importante communication à vous faire. Lorsque nous nous trouverons en contact avec les Indiens, et cela aura lieu bientôt probablement, vous me verrez jouer un rôle qui sans doute vous semblera étrange; à vous, hommes civilisés qui ne connaissez de l'histoire de ma famille que ce que tout le monde en sait, en résumé très peu de chose; donc, quoi qu'il arrive, quoi que je fasse, quoi que je dise, ne laissez paraître aucun étonnement; car vous aurez bientôt l'explication de cette conduite qui d'abord vous aura semblé extraordinaire.

— Nous professons pour vous, mon cher cousin, dit Incarnacion Ortiz, une vénération trop profonde pour nous permettre de contrôler vos actions ni de faire la plus légère observation à cet égard, soyez sans crainte.

— Je compte beaucoup, pour la réussite de mes projets, sur le dévouement d'un homme que vous connaissez, je veux parler du Grand-Castor.

— Ce chef est un homme de cœur et d'intelligence, dit vivement don Luis; j'éprouve pour lui une sincère estime.

— En plusieurs circonstances j'ai été à même de le mettre à l'épreuve, répondit don José, toujours j'ai eu à me louer de lui; Dieu veuille que cette fois il en soit encore de même.

— Je répondrais de lui sur ma tête, s'écria Incarnacion avec feu.

— Attendons encore pour le juger; demain probablement nous saurons à quoi nous en tenir. Caballeros, voici ce que j'avais à vous dire, je vous remercie de m'avoir écouté avec autant de courtoisie; mais il se fait tard, l'heure est venue de nous livrer au repos; que Dieu vous donne un bon sommeil !

Après avoir jeté quelques brassées de bois au feu, chacun se roula dans sa couverture et s'étendit sur le sol; don Cristoval seul se leva pour aller inspecter les sentinelles et s'assurer que tout était en ordre dans le camp.

Le lendemain, au point du jour, ainsi que cela avait été convenu, la caravane traversait la rivière à gué et rencontrait sur l'autre rive, à la grande joie de don José Moreno et de ses compagnons, une troupe de guerriers comanches qui semblaient l'attendre, et la reçurent avec cordialité.

Les deux détachements se formèrent immédiatement en bataille en face l'un de l'autre et demeurèrent immobiles un instant; puis, à un signal donné par les chichikoués et les longs sifflets de guerre faits d'un tibia humain, les Indiens rompirent subitement leurs rangs et s'élancèrent à fond de train dans toutes les directions; voltigeant

L'Hacienda del Ojo Lucero.

et tournoyant autour des Mexicains, presqu'à les toucher et exécutant, en un mot, avec une adresse extraordinaire, toutes les prouesses les plus difficiles et les plus périlleuses de la plus étrange fantasia.

A un second signal ils se reformèrent aussi vivement qu'ils s'étaient *égayés;* alors un guerrier, monté sur un magnifique cheval noir et revêtu de son grand costume de guerre, s'avança entre les deux troupes et fit flotter d'une main une peau de bison blanc en signe de paix, tandis qu'il brandissait de l'autre le *totem* de la tribu; ce totem était une perche, longue de près de vingt pieds, entièrement garnie de plumes et de perles de verre, et terminée par une banderole de cuir d'élan, sur laquelle, grossièrement peint, on voyait un vautour perché sur un nopal; armes des anciens souverains du Mexique, précieusement conservées par la tribu qui prétendait, avec raison sans doute, descendre des Incas.

Don José Moreno s'avança de son côté au-devant du chef indien, qui n'était autre que Mos-ho-ké, le bras droit étendu, la main ouverte, les doigts réunis et la paume dirigée vers les guerriers comanches.

Le chef indien semblait transfiguré; les Mexicains avaient peine à le reconnaître, tant il y avait de réelle grandeur et de majesté dans toute sa personne; c'était bien le sachem d'une tribu guerrière et indomptée.

Les deux cavaliers se rencontrèrent juste au milieu de l'espace laissé libre entre les deux troupes. Ils s'arrêtèrent en même temps, se saluèrent à la mode indienne en plaçant la main droite sur l'épaule gauche et en inclinant la tête sur la poitrine :

— Le descendant des fils du Soleil est le bienvenu parmi ses enfants, dit l'Indien avec courtoisie, le cœur des Vautours-des-Prairies se réjouit de le voir.

— Je suis heureux de la réception qui m'est faite par mes enfants, répondit don José avec dignité. Si mon corps est resté éloigné d'eux, mon cœur a toujours aspiré à vivre au milieu de leur valeureuse nation.

Après ces premiers compliments, qui sont de rigueur dans toutes les cérémonies indiennes, les deux cavaliers mirent pied à terre.

— Voici mon cheval et mes armes, dit Mos-ho-ké ; que mon père, la Tête-Grise, les accepte comme un témoignage de la joie que cause à ma tribu son arrivée au milieu d'elle.

Le cadeau le plus précieux que puisse offrir un Indien est celui de son cheval et de ses armes.

— Je les reçois de la main de mon fils, répondit don José, mais à la condition qu'il prendra mon cheval et mes armes en échange.

— Le sachem doit obéir à son père, fit l'Indien en s'inclinant.

Il saisit alors par la bride le cheval de don José en signe de possession, fit un pas en avant, mit un genou en terre, et présentant le totem au vieillard :

— Le descendant des fils du Soleil a seul le droit maintenant, dit-il, de porter le totem sacré des Vautours-des-Prairies, qu'il daigne l'accepter des mains de son fils.

Don José prit le totem, et, à deux reprises, l'inclina devant le Soleil :

— Mos-ho-ké est un guerrier sage et vaillant, dit-il ; cet insigne sacré et vénéré des Vautours doit demeurer entre ses mains parce que nul mieux que lui n'est digne de le défendre.

Pour la première fois depuis le commencement de l'entretien, le visage impassible du sachem comanche trahit une fugitive émotion.

— Mon père est bon, il est grand, il est juste, c'est bien réellement un descendant du Soleil. Qu'il ordonne, ses fils obéiront, dit-il en s'inclinant respectueusement devant le vieillard.

Mos-ho-ké brandit le totem que le vieillard lui avait rendu et poussa le cri de guerre de sa nation, cri répété avec enthousiasme par les guerriers comanches; les cérémonies de la réception étaient terminées.

— Mon père fumera le grand calumet sacré avec mes jeunes hommes? demanda le chef.

— Le camp de mes fils sera le mien, répondit don José Moreno avec dignité; je fumerai le grand calumet en conseil.

— Ainsi sera fait, reprit le chef.

Il tira alors quelques notes de son sifflet de guerre; à ce signal, les deux troupes se mêlèrent et s'élancèrent à fond de train dans la direction des montagnes aux flancs boisés qui bornaient l'horizon à une distance de quatre ou cinq lieues à peine.

En moins de trois quarts d'heure les cavaliers atteignirent la forêt, s'y engouffrèrent comme un ouragan et ne tardèrent pas à arriver au camp des Comanches.

Ce camp, assez vaste et solidement établi, était placé dans une situation délicieuse, à l'abri d'un coup de main ou d'une surprise.

Beaucoup d'auteurs et de voyageurs ont, depuis quelques années, écrit sur les Indiens de l'Amérique du Nord, et les représentent presque généralement comme des sauvages sales, ivrognes, paresseux et croupissant dans une barbarie dont aucun effort ne saurait les tirer.

Ces auteurs et ces voyageurs n'ont vu et fréquenté, sans doute, que les restes misérables de ces tribus, abruties par les liqueurs fortes, et qui mènent, aux abords des villes et des défrichements, une existence de mendiants et de parasites.

Les Sioux, les Comanches, les Apaches, les Pawnees, et tant d'autres nations, que nous pourrions citer, qui vivent en confédérations puissantes dans les grandes prairies de l'ouest, ne ressemblent en aucune façon aux pauvres diables dont ces voyageurs ont parlé; ils ont une civilisation différente de la nôtre, il est vrai; mais cette civilisation n'en est pas moins réelle ; ils se distinguent par des mœurs généralement douces, une intelligence développée, et surtout un ardent amour de liberté et d'indépendance; beaucoup d'entre eux, les Comanches et les Pawnees particulièrement, ne boivent jamais de liqueurs fortes ; onze années passées au milieu des Indiens Comanches nous permettent de leur rendre ici la justice qui leur est due.

Lorsque l'on fut entré dans le camp, les chasseurs s'établirent à une place réservée pour eux ; au centre même de cette place, deux cabanes en branchages avaient été construites pour don José Moreno et ses amis.

Mos-ho-kè envoya alors un *achesto*, ou crieur public, prier les officiers mexicains de se rendre au feu du conseil, où les chefs comanches les attendaient.

Don José et ses trois compagnons s'empressèrent d'obéir à cette invitation.

Les chefs comanches se levèrent pour faire honneur à leurs hôtes. Le grand calumet fut aussitôt allumé et commença à circuler parmi les membres du conseil, qui tous fumèrent sans prononcer une parole; lorsque enfin la dernière parcelle de tabac se fut évaporée en fumée, Mos-ho-kè rompit le silence :

— Que le Grand-Esprit, qui est le même pour les Peaux-Rouges et pour les Visages-Pâles, dit-il, laisse tomber sur nous un bienveillant regard; le Wacondah lit dans nos cœurs; il sait que nous nous unissons pour défendre le droit et punir les méchants. Nous avons répondu au premier appel de notre père la Tête-Grise, et nous sommes prêts à le servir; c'est à lui maintenant, comme étant notre premier sachem, de nous dicter la conduite qu'il nous convient de tenir.

Le chef se rassit au milieu du silence général ; tous les regards se tournèrent avec une curiosité mêlée d'intérêt sur don José Moreno.

Le vieillard demeura un instant pensif ; puis, relevant la tête, il prit la parole d'une voix ferme et profondément accentuée.

— Chefs comanches, dit-il en se servant de la langue indienne qu'il parlait avec une grande pureté, mes enfants bien-aimés, car le même sang coule dans nos veines; je ne veux pas rappeler ici les services que ma famille et moi-même avons rendus aux membres malheureux de votre tribu; car nous accomplissions un devoir sacré et cher à notre cœur, chaque fois que nous venions en aide à vos frères; je me présente au feu de votre conseil en ami et en suppliant, il est vrai, mais aussi en père qui sait d'avance qu'il peut compter sur le dévouement sans bornes de ses enfants.

Les chefs s'inclinèrent silencieusement en frappant leurs mains en signe de satisfaction.

Don José Moreno continua :

— Il est de mon devoir de vous apprendre pourquoi je fais appel en ce moment à votre dévouement. Écoutez-moi donc avec patience. Bien que je descende en ligne directe des anciens souverains du Mexique, cependant le sang de ma race s'est à plusieurs reprises mêlé à celui de nos oppresseurs; il le fallait pour conserver à ma famille ses grandes richesses et son prestige auprès des véritables enfants du sol. Après la conquête de Fernand Cortez, cet aventurier qui à force de trahisons détruisit la puissante et glorieuse nationalité mexicaine, la majeure partie des trésors des souverains incas disparut, sans que, malgré toutes les recherches, les Espagnols parvinssent à savoir ce qu'ils étaient devenus; les tourments, les tortures les plus cruelles ne réussirent pas à arracher leur secret aux nobles Mexicains et, de guerre lasse, les Espagnols s'avouèrent vaincus et renoncèrent à rechercher ces trésors qu'ils supposèrent détruits.

— C'est vrai, dit Mos-ho-kè; ainsi le rapportent nos traditions.

— Mon aïeul, Istac-Palatzin, cousin du roi de Tezcuco et neveu de l'empereur Guaytimotzin, le dernier souverain du Mexique, fut le dernier des grands de l'empire qui demeura fidèle à cet infortuné monarque. Vous savez comment Guaytimotzin, tombé aux mains de ses ennemis, fut par eux étendu sur des charbons ardents, puis, après avoir été pendant près d'un mois traîné prisonnier à la suite de l'armée espagnole, périt enfin misérablement pendu à un arbre.

— Oui, murmurèrent les chefs d'une voix sourde, nous connaissons cette lamentable et terrible histoire.

— Or, reprit don José Moreno, deux jours avant sa mort, profitant d'un moment où par hasard on le laissait seul, Guaytimotzin prit à part mon aïeul, lui fit jurer un secret inviolable, et lui révéla l'endroit où il avait caché le trésor de l'empire : « Vous êtes de mon sang, ajouta-t-il, veillez sur ce trésor comme une tendre mère veille sur son enfant; le Grand-Esprit permet qu'en ce moment mes yeux planent au-dessus des nuages et entrevoient les choses futures; un jour viendra où les enfants de notre pays reconquerront leur indépendance; la lutte sera longue et acharnée; alors le trésor que je confie à votre garde servira à décider la victoire en faveur des Mexicains. Conservez-le donc précieusement, et, l'heure venue, usez-en sans hésiter pour acheter le dévouement de l'homme à qui vous devrez votre liberté; cet homme appartiendra lui-même à la race pillarde des Espagnols, mais il se vendra sans scrupule, si le prix que vous lui offrirez est assez élevé pour satisfaire son avarice et son ambition. » Deux jours plus tard, le dernier souverain inca mourait odieusement assassiné. Le secret du trésor confié à mon aïeul fut religieusement gardé jusqu'à ce jour dans ma famille. Mais les temps prédits sont arrivés; l'heure de la liberté a sonné; l'homme que nous devons acheter est prêt à se vendre. Je vous demande donc de m'aider à reconquérir le trésor des souverains incas.

— Que mon père parle, nous obéirons, dit Mos-ho-kè.

— Pardon, señor, dit alors don Luis Morin à qui don Incarnacion traduisait au fur et à mesure le discours du vieillard, ne vous hâtez-vous pas trop de rendre à la lumière des richesses qui peuvent éveiller l'avarice de bien des gens? Nous croyez-vous donc si près de triompher?

— Hélas! répondit le vieillard avec un pâle sourire, les circonstances m'y obligent; vous connaissez les malheurs qui dans ces derniers temps ont accablé ma famille.

— Pardonnez-moi, señor don José, d'avoir ravivé cette douleur.

— Je vous dois l'explication de ma conduite, colonel. Sachez donc que l'assassinat de mon fils et l'enlèvement de ma fille sont précisément les motifs qui m'engagent, sans perdre de temps, à m'assurer la possession du trésor, si je ne veux pas qu'un autre me prévienne et s'en empare.

— Que voulez-vous dire, señor?

— J'avais élevé par charité, dans mon hacienda de las Vegas, un enfant abandonné, fils d'un Espagnol tué misérablement dans une rixe entre vaqueros. Cet enfant, Horacio de Balboa...

— Le capitaine espagnol! s'écria don Luis avec surprise.

— Lui-même, reprit don José. Cet enfant me devait tout, j'avais en lui une confiance entière, il devint tigrero de l'hacienda, puis mayordomo. Doué d'une intelligence vive, ambitieux et peu scrupuleux, il réussit, je ne sais comment, à découvrir non pas le secret, mais l'existence du trésor. Son avarice mise ainsi en éveil, il organisa un système d'espionnage autour de ma famille; il apprit ainsi que nous possédions de grandes richesses dans un placer de la savane, nommé la *lagune del Lagarto*; cette lagune, il la connaissait pour y être allé une fois ou deux avec moi. Alors il leva le masque, et osa me demander mon secret avec d'horribles menaces. J'aurais dû lui infliger le châtiment que méritait son ingratitude; j'eus la faiblesse de lui pardonner, et me contentai de le chasser de ma présence. Il prit parti pour les Espagnols; vous savez l'acharnement avec lequel il m'a poursuivi depuis lors; le pillage de Paso del Norte et enfin l'enlèvement de ma fille ne sont que la conséquence de son plan; il espère sans doute, maintenant que la pauvre enfant est en son pouvoir, parvenir à l'intimider par ses menaces et réussir ainsi à lui arracher son secret.

— Oh! cet homme est un monstre! s'écria le colonel.

— Oui, c'est un monstre; mais Dieu, j'en ai l'espoir, ne permettra pas l'accomplissement de son crime.

— La vierge pâle aux yeux d'azur est prévenue, le *collier* de mon père lui a été remis; les guerriers de Mos-ho-kè veillent sur elle, dit l'Indien.

— Merci, chef, vous me rendez le courage.

— Dans trois jours, après celui-ci, s'il le désire, mon père peut être au placer. Que fera mon père la Tête-Grise? Attaquera-t-il le traître Yorri ou se rendra-t-il d'abord à la lagune?

— Les circonstances décideront, chef, je ne puis rien dire encore.

— *Ochl!* mon père parle bien, sa sagesse est grande. Quand se mettra-t-il en route?

— Au lever du soleil, s'il est possible. L'Espagnol a-t-il beaucoup d'avance sur nous?

— Il nous sera facile de le rejoindre si nous le voulons.

— Alors faisons diligence, chef, je vous prie, car les minutes sont précieuses pour nous.

— Bon! Mos-ho-kè guidera son père par le chemin des aigles.

Le conseil fut alors levé, et les Mexicains se retirèrent dans leurs quartiers où bientôt, par les soins du sachem, des vivres et des rafraîchissements leur furent apportés en abondance.

XVI

LA PRISONNIÈRE

Le capitaine don Horacio de Balboa était bien tel que son ancien maître don José Moreno l'avait dépeint. Cet homme élevé par charité dans l'hacienda de la Vega, constamment protégé et défendu par son maître, placé par lui dans une position honorable et de confiance qui éloignait toute pensée de domesticité, n'avait répondu à tant de bienfaits que par la plus noire ingratitude.

Non pas que cet homme fût plus méchant que n'importe quel autre individu de son espèce; au contraire il valait mieux peut-être que la plupart d'entre eux; en maintes circonstances il avait fait preuve de zèle et presque de dévouement pour la famille qui l'avait adopté; mais au milieu des quelques qualités, perles perdues dans l'abîme insondable de son cœur, il avait trois vices dont le moindre suffit pour perdre un homme si intelligent et si fortement trempé qu'il soit d'ailleurs. Horacio de Balboa était ambitieux, avare et envieux.

En l'élevant au-dessus de la position à laquelle il avait le droit de prétendre; en ouvrant aux regards du jeune homme un horizon plus vaste que celui que ses faibles regards lui permettaient d'embrasser sans être ébloui, don José Moreno avait commis une grave imprudence, l'envie naquit naturellement de cette aspiration qui avait germé dans son cœur. Au lieu de regarder au-dessous de lui, et de se trouver heureux, en comparant la situation comparativement élevée qu'on lui avait permis d'atteindre à celle dont il n'aurait pas dû sortir, il se demanda pourquoi il ne deviendrait pas l'égal de ceux que le hasard avait faits ses supérieurs; si son essence n'était pas la même que la leur — et tant d'autres raisonnements aussi faux et aussi creux auxquels l'insurrection mexicaine vint donner presque raison, en lui laissant entrevoir l'espérance de conquérir cette place qu'il ambitionnait. Mais au lieu de se ranger du côté des faibles et des opprimés, ce que n'aurait pas manqué de faire une âme généreuse, ce fut dans le camp des oppresseurs qu'il alla chercher le point d'appui qui lui manquait, pour escalader de haute lutte les degrés si glissants qui devaient le conduire à l'accomplissement de ses rêves.

Sa position dans l'hacienda, position presque indépendante, lui fournissait les moyens de voir et de s'entendre avec tous les bandits, écume immonde de la société et que la révolution avait fait monter à la surface; il profita habilement des facilités qu'il possédait pour réunir tous ces misérables, en faire un faisceau. Un jour il disparut de l'hacienda, se mit à leur tête, se donna à lui-même de son autorité privée le titre de capitaine, arbora les couleurs castillanes et commença à guerroyer, c'est-à-dire à voler, à piller et à incendier amis et ennemis, sous prétexte de dévouement à la cause de l'Espagne.

Il est vrai que les Espagnols, pas plus que les Mexicains, ne voulurent accepter la responsabilité des faits et gestes d'un tel auxiliaire dont les actes étaient bien plus capables de leur aliéner les populations que de les attirer à leur cause.

Les Espagnols, par suite d'une entente tacite avec les révolutionnaires, coururent sus au cabecilla dont le patriotisme de mauvais aloi ruinait leur influence dans le pays; à plusieurs reprises ils essayèrent de détruire sa cuadrilla, et de s'emparer de sa personne.

Mais peu importaient ces démonstrations à don Horacio de Balboa; sa cuadrilla, forte de cinq cents bandits émerites, solidement organisée, était en état de résister à des forces décuples de celles qu'on envoyait contre lui. Seulement, comme il voulait surtout éviter un conflit qui aurait compromis sa position de belligérant loyal, lorsqu'il

Sur la route de l'hacienda il aperçut...

apprenait qu'un détachement espagnol lancé à sa poursuite était sur le point de l'atteindre, il battait immédiatement en retraite et, comme il connaissait parfaitement le pays, il réussissait, avec la plus grande facilité, à lui échapper.

Cependant le cabecilla ne se dissimulait pas que sa position était des plus précaires ; qu'il ne suffisait que d'un hasard pour le ruiner intérieurement et le précipiter du piédestal sur lequel, grâce aux événements politiques, il était parvenu à se hisser; dans sa pensée le seul moyen d'assurer sa position d'une manière stable, et de le mettre pour toujours à l'abri des caprices de l'ingrate fortune, était d'acquérir une richesse assez considérable pour lui permettre, le cas échéant, d'acheter la bonne volonté de ses ennemis même les plus acharnés.

Or, cette richesse, il l'entrevoyait depuis longtemps déjà; elle brillait à ses yeux comme un trompeur mirage ; l'espoir de la posséder, en faisant tressaillir toutes les fibres de son cœur, était devenu le seul et unique but de sa vie.

Cette richesse existait, immense, incalculable, enfouie dans une cachette ignorée de tous, moins la famille de son ancien protecteur; un jour, devant lui, don José Moreno avait commis l'inqualifiable imprudence de parler à sa fille de ce prodigieux gisement d'or.

Don Horacio de Balboa, alors mayordomo de l'hacienda de las Vega, avait failli s'évanouir à cette révélation d'un trésor que ses maîtres semblaient dédaigner ; son parti fut pris aussitôt ; il résolut que, quelles qu'en dussent être les conséquences, cet amas d'or serait à lui.

Deux ou trois fois encore le père et la fille traitèrent le même sujet devant lui ; mais, bien qu'il n'eussent conçu aucun soupçon sur la fidélité du mayordomo, la prudence les engagea à parler de telle sorte que les renseignements que don Horacio parvint à obtenir se réduisirent à presque rien.

Cependant, si vague que fussent ces renseignements, ils suffirent au mayordomo: d'ailleurs les événements se pressaient de plus en plus ; la situation devenait grave; le jeune homme ne pouvait plus hésiter. Sa résolution fut prise et, ainsi que nous l'avons dit, un jour il disparut de l'hacienda.

Un laps de temps assez long s'écoula sans que ses anciens protecteurs entendissent parler de lui, si ce n'est d'une façon indirecte. Don José Moreno, trop loyal pour soupçonner le cœur d'un homme que pendant tant d'années il avait comblé de bienfaits, supposa que l'amour de la légitimité espagnole l'avait entraîné dans la voie funeste où il était engagé et il le plaignit sincèrement.

Cependant don Horacio poursuivait avec une énergie infatigable le but que dès le principe il s'était proposé ; les moyens qu'il employa pour s'emparer du trésor, les ressorts qu'il fit jouer furent incalculables; toutes ses tentatives échouèrent, faute de renseignements positifs sur la situation exacte du trésor ; quant à son existence, il connaissait trop bien don José Moreno pour avoir le moindre doute à cet égard.

Enfin à bout de ressources, poussé dans ses derniers retranchements, il se résolut à enlever doña Linda.

Plusieurs fois déjà cette pensée avait traversé son esprit, toujours il l'avait repoussée avec horreur. Malgré l'état de dégradation morale dans lequel il était tombé, le cabecilla professait un respect profond, presque instinctif, pour cette jeune fille, si belle et si pure, dont un abîme infranchissable le séparait à jamais; l'idée seule de l'enlever à son père le faisait frémir d'épouvante. Cependant il arriva une heure terrible où l'avarice le mordit si cruellement au cœur qu'elle tua en lui tout bon sentiment. L'or, qui sans cesse miroitait à ses yeux avec ses reflets sanglants, lui causa des éblouissements tels que vaincu dans cette dernière lutte comme il l'avait été successivement dans toutes les autres il imposa silence à sa conscience et s'abattit sur El Paso del Norte avec sa cuadrilla, comme un vol de vautours.

Cette fois encore il échoua, grâce à l'énergique intervention de don Ignacio Ortiz et de don Ramon Ochoa, et il fut contraint de fuir après avoir vu tomber autour de lui ses plus braves soldats.

Cet échec, loin de le faire réfléchir et de l'engager à renoncer à son odieux projet, l'excita au contraire à prendre une revanche éclatante, et à se venger des généreux ennemis, auxquels il n'avait échappé que par miracle.

Son premier soin fut de recomposer sa cuadrilla presque détruite, lors de l'affaire de Paso-del-Norte et réduite à quelques hommes; puis avec cette patience féline, que mettent certains malfaiteurs émérites dans l'accomplissement de leurs œuvres de ténèbres, il attendit que l'occasion s'offrît à lui de mettre son projet à exécution.

Cette fois il réussit, et cela d'autant plus facilement que ceux qu'il voulait surprendre le croyaient réduit à l'impuissance et par conséquent n'avaient pas le plus léger soupçon du piège qui leur était tendu.

Lorsque don Horacio de Balboa se fut emparé de doña Linda, à la suite de l'horrible guet-apens qui avait coûté la vie au frère de la jeune fille, une révolution étrange s'était opérée dans l'esprit du cabecilla; la vue de sa victime éplorée et palpitante d'effroi sous son regard avait non pas attendri ce cœur de tigre, — que lui faisait à lui le désespoir touchant de la malheureuse enfant? — mais la beauté de doña Linda, qui malgré elle rayonnait à travers ses larmes, émut le capitaine; un trouble secret et dont il lui fut impossible de se rendre compte s'empara de lui. Était-ce seulement la joie qu'il éprouvait de s'être enfin emparé de celle qui seule pouvait avec certitude l'instruire de l'endroit précis où gisait le trésor qu'il convoitait si ardemment, et depuis si longtemps, ou bien était-ce un sentiment plus doux que jusqu'alors il avait ignoré et qui tout à coup faisait battre son cœur avec une aussi grande violence? Il n'aurait su le dire.

Seulement, lors de l'escarmouche avec la cuadrilla de don Luis Morin, quand la jeune fille avait pendant un instant été sur le point de lui échapper, un violent désespoir s'était emparé de lui, à la pensée seule de la possibilité de la délivrance de doña Linda; l'idée du trésor, ce but constant de toute sa vie, ne lui vint pas un seul instant; il résolut froidement de mourir plutôt que de laisser échapper sa prisonnière; il fit de prodigieux efforts pour la défendre et joua sa vie avec la plus complète abnégation. Puis, quand il eut réussi à sauver le palanquin dans lequel était renfermée la jeune fille, il éprouva un sentiment d'ineffable bonheur, à la pensée qu'on n'avait pu l'arracher de ses mains, et qu'elle était toujours en son pouvoir.

Était-ce l'amour? était-ce l'avarice qui parlait dans son cœur? Nul ne pourrait l'expliquer; l'âme humaine a des abîmes que l'œil le plus clairvoyant ne parviendra jamais à sonder.

Rendons cette justice au capitaine don Horacio de Balboa, de constater qu'il traitait sa prisonnière avec le plus profond respect et les plus grands égards, se faisant une loi de satisfaire ses plus légers caprices et d'obéir à ses moindres ordres, sans jamais se rebuter de la façon hautaine dont la jeune fille le traitait et du mépris qu'elle ne craignait pas de lui témoigner, chaque fois que l'occasion s'en présentait.

Le lendemain du jour où nous avons vu le chef indien s'introduire dans le camp du cabecilla espagnol, au lever du soleil, la cuadrilla se remit en marche.

Pendant toute la matinée, don Horacio, contrairement à son habitude, affecta de marcher constamment en avant à la tête de ses cavaliers, sans approcher une seule fois du palanquin, dans lequel doña Linda se tenait indolente et rêveuse.

La jeune fille laissait errer ses regards autour d'elle avec une feinte nonchalance; mais en réalité dans l'espoir un peu vague, peut-être, de voir tout à coup surgir auprès d'elle ces secours que lui promettait la lettre qui lui était parvenue la veille au soir, d'une manière si étrange.

Mais rien n'apparaissait; la prairie se faisait au contraire de plus en plus solitaire; le paysage prenait, au fur et à mesure que s'avançait la caravane, un aspect plus sauvage, plus morne et plus désolé; le sable remplaçait la verdure; des rochers nus et noirâtres découpaient çà et là dans le lointain leurs silhouettes sombres; les arbres devenaient de plus en plus rares; quelques maigres cotonniers bordaient tristement les rives du Rio-Gila, que la cuadrilla suivait en ce moment, et dont les eaux jaunâtres et fangeuses entraînaient des quantités d'arbres déracinés, qui parfois obstruaient son cours.

C'était bien le désert dans toute sa morne et désolante majesté.

Vers dix heures du matin, sur l'ordre de son chef, la troupe fit halte auprès d'un bosquet *d'ahuchuelts*, cet arbre précieux auquel les Peaux-

Rouges donnent le nom significatif de : *Seigneur des eaux*.

Les larges ramures des ahuehuelts offraient un abri suffisant contre les rayons du soleil, dont la chaleur incandescente commençait à sérieusement incommoder les hommes et les animaux.

En quelques minutes le bivouac fut établi, et doña Linda se retira sous la tente dressée pour elle.

À peine achevait-elle le frugal déjeuner préparé par ses caméristes, lorsque le rideau de la tente fut soulevé, et don Horacio pénétra dans l'intérieur.

Le capitaine demeura un instant immobile, le chapeau à la main et respectueusement incliné, attendant selon toutes probabilités que la jeune fille lui adressât la parole.

Mais doña Linda, fidèle à la ligne de conduite qu'elle s'était tracée, feignit de ne pas s'apercevoir de la présence de son ravisseur et continua à causer à voix basse avec ses deux caméristes accroupies à ses pieds.

Le capitaine réprima un geste de dépit et, faisant quelques pas en avant :

— Pardon, señorita, dit-il d'une voix qu'il essaya de rendre calme, depuis quelques minutes déjà je suis près de vous, attendant qu'il vous plaise de remarquer ma présence.

— Ah! fit-elle en étouffant un bâillement et tournant d'un air ennuyé son beau visage vers lui, c'est encore vous, señor?

— Oui, señorita, répondit-il en appuyant avec intention sur les mots, c'est encore moi.

Elle détourna la tête, haussa imperceptiblement les épaules et reprit sa conversation.

Deux ou trois minutes s'écoulèrent.

— Excusez-moi, si j'insiste, señorita, reprit le capitaine, mais...

— Et quoi? interrompit-elle avec un inexprimable accent de mépris, vous êtes encore là, señor?

A cette sanglante injure, le capitaine devint livide; ses sourcils se froncèrent à se joindre; il se redressa et croisant les bras sur sa poitrine :

— Prenez garde! señorita, s'écria-t-il d'une voix rauque.

— A quoi? répondit-elle en le regardant fixement.

Le capitaine fit deux pas en arrière; une rougeur fébrile envahit son visage.

— Señorita... balbutia-t-il, en baissant la tête avec confusion.

— Ah! reprit-elle d'une voix brève, vous osez me menacer, vous, Horacio de Balboa, l'enfant trouvé, l'ancien péon de mon père. Par la Vierge Marie, c'est avoir trop d'audace! Les esclaves se sont-ils donc faits maîtres aujourd'hui? Que je prenne garde, dites-vous? Oui, je vous comprends, un crime de plus ajouté à ceux que vous avez commis ne saurait vous coûter! Sans doute votre intention est de m'assassiner comme vous avez assassiné mon frère, n'est-ce pas? Eh bien! essayez je ne suis qu'une jeune fille, faible, seule et sans défense, je vous mets au défi de commettre cette dernière lâcheté.

— Señorita? ces insultes...

— Sont des vérités! Ah! taisez-vous, señor, reprit-elle avec une énergie croissante. Aussi bien mieux vaut que nous nous expliquions une fois pour toutes! Vous supposez, parce que vous m'avez fait tomber dans un piège horrible, que vous êtes maître de disposer à votre gré de mon sort! Allons donc, señor, vous êtes fou! Avez-vous cru un instant que ma famille, mes parents m'abandonneraient? Ils sont sur vos pas, ils nous suivent; peut-être à l'instant où je parle quelques lieues à peine les séparent-elles de moi! C'est à vous, à vous seul de trembler, car votre châtiment est proche et il sera terrible!

— Peut-être, répondit-il les lèvres serrées par la colère; mais avant que ces parents, ces amis que vous attendez, señorita, ne parviennent jusqu'à vous...

— Vous ne ferez rien, señor, car vous êtes encore plus cupide que vous n'êtes lâche et cruel! Et puis, que m'importe! est-ce la mort que vous m'annoncez? La mort, je ne la crains pas et en supposant, ce qui ne saurait être, car Dieu veille sur moi et ne m'abandonnera pas dans ma détresse, en supposant, dis-je, que mes amis ne réussissent pas à me sauver, je vous échapperai, en me donnant moi-même cette mort dont vous essayez vainement de me faire un épouvantail et qui est au contraire ma dernière et suprême espérance.

— Oh! fit-il avec ironie, je saurai bien vous empêcher d'attenter à vos jours.

— Essayez, señor; je comprends qu'en ce moment du moins vous teniez à conserver ma vie : car vous espérez obtenir de moi, par menaces ou autrement, la révélation de ce trésor que vous convoitez depuis si longtemps; désabusez-vous, señor, ce secret que je possède, je vous le dis hautement, jamais vous ne le connaîtrez.

— Par vous, c'est possible, señorita, répondit-il en souriant avec amertume, mais il est un homme qui m'a promis sinon de me le révéler, du moins de me conduire à la lagune del Logarto.

— Ah! répondit-elle en pâlissant légèrement, et que ferez-vous quand vous aurez atteint cette lagune?

— Je chercherai le trésor.

— Soit, mais vous ne le trouverez pas, señor; du reste essayez. Que m'importe à moi!

— J'ai foi en cet homme, señorita; et je sais qu'il tiendra la promesse qu'il m'a faite.

— Tant mieux pour vous, señor. A quoi bon, puisqu'il en est ainsi, me fatiguer de votre présence et continuer un entretien qui n'a que trop duré déjà, et n'a plus pour vous aucun but?

— Ne seriez-vous pas curieuse, señorita, reprit-il d'un ton de sarcasme, de savoir quel est cet homme?

— Je vous le répète, señor, que m'importe! Cet homme est évidemment un traître ou un lâche; il vous a sans doute été facile de vous entendre avec lui.

— Cet homme est un chef indien, renommé autant par son courage que par sa sagesse et il n'a consenti à me servir de guide que parce que je lui ai promis une récompense magnifique.

— Je ne connais aucun guerrier indien, señor.

— Si je vous disais le nom de celui-là...

— Je préfère l'ignorer.

— Il se nomme Mos-ho-ké, dit-il avec amertume en fixant un regard perçant sur la jeune fille.

Doña Linda, par un effort suprême de volonté, parvint à dissimuler l'émotion poignante causée par cette révélation à laquelle elle était si loin de s'attendre.

— Ah! fit-elle avec une héroïque indifférence, Mos-ho-ké; je crois, en effet, avoir entendu déjà prononcer ce nom.

— Oui, oui, señorita, et bien souvent même.

— C'est possible! Après? reprit-elle froidement.

— Et savez-vous quelle est la récompense que je lui ai promise.

— La magnifique récompense, dit-elle avec ironie.

— Oui, jugez-en, señorita : je lui ai juré de vous livrer à lui.

— Vous?

— Moi!

La jeune fille fit deux pas vers le capitaine, étendit le bras et, lui indiquant la porte d'un geste empreint d'une inexprimable majesté :

— Sortez, dit-elle d'une voix sourde.

— Je sors, mais souvenez-vous qu'il ne vous reste qu'un moyen d'éviter le sort affreux qui vous menace, señorita, c'est de me révéler ce secret que vous vous obstinez à...

— Sortez, interrompit-elle froidement.

Dominé malgré lui par l'accent de la jeune fille, le capitaine recula pas à pas et, finalement, il quitta la tente sans ajouter une parole.

Doña Linda, le corps penché en avant, prêtait avidement l'oreille au bruit décroissant de la marche du capitaine; lorsque tout fut enfin retombé dans le silence, elle s'agenouilla, joignit les mains et, levant vers le ciel ses yeux pleins de larmes :

— Mon Dieu! soyez béni, s'écria-t-elle avec ferveur, vos voies sont incompréhensibles ; cet homme, en croyant me causer une douleur mortelle, m'a annoncé que ma délivrance était proche et que je pouvais espérer! Soyez béni, mon Dieu! car maintenant je suis forte et je saurai supporter ma souffrance avec courage.

Et, remplie d'une foi ineffable, la jeune fille sourit au milieu de ses larmes.

XVII

UNE ÉTAPE DANS LA PRAIRIE

Les touristes et les voyageurs européens, qui chaque année quittent la ville qu'ils habitent dans l'intention de *courir le monde*, selon la locution consacrée, pendant trois ou quatre mois, pour oublier les tracas des affaires, et respirer un peu d'air pur, chose si rare dans les villes si bien bâties et si économiquement organisées de notre vieille et routinière Europe, se mettent quelques milliers de francs en poche, se munissent de lettres de recommandation pour telles ou telles notabilités des lieux qu'ils veulent visiter, achètent un porte-manteau, une ou deux couvertures, afin de se tenir les pieds chauds, prennent le train express n'importe sur quelle ligne; s'étendent confortablement dans un coin du compartiment choisi par eux. Et les voilà partis à toute vapeur, causant, dormant ou lisant, mais dévorant l'espace à toute vitesse, traversant vallées, torrents, fleuves, montagnes, villes et villages sans les voir ni même s'en soucier, ne s'arrêtant çà et là que dans les villes dont la réputation est solidement établie de longue date, descendant aux meilleurs hôtels et se promenant dans les rues le cigare à la bouche et bâillant à se démettre la mâchoire, au nez des indigènes quelconques qu'ils croisent chemin faisant. Puis, après un temps plus ou moins long employé à cette délicieuse tournée à l'étranger, ils rentrent, en général, fort ennuyés intérieurement, au sein de leur famille et, pendant de longues années, ils vivent de souvenirs, en racontant des impressions de voyage qu'ils inventent la plupart du temps avec une facilité qui fait grand honneur à leur imagination.

Ainsi, quatre-vingt-dix-neuf fois sur cent, se passent les choses en Europe ; chacun sait parfaitement à quoi s'en tenir sur les récits plus ou moins accidentés, de ces soi-disant voyageurs; mais comme tout le monde est un peu orfèvre en pareille matière, les récits vont leur train sans jamais rencontrer d'incrédules.

Qui oserait jeter la première pierre au narrateur?

En Amérique, les choses ne se passent pas absolument de la même façon; un voyage est toujours, même pour les habitants du pays — de rudes voyageurs pourtant, ceux-là — un sujet fort grave à traiter et une détermination excessivement sérieuse à prendre.

Nous parlons ici, bien entendu, des voyages dans l'intérieur des terres, c'est-à-dire sur les défrichements et à la frontière indienne.

Pour exécuter ces voyages, on n'a pas, comme en Europe, des lignes de chemin de fer, des bateaux à vapeur, ni même la moindre voiture.

Il faut marcher en avant, à ses risques et pé-

Le Rio Conchos unit ses eaux limpides aux eaux bourbeuses du Rio Grande.

rils, seul la plupart du temps, traverser sur son cheval des pays où des routes ou seulement des sentiers n'ont jamais existé; puis, le soir venu, s'arrêter au premier endroit venu, se coucher sur le sol, exposé au froid, au vent, à la pluie, à la grêle ou à la neige, le plus souvent sans souper et, perclus et grelottant, veiller, de crainte d'être surpris, soit par les bêtes fauves, soit par les Indiens bravos, soit encore par les bandits de toutes races et de toutes couleurs qui infestent ces contrées bénies du ciel et qui sont plus féroces que les fauves et les Indiens réunis. Bien heureux surtout, si l'on ne se noie pas en traversant un cours d'eau, si l'on n'est pas englouti par une avalanche ou surpris par un ouragan; ou, le pire de tout, si l'on ne s'égare pas dans une forêt vierge!

Et cette existence, qui n'est nullement tissue d'or et de soie, ainsi qu'on peut en juger, par ce léger aperçu, dure souvent pendant des mois entiers.

Il y a loin de là aux voyages à l'eau de rose de nos valeureux touristes!

Nous avons vu des hommes d'une vigueur peu commune, d'une intrépidité et d'une insouciance dans le danger à toute épreuve, dont les cheveux avaient blanchi pendant le cours d'une expédition de trois mois à peine à travers le désert.

Car, bien qu'en aient dit certains romanciers, ce n'est pas une mince entreprise que celle de lutter seul, et de se prendre pour ainsi dire corps à corps avec les obstacles presque insurmontables de cette nature abrupte, qui semble vouloir cacher ses mystères et défendre de violer son sol vierge aux hardis aventuriers qui prétendent le parcourir. Aussi, dans les grandes prairies et les hautes savanes, la voie suivie par les caravanes est-elle facile à reconnaître, même pour les regards les plus inexpérimentés : une longue ligne blanche, d'un aspect sinistre, formée par la poussière impalpable de millions de squelettes d'hommes et d'animaux, serpente au milieu des grandes herbes, si profondément tracée dans le sol que rien ne saurait l'effacer.

C'était sur un chemin de cette espèce que, le surlendemain du jour où avait eu lieu la conversation que nous avons rapportée entre don Horacio de Balboa et doña Linda Moreno, la cuadrilla du hardi partisan s'était engagée et s'avançait avec des difficultés extrêmes de toutes sortes.

Les arbres, les herbes elles-mêmes, avaient complètement disparu, pour faire place à un sable noirâtre, qui s'étendait, à perte de vue, dans toutes les directions.

Le ciel, d'une couleur de tôle rougie, sans un seul nuage, laissait tomber une chaleur accablante sur la terre pâmée; il n'y avait pas un souffle dans l'air; un silence de plomb pesait sur le désert; les chevaux semblaient glisser comme des fantômes, sans que leur pas produisît le moindre bruit sur le sol, pavé de cadavres, qu'ils foulaient en renâclant et se cabrant de terreur, et dont la poussière impalpable, aux senteurs âcres et nauséabondes, prenait à la fois les cavaliers aux yeux, aux narines et à la gorge, et leur causait une douleur cuisante comme une brûlure.

Depuis la veille, au point du jour, les partisans étaient entrés dans le désert et déjà, depuis ces quelques heures, ils avaient enduré d'atroces souffrances.

Quelques chevaux avaient succombé à la fatigue, et, abandonnés par leurs maîtres, étaient dévorés, tout palpitants encore, par des nuées d'immondes urubus, qu'on apercevait tournoyer au-dessus d'eux et s'abattre avec des cris discordants sur leurs cadavres déchiquetés.

Trois ou quatre soldats vacillaient sur leur selle en jetant autour d'eux des regards hébétés qui ne voyaient plus; ceux-là éprouvaient les premiers symptômes de l'horrible congestion, causée par les rayons ardents du soleil, et qui devait, à moins d'un miracle, les foudroyer avant la fin du jour.

Mornes, silencieux, la tête basse et les regards farouches, les cavaliers avançaient machinalement, sans avoir, pour ainsi dire, conscience de ce qui se passait autour d'eux.

Seul, don Horacio de Balboa, la tête haute, droit et ferme sur sa selle, semblait défier l'implacable désert, et s'avançait en éclaireur, à cent pas environ de la troupe des cavaliers comanches, que, suivant leur convention, Mos-ho-kè leur avait donnée pour lui servir de guide.

Ces cavaliers, impassibles, froids et insensibles en apparence aux atteintes presques mortelles, pour les blancs qu'ils accompagnaient, des rayons incandescents du soleil, surveillaient attentivement les mouvements d'une troupe de guerriers indiens, dont les chevaux caracolaient à une lieue environ sur les flancs de la cuadrilla.

— Vive Dieu! s'écria don Horacio avec colère, que veut dire ceci? Ces démons prétendraient-ils nous attaquer?

— Peut-être, répondit laconiquement le guerrier le plus rapproché du capitaine.

— L'Antilope est un guerrier sage, reprit don Horacio, d'une voix insinuante; il connaît ces guerriers, sans doute?

— Pourquoi les connaîtrais-je? dit l'Indien d'une voix brève; la prairie appartient aux Peaux-Rouges, qu'ils soient Comanches, Sioux, Apaches ou Pawnees.

— Mais ces guerriers sont des Comanches.

— Le Visage-Pâle se trompe : qu'il regarde leurs boucliers, leurs fouets et leurs éventails, ce sont des Apaches-Colorados.

— Mais, si vous dites vrai, chef, ces hommes sont nos implacables ennemis.

— Tous les hommes sont ennemis dans la prairie, répondit l'Indien, d'un ton de sarcasme; d'ailleurs, que craint mon frère le Visage-Pâle? les guerriers Apaches sont au nombre de cent au plus, les cavaliers de mon frère sont quatre fois plus nombreux.

— Oui, murmura-t-il avec dépit, mais vaincus par la souffrance, abattus par la fatigue, ils sont incapables de combattre.

L'Antilope entendit ou plutôt devina cet aparté; un sourire railleur plissa ses lèvres, mais il garda le silence.

— Que faire? reprit le capitaine avec découragement.

Cependant, les Apaches continuaient à caracoler sur les flancs de la caravane en brandissant leurs armes et en poussant des cris aigus, que les Espagnols entendaient parfaitement, et qui les faisaient frissonner de terreur; car ils comprenaient qu'un combat avec ces terribles ennemis devenait inévitable; d'autant plus que, tout en se livrant à leurs évolutions belliqueuses, ils se rapprochaient insensiblement des blancs et ne tardèrent pas à arriver à portée de fusil.

L'approche du danger qui les menaçait réussit à tirer les partisans de la morne atonie dans laquelle ils étaient plongés; ils se redressèrent fièrement, saisirent leurs armes, et, reprenant leurs rangs avec une vivacité et une énergie que le capitaine n'osait espérer d'eux, ils se préparèrent à faire bravement leur devoir et à vendre chèrement leur vie.

Quelques minutes encore et la lutte allait s'engager. Déjà plusieurs longues flèches cannelées, lancées par les Apaches, étaient venues tomber presque sous les pieds des chevaux.

Don Horacio n'y put tenir plus longtemps :

— Vive Dieu! s'écria-t-il, ces païens maudits espèrent-ils donc nous barrer le passage! Pourquoi attendre plus longtemps. En avant, compagnons!

L'Antilope posa froidement sa main sur le bras du capitaine et l'arrêta.

— Que voulez-vous, chef? lui demanda don Horacio.

— Quelle est l'intention du Visage-Pâle? fit le Peau-Rouge.

— Charger ces maudits, pardieu! s'écria-t-il avec colère.

Le Comanche secoua la tête.

— Mon frère ne fera pas cela, dit-il.

— Si, vrai Dieu, je le ferai!

— Les Apaches n'attaqueront pas les blancs; que mon frère ne s'occupe pas d'eux.

— Vous voyez cependant aussi bien que moi qu'ils s'approchent de plus en plus.

— Je le vois, mais je le répète à mon frère: ils ne l'attaqueront point.

Le capitaine voulut l'interrompre; le Comanche lui imposa silence d'un geste si péremptoire que, malgré lui, don Horacio se tut.

L'Indien continua alors d'une voix grave :

— L'Antilope est un chef renommé dans sa tribu, sa langue n'est point fourchue et les paroles que souffle sa poitrine sont toujours vraies. Que le Visage-Pâle écoute, car ce qu'il va entendre est de la plus haute importance.

— Parlez, mais soyez bref, je vous en supplie, chef, répondit don Horacio.

— Mon frère ajoutera-t-il foi aux paroles de l'Antilope?

— Oui, car je sais que vous êtes un homme loyal; expliquez-vous donc franchement et sans circonlocutions.

— Soit. Un péril immense, et contre lequel il n'y a pas de secours possible, car il vient du Wacondah, menace en ce moment mes frères; le temps presse; avant une heure, plus tôt peut-être, ce danger fondra effroyable et irrésistible sur la prairie; que les Visages-Pâles prennent des pieds de jaguar et qu'ils fuient sans regarder derrière eux; l'Antilope les guidera jusqu'à un endroit où ils seront en sûreté, si le Wacondah permet qu'ils le puissent atteindre.

— Quel est ce péril, chef?

— L'Antilope a parlé; le Visage-Pâle veut-il mourir lui et tous les siens?

— Non, certes, si je puis l'éviter.

— Que mon frère se hâte donc; il n'a perdu que trop de temps déjà.

Le chef comanche avait prononcé ces paroles avec un tel accent de conviction et de tristesse que, malgré lui, le capitaine se sentit ému, sans comprendre encore toute la portée du danger auquel l'Indien faisait allusion. Son cœur se serra et, sans hésiter davantage, il résolut prudemment de suivre le conseil qui lui était donné par un homme pour lequel le désert n'avait pas conservé de secrets.

Au même instant, comme si le hasard eût voulu justifier les prévisions du Peau-Rouge et donner plus de poids à ses paroles, les Apaches, qui n'étaient plus qu'à une courte distance de la troupe, tournèrent bride tout à coup, jetèrent une clameur horrible, qui cette fois n'était plus un cri de guerre, mais bien un hurlement de frayeur, et ils s'éloignèrent à toute bride, sans davantage s'occuper des partisans, surpris de cette panique incompréhensible qui ressemblait à une déroute.

— Mon frère voit, dit froidement le chef.

— Oui, répondit le capitaine avec stupeur; venez, chef.

Il galopa alors vers le palanquin, suivi à quelques pas par les Comanches.

La première pensée de don Horacio, rendons-lui cette justice, fut pour doña Linda; c'était elle surtout qu'il voulait sauver à tout prix.

— Señorita, dit-il d'une voix haletante à la jeune fille, un grand danger nous menace, terrible et implacable; hâtez-vous de descendre de ce palanquin et de monter avec moi sur mon cheval; peut-être, avec l'aide de Dieu, réussirai-je à vous faire échapper à la mort.

Doña Linda laissa tomber sur lui un regard d'écrasant mépris.

— Non, répondit-elle sèchement, je ne veux pas être sauvée par vous, señor, je préfère mourir que de subir une telle honte.

Le capitaine réprima un geste de colère et de désespoir.

— Je vous en supplie, au nom de tous ceux que vous aimez, señorita, acceptez ma proposition, toute hésitation est mortelle en ce moment.

— Je vous répète que je préfère mourir! répondit-elle froidement. Et elle détourna dédaigneusement la tête.

— Malédiction ! s'écria le capitaine avec rage, en appuyant si fortement les éperons que son cheval se cabra de douleur. Vive Dieu ! puisqu'il en est ainsi, fille insensée, j'emploierai la force pour vous contraindre à m'obéir !

L'Antilope, qui jusqu'à ce moment était demeuré spectateur muet et impassible en apparence de cette scène, intervint tout à coup.

— Que le Visage-Pâle laisse la jeune fille blanche pâle à la garde du chef, dit-il; l'Antilope en répond.

Le capitaine regarda fixement l'Indien, mais il ne put rien lire sur ses traits immobiles et froids.

— Vous ? murmura-t-il.

— Oui, que le Visage-Pâle se hâte de réunir ses guerriers; chaque seconde qu'il perd est une heure d'existence qu'il s'enlève; le chef sera sur ses pas avant dix minutes.

Don Horacio sembla hésiter une seconde, puis relevant subitement la tête et regardant l'Indien bien en face :

— Soit, dit-il, je vous confie cette femme, mais vous m'en répondez sur votre vie : vous me le jurez, chef.

— L'Antilope a promis, répondit l'Indien avec noblesse.

Après avoir jeté un dernier et sombre regard sur la jeune fille, étendue calme et indifférente dans le palanquin, le capitaine s'éloigna au galop ; il harangua les partisans épouvantés, car plusieurs d'entre eux avaient entendu les sombres prédictions du Comanche et les avaient répétées à leurs camarades, et presque immédiatement toute la troupe partit ventre à terre.

Cependant le guerrier comanche, dès qu'il fut certain que le capitaine ne reviendrait point sur ses pas, s'approcha vivement du palanquin et, saluant la jeune fille avec cette courtoisie innée chez les Peaux-Rouges :

—La vierge aux yeux d'azur consent-elle à écouter les paroles d'un chef? dit-il d'une voix douce et persuasive.

—Parlez, chef, répondit-elle en souriant, je n'ai aucun motif pour être votre ennemie,

—Bon, ma sœur juge bien le chef ; l'Antilope est l'ami de Mos-ho-kè.

—Il serait vrai, chef ! s'écria-t-elle avec émotion.

—L'Antilope n'a pas la langue fourchue. Mos-ho-kè est le premier sachem de sa nation ; de loin il veille sur la jeune fille pâle ; il a confié la garde de la vierge aux yeux d'azur à l'Antilope et à ses guerriers, avec la recommandation expresse de la défendre contre la méchanceté du chef des Visages-Pâles.

—Mais, fit-elle presque convaincue, mais hésitant encore, qui me prouvera la vérité de vos paroles, chef?

—Que la vierge aux yeux d'azur rappelle ses souvenirs : un soir Mos-ho-kè est entré dans le camp des blancs, il a jeté une pierre à travers les tentures du calli de la jeune fille pâle ; cette pierre était un *collier* tracé par la Tête-Grise; le lendemain au point du jour Mos-ho-kè sortait du camp, mais une heure plus tard l'Antilope arrivait envoyé par lui; comment le chef connaîtrait-il tous ces détails si le sachem ne les lui avait pas rapportés lui-même?

— C'est vrai, chef, vous êtes bien réellement mon ami; parlez, que faut-il faire ? Je suis prête à vous obéir.

— Bon ; ma sœur a bien dit, elle montera sur le cheval de l'Antilope et elle sera sauvée.

La jeune fille sortit aussitôt aussitôt du palanquin; mais elle hésita tout à coup.

— Que veut ma sœur ? demanda le Comanche.

— Je ne suis pas seule, chef, j'ai avec moi deux pauvres jeunes filles, je ne veux pas les abandonner.

— Le cœur de ma sœur est bon; qu'elle se rassure, l'Antilope sauvera les jeunes filles.

L'Antilope dit alors quelques mots à voix basse aux guerriers qui l'accompagnaient ; deux d'entre eux mirent aussitôt pied à terre, et bientôt les deux caméristes, plus mortes que vives et ne comprenant rien à ce qui se passait, se trouvèrent en croupe derrière les Indiens

Doña Linda n'hésita plus, elle accepta la main du chef et d'un bond sauta sur son cheval.

—Maintenant, dit l'Antilope, lorsqu'il se fut assuré que la jeune fille se tenait solidement à sa ceinture, que le Wacondah nous sauve, car nous avons bien tardé à fuir.

Les Peaux-Rouges sifflèrent leurs chevaux, qui détalèrent aussitôt avec une rapidité vertigineuse.

Dix minutes suffirent à ces modernes centaures pour rejoindre la cuadrilla, en avant de laquelle ils se trouvèrent presque aussitôt.

— Piquez ! piquez hardiment ! cria l'Antilope à don Horacio, en passant à toute bride auprès de lui ; et, quoi qu'il arrive, ne ralentissez pas votre course et ne me perdez pas de vue.

Le ciel avait pris une couleur d'un jaune de cuivre, la chaleur était étouffante, les oiseaux tournoyaient dans l'air en poussant des cris aigus et discordants ; tout à coup, le soleil sembla s'obscurcir, un roulement de tonnerre lointain se fit entendre, et presque au même instant, on aperçut au loin une immense trombe de sable qui accourait avec une rapidité extrême.

— Alerte ! cria encore le chef d'une voix stridente, suivez-moi si vous voulez vivre !

Et faisant un brusque crochet il s'élança à fond de train dans une direction opposée à celle de la trombe.

Les paroles du Peau-Rouge avaient, comme par enchantement, rendu toute leur énergie aux cavaliers, qui se ruèrent pêle-mêle sur ses traces, en recommandant leur âme à Dieu.

Maintenant, ils savaient quel affreux péril était

suspendu sur leurs têtes ; les chevaux eux-mêmes, comprenant le danger horrible qui les menaçait, semblaient avoir des ailes, tant leur course était rapide.

Le plus épouvantable fléau des déserts du Far-West est l'ouragan. Les horreurs du simoun africain ne sauraient lui être comparées.

Le sable, soulevé par la tempête, formé en trombe immense, parcourt la prairie dans tous les sens, broyant et engloutissant à jamais arbres, hommes, animaux, tout ce qui se trouve sur son passage.

Cet énorme cylindre de sable, qui semble monter jusqu'aux nuages, intercepte la lumière du soleil, rase le sol en tournoyant, pompe et attire avec une puissance irrésistible les objets les plus lourds et, en quelques heures, change complètement l'aspect de la prairie.

Don Horacio de Balboa et tous les partisans s'étaient tamponné le visage avec des linges mouillés, précaution que leur avaient conseillée les Indiens et sans laquelle ils auraient immanquablement été étouffés.

Deux heures s'écoulèrent dans des angoisses terribles, sans que cette fuite échevelée se modérât, à travers des ténèbres rendues plus horribles par les lueurs blafardes qui, par intervalles, les dissipaient pendant quelques secondes pour

Les deux servantes poussèrent un cri de frayeur.

les rendre plus opaques un instant après.

Doña Linda n'avait plus conscience de ce qui se passait : instinctivement cramponnée avec la force nerveuse du désespoir à la ceinture du chef, à demi évanouie, elle se croyait en proie à un horrible cauchemar.

On courait toujours ; parfois on entendait un cri, une malédiction ; un cavalier s'était abattu ; ceux qui le suivaient sautaient par-dessus l'homme et le cheval sans même les apercevoir et tout était dit.

Enfin la lumière reparut, le calme sembla renaître.

L'Antilope poussa un cri strident et s'arrêta.

Il était temps ; un quart d'heure de plus de cette course furieuse, tous les blancs auraient succombé, vaincus par la fatigue et la terreur.

Les partisans étaient hors de la prairie.

A une demi-lieue à peine devant eux, une immense forêt vierge leur offrait enfin l'abri protecteur qu'ils cherchaient depuis si longtemps.

Don Horacio jeta un regard sur sa troupe ; ses sourcils se froncèrent à se joindre ; un soupir de désespoir souleva sa puissante poitrine.

Plus de la moitié de ses cavaliers avaient été engloutis dans les sables ; un miracle seul avait pu sauver les autres.

— Merci, chef, dit avec effusion le capitaine au chef comanche ; nous vous devons la vie, car sans votre généreux dévouement nous serions tous restés dans cet épouvantable désert.

— L'Antilope a fait son devoir, répondit le chef calme, froid et impassible, comme si rien d'extraordinaire ne s'était passé ; n'était-il pas chargé par Mos-ho-kè de de servir guide aux Visages-Pâles?

L'Indien mit alors pied à terre, prit respectueusement la jeune fille dans ses bras et la déposa doucement sur l'herbe.

— Ah! pourquoi m'avez-vous sauvée, chef? lui dit-elle avec un accent de navrante tristesse.

— Parce que le père de la vierge aux yeux d'azur serait mort si les Comanches ne lui avaient pas rendu sa fille, répondit-il d'une voix douce en se penchant à son oreille. Que ma sœur reprenne courage, ses amis approchent.

Et après avoir salué la jeune fille dont un rayon d'espoir avait soudain éclairé le charmant visage, le chef s'éloigna et la laissa aux soins de ses caméristes à peine remises de la terreur qu'elles avaient éprouvée.

XVIII

LES RUINES DU RIO GILA

Nous abandonnerons, quant à présent, don Horacio de Balboa que nous ne tarderons pas à retrouver et nous reviendrons à certains personnages importants de cette histoire que nous avons trop longtemps négligés.

Nous prierons le lecteur de nous suivre au milieu de l'un des sites les plus accidentés des prairies de l'ouest, nommées par les pionniers les squatters et les coureurs des bois le Far-West, c'est-à-dire l'ouest lointain, nom caractéristique qui fait en deux mots connaître cette contrée légendaire, presque exclusivement foulée par les légers mocksens des Indiens bravos, ces ennemis acharnés de la race blanche.

Dix jours s'étaient écoulés depuis le départ de la caravane commandée par don José Moreno.

Trois cavaliers, revêtus du costume adopté par les coureurs des bois et armés jusqu'aux dents, suivaient au petit pas une sente à peine tracée par les bêtes fauves.

Il était environ trois heures de l'après-midi; la chaleur, accablante pendant toute la première partie de la journée, commençait enfin à se calmer peu à peu.

Cependant les voyageurs continuaient leur route sans rien changer à leur allure nonchalante.

Sans doute ils avaient de puissants motifs pour agir ainsi, car leurs chevaux paraissaient frais et vigoureux.

Nos voyageurs atteignirent le sommet d'une éminence peu élevée, mais du haut de laquelle la vue s'étendait sans obstacles jusqu'à une distance assez éloignée et dominait une partie du paysage.

Le premier cavalier s'arrêta alors et se tourna vers ses deux compagnons :

— Ma foi, dit-il en riant, mes chers amis, je dois reconnaître que cette fois encore j'ai été plus heureux que sage; nous sommes dans la bonne route, dont, par un prodige que je ne me charge pas d'expliquer, nous ne nous sommes pas écartés d'une ligne.

— Pardieu, cher Incarnacion, répondit un de ses compagnons qui n'était autre que don Luis Morin, voilà qui me confond, je l'avoue; regardez, je vous prie, don Cristoval, et donnez-nous votre avis.

— Hum! fit le partisan en hochant la tête, je ne sais trop que dire, ne connaissant pas plus que vous, caballeros, la contrée où nous nous trouvons en ce moment.

— Allons donc, reprit Incarnacion Ortiz, vous plaisantez, señores, regardez devant vous; cette ligne de cotonniers vous indique la présence de l'eau, n'est-ce pas? Cette eau n'est rien moins que le Rio-Salinas; voici à notre droite, un peu en arrière, la Sierra-Blanca, un peu en avant la Sierra de Mogoyon, et là-bas, juste devant nous, à deux lieues à peine, les ruines qui sont, quant à présent du moins, le but de notre voyage, et que nous atteindrons facilement, si cela nous plaît, avant une demi-heure.

Don Luis et don Cristoval suivirent avec attention les indications que leur donnait le jeune homme, et ils furent contraints de reconnaître qu'il avait dit vrai, ce dont ils convinrent du reste de fort bonne grâce.

— Ma foi, c'est affaire à vous, mon cher Incarnacion, dit en riant don Luis; car, pas plus que nous, vous ne connaissez cette contrée.

— L'itinéraire tracé par le sachem était tellement exact que s'égarer eût paru impossible.

— Bien; mais maintenant que faisons-nous, s'il vous plaît, caballeros?

— Il est près de quatre heures, n'est-ce pas?

— Oui, environ, répondit don Cristoval en jetant un regard sur le soleil dont le disque était presque au niveau des arbres.

— Eh bien, mon avis est de piquer droit sur les ruines sans attendre davantage, et d'y entrer quand l'heure du rendez-vous sera venue.

— Eh bien! alors en avant! répondirent à la fois les deux hommes en enfonçant les éperons dans les flancs de leurs montures, qui s'élancèrent à toute bride sur les traces de don Incarnacion Ortiz.

Cette course furieuse dura environ pendant cinquante minutes; alors, en émergeant d'un bois assez touffu de cotonniers, les trois cavaliers se trouvèrent presque subitement en face des ruines, dont ils n'étaient plus éloignés que de quelques centaines de pas à peine.

Certains auteurs, qui, sans doute, ont parcouru le monde sans sortir de leur cabinet, affirment sérieusement que, de toutes les contrées du globe, l'Amérique est celle où se rencontre le moins de vestiges des races éteintes, et ils concluent de là que le nouveau-monde n'a pas d'histoire antérieure à la conquête.

Mais malheureusement pour le système soutenu par ces auteurs, tout vient prouver la fausseté de ce raisonnement et établir, au contraire, l'existence d'une civilisation fort avancée dans des temps bien antérieurs à la conquête espagnole. Sans parler ici des splendides ruines de Palenqué, dans le Yucatan, des Teocalis de Cholula et des ruines gigantesques récemment découvertes jusqu'au milieu des montagnes Rocheuses, il est aujourd'hui de notoriété publique que, lorsque les Chichimèques entreprirent leur grande migration, ils s'arrêtèrent à plusieurs reprises dans leur marche, et fondèrent, chaque fois, des villes puissantes, dont les vestiges encore existants remplissent d'admiration les rares explorateurs assez heureux pour les contempler.

Afin de donner une preuve de ce que nous avançons, puisque les événements de notre histoire nous conduisent en face d'elles, nous décrirons en quelques mots les ruines placées entre la Sierra de Mogoyon et celle de los Pajaros, sur le bord du Rio-Gila ou Salinas.

Ces ruines sont connus en ce pays sous le nom de Grande-Maison du Rio-Gila, ou celui plus caractéristique encore de Casa-Grande de Moctekuzoma. Le site est plat de tous côtés.

Les ruines des édifices qui formaient la ville s'étendent à plus de cinq kilomètres vers l'orient; dans les autres directions le terrain est semé de poteries de toutes espèces, dont quelques-unes d'un travail précieux.

La maison proprement dite forme un carré long, parfaitement orienté aux quatre vents cardinaux; tout autour s'élèvent des murs, vestiges d'une enceinte qui renfermait cette maison et d'autres édifices, dont quelques-uns ressemblaient assez à nos donjons du moyen âge.

Vers le sud-ouest on voit un reste assez informe de construction qui conserve encore un étage sur pied divisé en plusieurs parties.

L'enceinte intérieure mesure deux cent sept mètres du nord au sud et cent cinquante-huit de l'est à l'ouest.

L'intérieur de la maison se compose de cinq salles, dont trois d'égale dimension au milieu, et deux autres plus grandes aux extrémités. Les trois salles du centre mesurent neuf mètres du nord au sud et trois de l'est à l'ouest; les deux salles des extrémités quatre mètres du nord au sud et treize de l'est à l'ouest, sur quatre mètres de haut; les portes de communication ont deux mètres sur quatre-vingt-dix centimètres, et sont toutes égales, excepté les quatre premières des entrées, qui paraissent avoir eu dans le principe, le double de largeur.

La maison a extérieurement du nord au sud vingt-trois mètres, et dix-sept de l'est à l'ouest; les murailles sont en talus au dehors.

Devant la porte orientale, qui est séparée de la maison, se trouve une autre pièce qui, sans compter l'épaisseur des murailles, mesure neuf mètres du nord au sud et six de l'est à l'ouest; selon toutes probabilités, la charpente était en pins; la seule forêt qui se trouve dans un périmètre de vingt kilomètres aux environs n'est composée que d'arbres de cette essence et de quelques mezquites.

Tout l'édifice est bâti en terre battue avec de la paille hachée, mode de construction adopté encore à notre époque au Mexique; un canal, aujourd'hui presque à sec, y amenait les eaux de la rivière.

L'édifice avait trois étages, ou quatre, en comptant un étage souterrain en parfait état de conservation.

Les salles ne recevaient le jour que par les portes et des trous ronds assez grands pratiqués dans les murailles qui regardent l'orient et le couchant.

C'était par ces ouvertures, prétendent les Indiens, que le souverain auquel ils donnent le nom caractéristique de *hombre amargo*, c'est-à-dire : homme amer ou déplaisant, saluait le soleil, à son lever et à son coucher.

Il ne reste plus traces d'escaliers ni de plafonds; est probable que les Apaches les auront détruits, pour se chauffer, dans une de leurs nombreuses excursions.

Francisco Vasquez Coronado, en 1542, lors de son expédition au fantastique pays de Cibola, vit ces ruines et en a fait une description qui se rapproche beaucoup de la nôtre; la seule différence consiste en ce que de son temps les planchers des étages supérieurs étaient presque intacts et qu'ils ont complètement disparu aujourd'hui; c'est la relation de son voyage à la main que nous avons visité ces ruines, et nous n'avons pas retrouvé traces de charpentes d'aucune sorte.

Cependant les trois cavaliers, en arrivant, ainsi que nous l'avons dit, aux environs des ruines qu'ils croyaient désertes, avaient été fort surpris de les trouver non seulement habitées, mais encore devenues le centre d'une exploitation en plein rapport.

En effet, sur la plaine sablonneuse, s'élevaient des cabanes en feuillages, groupées capricieusement autour des ruines; des hommes creusaient de profondes excavations dans le sable, des chevaux et des mules tournaient des manèges improvisés; de lourds wagons transportaient au bord de la rivière des terres que des individus accroupis sur la rive lavaient et tamisaient avec soin.

Heureusement pour eux, les trois cavaliers, cachés par quelques bouquets de mezquites épars çà et là dans la plaine, n'avaient point été aperçus par ces gens qui travaillaient avec une ardeur et un enthousiasme tels qu'ils ne se donnaient pas un instant de repos, et ne voyaient rien de ce qui se passait autour d'eux.

Cependant don Incarnacion Ortiz et ses compagnons jugèrent prudents de ne point demeurer plus longtemps à découvert, et ils se hâtèrent de chercher un abri dans la forêt.

Lorsqu'ils eurent gagné une clairière peu éloignée de laquelle, grâce aux éclaircies ménagées par le hasard à travers les arbres, il leur était facile de surveiller les faits et gestes de leurs mystérieux voisins, ils mirent pied à terre, s'assirent sur l'herbe, allumèrent cigares et cigarettes, et, selon la coutume adoptée dans la prairie, ils tinrent un conseil à l'indienne.

La situation devenait des plus sérieuses, et le campement de ces étrangers à l'endroit même où les trois rancheros avaient l'intention de se rendre leur donnait fort à réfléchir.

— Qu'est-ce que cela signifie? demanda don Luis en se tournant vers ses compagnons. Que font là ces gens?

— Rien n'est plus facile à deviner, répondit don Cristoval. Ces ruines si longtemps solitaires sont aujourd'hui envahies par des gambucinos, que la soif de l'or a réunis sur ce point pour exploiter en commun un placer que l'un d'eux a ou croit avoir découvert.

— Maintenant, comment ces *rascadores* endiablés, s'écria Incarnacion Ortiz, ont-ils justement choisi cette place pour se livrer à leur manie de fouilles? Voilà ce que je ne saurais comprendre.

— D'autant plus, ajouta don Cristoval, que de temps immémorial chacun sait que ces ruines sont celles d'une ancienne ville chichimèque, et que, par conséquent, elles ne renferment aucun gisement d'or.

— Pardieu! s'il y eût eu un placer aux environs, il y a longtemps déjà qu'il aurait été épuisé.

— Il n'y a apparence d'or ni ici ni aux environs, dit vivement don Cristoval; mon avis est que ces hommes accomplissent quelque œuvre mystérieuse!

— Mais laquelle encore? demanda don Luis avec impatience.

— Je n'en sais malheureusement pas plus que vous à ce sujet; cependant, d'après le peu qu'il m'a été permis d'apercevoir dans le rapide coup d'œil que j'ai jeté sur ces malencontreux travailleurs, je parierais qu'il y a du Balboa là-dessous.

— Diable! si ce que vous dites est vrai, don Cristoval, voilà qui modifie singulièrement nos instructions, et je ne vois pas trop ce qui nous reste à faire.

— Peut-être, dit alors don Incarnacion Ortiz, serait-il prudent de retourner sur nos pas?

— Je ne partage pas complètement votre avis, mon cher compagnon, reprit don Luis Morin; voici ce que je propose : l'un de nous rejoindra la caravane et avertira don José du résultat de notre exploration; le second demeurera caché dans ce bois; le troisième marchera résolument vers les ruines et se présentera aux chercheurs d'or ou quelles que soient ces gens, comme un aventurier qui, lui aussi, vient tenter la fortune.

— Bon, fit observer don Cristoval, mais après?

— Comment! après, se récria don Luis.

— Certes; celui de nous chargé de se rendre aux mines se présentera comme un aventurier, j'admets parfaitement cela; mais une fois admis, à quoi aboutira cette démarche? quel bénéfice en retirerons-nous pour le succès de notre expédition?

— Un immense!... Cet homme, qui naturellement n'éveillera plus aucun soupçon, sera libre d'aller, de venir, de regarder autour de lui; en un mot, il aura la plus grande liberté pour découvrir le mot de l'énigme que nous cherchons et qui nous embarrasse si fort en ce moment; lorsqu'il saura à quoi s'en tenir sur le séjour si extraordinaire de ces individus en ces parages, ce qu'ils sont et ce qu'ils convoitent, il les quittera, viendra nous communiquer ses renseignements, et alors nous agirons en conséquence; tout cela est, il me semble, d'une simplicité primitive. Il y a peu de risques à courir, et les résultats qui peuvent être obtenus par cette démarche sont immenses pour nous; si vous y consentez, c'est moi qui tenterai l'aventure.

— Mais votre accent étranger vous fera tout de suite reconnaître pour un Européen?

— Je l'espère bien ainsi; c'est justement cet accent qui éloignera tous les soupçons de moi et me permettra de jouer au naturel mon rôle d'aventurier. Voyons, que pensez-vous de ma proposition?

— Pour ma part, toutes réflexions faites, je la trouve acceptable et je crois qu'elle a beaucoup de chances de réussite à cause même de sa hardiesse; et vous, don Cristoval, quel est votre avis?

— Moi, caballeros, je partage entièrement la manière de voir de don Luis Morin, si l'un de nous peut réussir dans cette démarche, c'est lui sans contredit; il est étranger, par conséquent inconnu, au lieu que vous et moi, don Incarnacion, au cas où ce serait don Horacio de Balboa qui se trouvât campé dans ces ruines, nous serions démasqués du premier coup; car nous ne pouvons nous dissimuler que ce digne caballero nous connaît beaucoup, ajouta-t-il en riant, et depuis fort longtemps même.

Les trois rancheros éclatèrent de rire à cette saillie de leur compagnon.

— Voilà, sur ma parole, dit en riant don Incarnacion, un plan parfaitement dressé; pour ma part, je l'adopte les yeux fermés. Maintenant, voyons les autres rôles. Qui de nous demeurera ici en embuscade?

— Vous, si cela vous convient; moi, qui connais mieux que vous le pays, je tâcherai de rejoindre au plus vite don José Moreno, afin de l'instruire de ce qui se passe.

— Bon, voilà qui est convenu; maintenant, señores, il ne nous reste plus qu'à mettre notre plan à exécution.

Le conseil ainsi terminé, les hardis aventuriers remontèrent aussitôt à cheval, car il n'y avait pas un instant à perdre; puis, après avoir échangé quelques dernières paroles et s'être chaleureusement serré la main, les trois hommes se dirent adieu et se séparèrent.

La Casa-Grande.

XIX

L'HOSPITALITÉ.

Il était près de cinq heures du soir; aux derniers rayons du soleil couchant, la plaine revêtait des tons chauds qui lui donnaient un étrange caractère de grandeur. Malgré lui, dont Luis Morin, peu accoutumé aux grands aspects de la nature américaine, se laissait aller avec un charme indicible à l'impression que lui causait la vue du magnifique paysage qui se déroulait à ses yeux, quand tout à coup il fut brutalement éveillé de sa rêverie par l'apparition subite d'un cavalier qui, accourant à toute bride à sa rencontre, l'interpella d'une voix haute et presque menaçante.

— Holà! señor, êtes-vous sourd, ou bien voyagez-vous tout endormi sur votre cheval?

— Je ne suis ni sourd ni endormi, caballero, répondit don Luis en se redressant subitement sur sa selle; seulement je vous avoue que je suis brisé de fatigue.

— Ah! fit l'autre en jetant à la dérobée un regard soupçonneux sur le cheval de don Luis, votre monture me paraît cependant en excellente condition pour fournir une longue course, s'il en était besoin.

— C'est possible, caballero, répondit sèchement le Français; mais si mon cheval se porte bien, en revanche, moi, je me porte mal.

— Ah! ah! compagnon, reprit l'inconnu d'une voix railleuse, si vous arriviez ici dans le but de vous faire soigner d'une maladie quelconque, vous n'avez pas de chance, je vous en avertis; les médecins n'abondent pas parmi nous.

— Ma maladie, grâce à Dieu, n'est pas grave; comme je n'en doute pas, vous allez le comprendre; je meurs tout simplement de faim.

— De faim?

— Ma foi, oui.

— Ah çà! reprit l'autre avec étonnement, voilà, sur mon âme, une énigme vivante! Comment, vous êtes armé jusqu'aux dents, la contrée fourmille de gibier de toute sorte, et vous trouvez moyen d'y mourir de faim? Mais, grâce à Dieu, si ce mal vous tourmente, vos peines sont finies ou bien près de finir, et je me charge de votre guérison, si vous voulez me suivre et accepter l'hospitalité que je vous offre.

— De grand cœur, caballero, et merci, répondit don Luis en souriant.

— Bah! cela n'en vaut pas la peine. L'hospitalité est une dette qu'au désert nul ne peut se dispenser d'acquitter.

— Puis-je vous demander sans indiscrétion à qui j'ai l'honneur de parler, caballero? dit le jeune homme en saluant son interlocuteur.

— Parfaitement, señor, répondit l'autre avec une exquise politesse; je suis don Horacio Nuñez de Balboa, pour vous servir; capitaine au service de S. M. le roi d'Espagne et des Indes. Et vous, caballero, puis-je à mon tour et sans indiscrétion vous demander qui j'ai l'honneur d'avoir pour hôte?

En entendant le capitaine décliner ses noms et qualités, le jeune homme avait imperceptiblement tressailli; les prévisions de don Cristoval étaient justes; mais l'émotion qu'il éprouva n'eut que la durée d'un éclair et passa inaperçue de son interlocuteur.

— Je suis étranger, caballero, fit don Luis. Débarqué depuis peu de temps en Amérique, mon nom presque inconnu ne vous apprendrait rien. Si cependant...

— Oh! peu m'importe, señor; nous sommes ici dans une contrée où chacun est libre d'agir à sa guise et de conserver s'il lui plaît le plus strict incognito, sans que cette réserve surprenne personne. Je ne vous demandais votre nom que pour savoir, le cas échéant, comment vous adresser la parole.

— Qu'à cela ne tienne, señor, je me nomme don Luis.

— Il suffit, interrompit vivement le capitaine. Maintenant, seigneur don Luis, que nous nous connaissons ou à près, si vous le désirez, j'aurai l'honneur de vous conduire dans ma pauvre habitation, que je vous prie, dès ce moment, de considérer comme la vôtre.

— Mille grâces, señor, répondit le jeune homme en s'inclinant.

Les deux cavaliers se rangèrent alors à côté l'un de l'autre et se dirigèrent, au grand trop de leurs chevaux, vers la Casa-Grande de Moctekuzoma.

Ainsi que l'avait aussi deviné don Cristoval, les étranges habitants des ruines étaient des gambucinos occupés de l'exploitation d'un placer; mais quel pouvait être ce placer fouillé sous les ordres de don Horacio de Balboa; voilà ce que don Luis désirait ardemment savoir.

Au milieu des jacales, recouverts de branchages, grouillait une population déguenillée, hâve, maladive, aux traits sombres et féroces, à l'aspect repoussant, aux manières brutales; ramassis de brigands, rebut de toutes les civilisations, qui des lieux les plus éloignés étaient venus, poussés sans doute par cette horrible maladie à laquelle les Américains ont donné le nom si énergique de fièvre jaune *de l'or*, s'échouer, épaves maudites par la société qui les repoussait, dans ce repaire inconnu.

Les gens que les deux hommes croisaient sur leur passage leur jetaient à la dérobée des regards soupçonneux et presque menaçants en chuchotant entre eux; cependant tous ou presque tous saluaient don Horacio avec une obséquiosité féline.

Çà et là, devant des *pulquerias* improvisées, le sang coulait dans des rixes entre buveurs. La foule, avide de sang et d'émotions, faisait cercle, non pour empêcher ou arrêter le combat, mais pour juger des coups, engager des paris et féliciter le vainqueur.

Partout on apercevait des traces d'immenses silos creusés à une grande profondeur, se croisant et s'enchevêtrant dans toutes les directions; mais don Luis remarqua que nulle part les traces de l'or n'apparaissaient.

Pour quel motif cependant ces singuliers gambucinos creusaient-ils ces énormes tranchées sans se lasser ni se rebuter jamais? Quel mystérieux travail accomplissaient-ils donc?

Voilà ce que se demandait mentalement don Luis que cette étrange façon de travailler intéressait et inquiétait de plus en plus, tout en suivant, indifférent en apparence, les détours sinueux du camp.

En moins de vingt minutes les deux cavaliers atteignirent les ruines et s'arrêtèrent à l'entrée même de la maison. Le capitaine siffla d'une certaine façon : un peon parut.

— Nous voici arrivés, caballero, dit l'officier espagnol. Mettez pied à terre, jetez la bride à ce drôle, qui prendra soin de votre cheval et montera votre porte-manteau dans votre chambre, et veuillez me suivre.

Le jeune homme obéit, en feignant, pour rester dans le rôle qu'il avait adopté, une lassitude qu'il n'éprouvait nullement, et il se préparait à entrer dans la maison, quand son compagnon lui posa la main sur le bras, et, se penchant à son oreille :

— Pardon, caballero, dit-il avec embarras, chacun dans ce monde a ses affaires qui ne regardent que lui; vous le savez aussi bien que moi, puisque vous-même désirez demeurer inconnu. Quoi que vous voyiez ou que vous entendiez chez moi, veuillez, je vous prie, me promettre de rester neutre.

Don Luis fit un pas en arrière.

— Permettez, capitaine, dit-il, je dois, avant tout, vous poser une condition.

— Une condition! reprit le capitaine avec étonnement. Soit; laquelle? Parlez.

— C'est que je ne verrai ni n'entendrai rien qui puisse, de quelque façon que ce soit, engager mon honneur.

— Que voulez-vous dire?

— Ce que je dis, pas autre chose; n'attachez

SCEAUX. IMP. CHARAIRE ET FILS

pas, je vous prie, à mes paroles un sens que je n'y attache pas moi-même.

Le capitaine examina un instant son hôte avec la plus sérieuse attention, mais le visage du jeune homme demeura froid et impassible. Après un instant, l'Espagnol haussa les épaules, sourit avec dédain et semblant prendre enfin son parti :

— Venez, dit-il, et agissez à votre guise ; vous êtes mon hôte et par conséquent entièrement libre ; d'ailleurs, peu m'importe.

Ils entrèrent.

Si l'extérieur de la ruine était toujours demeuré le même, les murs blanchis à la chaux et décorés de peintures aux tons criards ; le sol à peu près débarrassé des immondices que des siècles avaient accumulées, et recouvert d'un petate trop étroit ; quelques meubles dépareillés, tels que : hamac, dressoir, table, équipales, témoignaient des efforts tentés pour rendre l'intérieur un peu plus habitable.

La nuit était venue ; deux candiles fumeux, placés sur une table, et quelques torches de bois d'ocote accrochées au mur dans des anneaux de fer, éclairaient cette vaste pièce d'une lueur douteuse et tremblotante.

Des mets peu abondants et composés de quelques plats de légumes et de venaison, s'alignaient sur la table avec cette symétrie parcimonieuse particulière à la race espagnole, à côté de jarres en terre poreuse, pleines d'eau et d'une bouteille d'eau-de-vie à moitié vide.

— Çà ! mon hôte, dit gracieusement le capitaine en désignant un siège au jeune homme, puisque vous êtes tourmenté par une faim si cruelle, asseyez-vous et mangez.

Ils se placèrent en face l'un de l'autre ; mais, au moment où le capitaine avançait la main vers un plat de venaison, dans l'intention bienveillante de servir son famélique convive, une porte s'ouvrit et une jeune métisse parut.

— La señora doña Linda Moreno ! dit-elle en s'effaçant de façon à livrer passage à la personne qu'elle annonçait.

Doña Linda entra d'un pas grave et majestueux.

Les deux hommes s'étaient levés.

Don Luis salua respectueusement la jeune fille, lui offrit la main et la conduisit près de la table.

Quant au capitaine, l'arrivée imprévue de doña Linda lui avait causé un embarras et un dépit visibles, malgré les efforts qu'il tentait pour les dissimuler.

Doña Linda était pâle ; ses yeux, rougis par les larmes, attestaient des souffrances profondément ressenties, mais noblement supportées. Elle remercia le jeune homme par un léger signe de tête, et s'assit devant la table.

— Vous me faites si rarement jouir de votre présence, señorita, dit le capitaine, que je n'osais espérer le bonheur de vous voir aujourd'hui partager mon repas.

La jeune fille ne répondit pas à ce compliment si précieusement alambiqué, mais qu'elle sembla ne pas avoir entendu, et se tournant vers don Luis :

— Quel malheureux hasard, caballero, dit-elle nettement, a conduit vos pas dans ce repaire de bandits ?

— Je bénis ce hasard qui me procure l'honneur de me rencontrer avec vous et de me mettre à vos ordres, señorita, répondit don Luis Morin en s'inclinant avec courtoisie.

— Puisque doña Linda a jugé convenable d'embellir notre repas de sa présence, dit le capitaine avec ironie, il est convenable que je vous présente à elle, mon cher hôte.

— Je n'ai pas besoin d'autre présentation, señor, dit vivement la jeune fille. Bien que j'ignore votre nom, vos manières sont celles d'un caballero et d'un honnête homme, et je suis convaincue que je puis en toute sûreté me confier à vous.

— J'ai eu l'honneur de vous dire, señora, que je me mettais à votre entière disposition ; veuillez donc, je vous prie, user de moi pour tout ce qu'il vous plaira de m'ordonner.

— Pardieu ! dit le capitaine avec une violence contenue, il me semble, mon cher hôte, que vous agissez un peu sans façon, et que vous vous hâtez singulièrement d'offrir vos services à une personne que vous ne connaissez pas et que pour la première fois vous rencontrez chez moi.

— Je fais ce que l'honneur me commande, caballero, répondit froidement don Luis, je suis Français, et dans mon pays, un homme bien né ne saurait refuser son appui à une dame lorsqu'elle le lui demande.

— Je retiens votre parole, señor, répliqua vivement la jeune fille.

— Pardon, señorita, interrompit le capitaine en se levant vivement, je crois que vous poussez un peu loin une plaisanterie qui a déjà duré trop longtemps.

— Au contraire, répondit froidement don Luis, je considère tout ceci comme fort sérieux, et je vous prierai, caballero, de laisser la señorita s'expliquer.

Ces paroles furent prononcées d'une voix si ferme, avec un tel accent de noblesse, que don Horacio, qui ne s'attendait nullement à rencontrer chez son hôte une opposition si nettement formulée, lui, habitué à tous les détours de l'hypocrisie mexicaine, qu'il demeura pendant quelques secondes frappé de stupeur sans trouver un mot à répondre ; mais bientôt la brutalité féroce de son caractère reprit le dessus, et se levant avec violence :

— De quoi vous mêlez-vous ? s'écria-t-il en frappant du poing avec colère.

— Souvenez-vous des paroles que je vous ai dites en franchissant le seuil de cette maison, señor ; mon honneur est en jeu en ce moment, et je vous donne ma foi que quoi qu'il arrive, nulle tache n'y sera imprimée, répondit don Luis toujours calme.

— Merci! caballero, s'écria la jeune fille avec émotion. Merci de ne pas m'abandonner sans défense au pouvoir de cet homme. Soyez béni pour votre généreux dévouement envers une inconnue.

— Vive Dieu! s'écria le capitaine en éclatant d'un rire nerveux, je ne croyais pas, bien que je l'eusse préparée, assister à une scène si réjouissante.

— Que voulez-vous dire, caballero? fit le jeune homme avec hauteur.

— Je veux dire, señor, reprit le capitaine en se rasseyant et se penchant nonchalamment sur le dossier de son siège, que, sur ma foi! vous avez donné, tête baissée, dans le piège qui vous avait été tendu.

— Un piège?

— Eh! mon Dieu! oui, répondit-il avec une bonhomie railleuse. Vous devez connaître le proverbe indien : Les arbres ont des yeux et les feuilles ont des oreilles. Caraï! voilà assez longtemps que je vous fais suivre à la piste, vous, don Incarnacion Ortiz et un autre bribon de ses amis. Ce n'est pas le hasard, ainsi que vous le supposez, qui m'a amené au-devant de vous dans la savane ; ce n'est pas le hasard non plus qui vous a conduit ici. Mais, permettez-moi de vous le dire, mon maître, pour un homme si chatouilleux que vous feignez de l'être, sur le point d'honneur, un bandit émérite n'aurait certes rien à vous apprendre en fait de trahison.

— Señor, ces paroles...

— Pardieu! je serais curieux de savoir quel nom vous donnez à votre façon d'agir avec moi en ce moment, señor colonel don Luis Morin. Vous voyez bien que je vous connais, n'est-ce pas?

— Trêve d'insultes, señor, s'écria le jeune homme, contraint de s'avouer intérieurement que les paroles du capitaine n'étaient pas entièrement dénuées d'une certaine logique.

— Je ne vous insulte pas, je dis ce qui est. Peu importe ce que j'ai fait, c'est un compte à régler entre moi et ma conscience ; j'ai enlevé une jeune fille; en quoi cela vous regarde-t-il? Êtes-vous son parent ou son fiancé! Non! D'ailleurs, si j'étais un bandit, ainsi que le prétend la señora, rien ne m'empêcherait de tirer de vous une éclatante vengeance.

— Qui vous arrête? fit don Luis avec calme; pensez-vous qu'en me rendant ici, je ne savais pas à quels périls je m'exposais; j'avais fait le sacrifice de ma vie en jurant de rendre doña Linda à son père.

— Vous êtes fou, dit le capitaine d'une voix étranglée par la colère : vous êtes fou d'oser m'adresser de telles paroles dans mon camp, entouré comme je le suis d'hommes dévoués et prêts à m'obéir au moindre signe. Vous êtes seul, sans secours possible, je n'ai qu'à prononcer un mot, à faire un geste, et vous aurez vécu.

— C'est vrai, fit le jeune homme, mais Dieu est avec moi ; Dieu qui nous voit, qui nous juge, et qui, si tout appui humain me manque, ne me manquera pas, lui.

— Appelez-le donc alors, dit en ricanant le capitaine, car, par le Diable! il est temps, sur ma foi, qu'il vous vienne en aide.

— Caballero, s'écria doña Linda d'une voix brisée par la souffrance, oubliez, je vous en supplie, ce que j'ai pu vous dire; mon désespoir m'aveuglait; abandonnez-moi à mon triste destin, et n'engagez pas, je vous en conjure, une lutte dans laquelle vous ne sauriez sortir vainqueur. N'ajoutez pas à ma douleur le remords éternel d'avoir causé votre perte.

— Señora, dit froidement le jeune homme en dégaînant son épée et en retirant son pistolet de sa ceinture, je vous remercie de la sympathie que vous daignez me témoigner, mais pardonnez-moi de ne pas obéir à vos ordres. Jamais occasion plus belle ne se présentera pour moi de défendre une noble cause. Je me suis juré à moi-même de vous sauver ou de mourir pour vous, je vous sauverai ou je mourrai.

Et il écarta la jeune fille avec un geste si noble et si doux à la fois, qu'elle demeura immobile, en proie à un indicible désespoir, sans oser intervenir davantage.

— Qu'il soit donc fait ainsi que vous le désirez! s'écria le capitaine avec un ricanement de bête fauve.

La lutte allait s'engager, terrible et sans merci; déjà don Horacio s'élançait l'épée haute sur son adversaire, qui de son côté se préparait à lui faire bravement tête, lorsque, tout à coup, la porte s'ouvrit sans bruit et un homme entra.

Cet homme était Mos-ho-kè, le grand sachem des Comanches.

Le chef était revêtu de son costume de guerre; il s'avança d'un pas lent et grave entre les deux hommes, et les considéra attentivement pendant un instant; puis, abaissant les épées d'un geste rempli d'une majesté irrésistible :

— Que se passe-t-il donc ici? dit-il. Est-ce que le chef pâle se querelle avec l'homme auquel il a offert l'hospitalité?

Un silence funèbre et qui dura quelques minutes suivit ces paroles du sachem.

XX

LE CHEF

Nous avons laissé don Incarnacion Ortiz s'enfonçant dans le bois qui limitait le village ou plutôt le campement des gambucinos. Bientôt il eut trouvé un endroit propice pour son embuscade; alors il mit pied à terre et se laissa tomber plutôt qu'il ne s'assit au pied d'un arbre, et inclinant la tête sur la poitrine, il se prit à réfléchir.

Le conseil des chefs comanches.

Ses réflexions n'avaient rien de fort gai ni de fort agréable. Don Incarnacion Ortiz se trouvait, en ce moment, dans une situation certes assez précaire : seul, loin de tout secours ami, exposé à chaque instant à être découvert et massacré par les étrangers établis dans la plaine, dans le cas où, ce qui après tout était possible, la pensée serait venue à ces individus de faire une battue dans les bois environnant leur demeure, dans le but de se délivrer des espions chargés de surveiller leurs faits et gestes.

Mais ce n'était pas cette perspective, si peu agréable qu'elle fût, qui inquiétait le jeune homme; d'autres appréhensions plus graves le remplissaient de tristesse et lui faisaient maudire son inaction forcée.

Maintenant qu'il était seul et livré à lui-même et que, par conséquent, il pouvait réfléchir froidement sur ce qui s'était passé précédemment entre lui et don Luis, il regrettait amèrement d'avoir consenti à laisser son ami s'introduire parmi les gambucinos.

Don Luis, malgré toute sa bravoure et toute son intelligence, peu au courant encore des mœurs mexicaines, saurait-il jouer son rôle avec assez de finesse pour tromper ses ennemis? Et puis, lui, le fiancé de doña Linda; lui qu'elle aimait et sur qui seul elle comptait pour la sauver, devait-il laisser prendre sa place même par don Luis? Si grande d'ailleurs que fût leur amitié réciproque, n'avait-il pas failli à son devoir en laissant à un autre le soin de venger son injure?

Ces pensées et bien d'autres encore surexcitèrent bientôt à un tel point l'esprit bourrelé du jeune homme, que tout à coup, saisi d'une fureur soudaine, il se leva, résolu à s'introduire à tout prix dans le camp des gambucinos ou soi-disant tels, sans trop savoir du reste à quoi aboutirait ce coup de tête.

Au moment où il mettait le pied à l'étrier, un léger bruit se fit entendre dans les buissons. Instinctivement il tourna la tête; mais déjà plusieurs hommes s'étaient élancés sur lui avec la rapidité de l'éclair, et, avant qu'il eût pu faire un geste ou jeter un cri, il se trouva prisonnier et dans l'impuissance de se défendre.

Lorsqu'il eut reconnu que toute résistance était inutile, le jeune homme accepta franchement sa défaite, et s'adressant d'une voix hautaine aux individus qui le retenaient :

— Que me voulez-vous, leur dit-il, et pourquoi vous êtes-vous jetés sur moi comme une troupe de loups enragés?

— Eh! dit tout à coup une voix railleuse, nous serions-nous trompés, par hasard, et en croyant chasser un renard, serait-ce un lion qui serait tombé dans nos filets?

— Qui êtes-vous et que me voulez-vous?

— Vous allez le savoir, mon jeune maître; mais d'abord, comme il fait un peu noir, allumez les torches, compagnons, afin de nous voir face à face et de nous reconnaître.

Cet ordre s'exécuta immédiatement. Mais le peu de liberté laissé pendant quelques secondes au jeune homme lui avait suffi pour dégaîner son machete, et se mettre ainsi en mesure de vendre chèrement sa vie.

— Ah! s'écria-t-il avec un rire ironique, au moins si je succombe, ce ne sera pas sans vous laisser quelques-unes de mes marques. Allons, qu'attendez-vous, mes braves?

En ce moment la clairière s'éclaira subitement.

Don Incarnacion jeta un regard autour de lui: une centaine d'individus au moins l'enveloppaient, sans compter ceux dont les noires silhouettes, tantôt éclairées et tantôt dans l'ombre, paraissaient et disparaissaient derrière les arbres.

— Hum! murmura-t-il à part lui, ils sont nombreux. Bah! tant mieux; si je dois mourir, au moins je succomberai glorieusement.

— Allons, allons, dit d'un ton joyeux l'homme qui déjà avait parlé à deux reprises, bas les armes, compagnons; je savais bien que nous nous trompions et que nous avions affaire à un ami.

— Où diable ai-je entendu cette voix-là? murmura le jeune homme.

Les rangs des inconnus s'écartèrent et deux hommes s'avancèrent rapidement au milieu de la clairière.

Don Incarnacion poussa un cri de surprise et de plaisir, et, laissant tomber son machete, il s'élança au-devant d'eux.

L'un de ces deux hommes était don Ramon Ochoa, l'autre Mos-ho-kè, le sachem comanche.

— Ah! vive Dios! la rencontre est singulière. Béni soit le Dieu du hasard qui vous amène! s'écria le jeune homme avec joie.

— Ce n'est pas un hasard, mon brave ami, répondit en souriant l'ex-alcade; je viens au contraire et tout exprès, sur l'invitation du chef, joindre ma cuadrilla à celle de don José Moreno.

— Chef, sur mon honneur, vous êtes réellement un homme précieux, dit gaiement don Incarnacion Ortiz au sachem en lui serrant cordialement la main. Avez-vous instruit don José Moreno du renfort que vous lui amenez si à propos?

— Mos-ho-kè a quitté le chef pâle il y a deux jours sans l'informer de ses projets. Les Blancs parlent, mais les Peaux-Rouges agissent. Mon père la Tête-Grise sera satisfait quand il verra, par les soins de son fils comanche, doubler le nombre de ses guerriers.

— Ah çà! mais, mon ami, que faisiez-vous donc là tout seul, un pied à l'étrier et l'autre à terre? reprit don Ramon.

— Au moment où vous m'avez surpris, répondit don Incarnacion, je me préparais tout simplement à m'introduire, à mes risques et périls, dans le camp des bandits.

— Les blancs sont fous, dit gravement le chef; un homme en vaut-il cent?

— Non, mais, dussé-je mourir, je veux sauver doña Linda.

— Bon! fit le Comanche; il faut la sauver, oui, mais il faut vivre.

— Je ne demande pas mieux, s'écria le jeune homme en riant, malgré sa tristesse; que le chef trouve un moyen, alors.

Que mon frère le visage pâle attende, la nuit est profonde en ce moment; rien ne presse; demain il sera temps d'agir.

— Rien ne presse! mais vive Dieu! vous ne savez pas tout, chef.

— Qu'y a-t-il encore? demanda don Ramon.

— Que mon frère parle, mes oreilles sont ouvertes, dit le sachem.

Aussitôt la reconnaissance opérée, sur un geste de l'Indien, les torches avaient été éteintes, afin de ne pas révéler la présence des partisans aux gambucinos. Puis les rancheros, fatigués sans doute d'une longue course, s'étaient étendus çà et là sur l'herbe, le bras passé dans la bride de leurs chevaux et prêts à se remettre en selle au premier signal.

Don Incarnacion raconta en peu de mots ce qui s'était passé entre lui et ses compagnons; comment don Cristoval Nava était retourné en arrière pour presser l'arrivée de la caravane, tandis que don Luis Morin avait, au contraire, poussé en avant, afin de se renseigner sur la situation de doña Linda; comment enfin, ne pouvant plus résister à son inquiétude, il allait, lui, essayer de rejoindre son ami quand les rancheros l'avaient assailli à l'improviste.

— Ocht! dit le chef, mon frère blanc a parlé comme un homme sage, et agi comme un enfant. Mais qu'il ne désespère pas, le Wacondah est grand; il lui viendra en aide. La vierge pâle, aux yeux d'azur, n'est point menacée des dangers qu'il suppose; le chef blanc des gachupines, le sachem le sait, la traite avec respect. Il n'y a donc, quant à présent, rien à redouter pour elle. L'Œil-de-Feu, seul, peut courir des dangers. Mos-ho-kè ira à l'atepetl des visages pâles.

— Le chef ira seul?

— Mos-ho-kè est puissant, les gachupines le redoutent.

— Eh bien! soit, dit résolument le jeune homme, mais à une condition, c'est que j'irai avec mon frère.

L'Indien lui lança un regard perçant, parut réfléchir un instant, puis il répondit:

— Mon frère ira.

— Partons! s'écria le jeune homme.

— La jeunesse est impatiente, dit le chef d'un ton sentencieux. Les enfants de mon père le chef pâle, guidés par deux guerriers de ma nation, seront ici avant que la lune ait parcouru la moitié de sa carrière dans le ciel ; les Blancs attendront leurs frères à cette place et ne la quitteront pour entrer dans l'atepelt que lorsque Mos-ho-kè sera de retour au milieu d'eux ; maintenant, que le jeune chef pâle se prépare à suivre les guerriers Peaux-Rouges ; tous ensemble vont entrer dans le camp des gachupines.

L'Indien imita alors à deux reprises le cri du chien des prairies.

Immédiatement vingt-cinq guerriers comanches entrèrent dans la clairière et vinrent se ranger derrière leur chef.

Déjà don Incarnacion s'était mis en selle et attendait avec impatience qu'il plût à son compagnon de donner le signal du départ. Mais l'Indien, froid et impassible comme tous les hommes de sa race, ne se pressait nullement ; après avoir jeté un regard circulaire sur ses guerriers comme pour s'assurer que leurs armes étaient en bon état, il mit le pied à l'étrier, bondit en selle, et s'adressant à don Ramon :

— Mon frère a bien compris, n'est-ce pas ? dit-il : il doit attendre mon retour, si prolongée que soit mon absence, avant de quitter ce campement. Il faut surtout qu'aucun de ses guerriers ne se laisse voir dans la plaine.

— Allez en paix, chef, répondit le ranchero. Pressant alors affectueusement la main de don Incarnacion : Dieu vous aide, mon ami ! ajouta-t-il.

— Merci, répondit celui-ci en lui rendant chaleureusement son étreinte.

— *Ehaa!* — en avant — dit le sachem.

Et les guerriers comanches, appuyant les éperons aux flancs de leurs montures, débouchèrent au galop dans la plaine.

Le village des gambucinos était sombre, ses rues désertes ; seulement, de distance en distance, on apercevait une lueur rougeâtre, ardente comme la bouche d'une fournaise ; parfois des clameurs discordantes se faisaient entendre. C'était un cabaret qui chantait dans la nuit. Quelques ombres suspectes glissaient rapides et silencieuses dans les ténèbres.

Les Comanches traversèrent tout le village, et atteignirent les ruines sans attirer l'attention.

Les gambucinos savaient qu'une partie de la tribu campait avec eux dans la plaine ; ils supposèrent que la troupe était un détachement de guerriers rentrant dans le village au retour de la chasse.

Arrivé devant la Casa-Grande de Moctekuzoma, le chef ordonna de faire halte, puis il mit pied à terre ainsi que don Incarnacion ; les Peaux-Rouges restèrent en selle, l'œil au guet, le doigt sur la détente du fusil.

Nous avons dit que l'arrivée des Comanches n'avait en aucune façon attiré l'attention ; cependant Mos-ho-kè, prudent comme tous les Peaux-Rouges, prit certaines précautions dans la prévision d'événements qui pouvaient survenir.

Par son ordre, deux guerriers furent expédiés au campement des Peaux-Rouges, éloigné de quelques centaines de pas à peine, avec ordre de leur faire prendre sur-le-champ les armes, et de les amener devant la Casa-Grande. Six autres guerriers furent disséminés autour des ruines avec l'injonction expresse de barrer le passage à quiconque se présenterait pour entrer ou pour sortir.

Aussitôt ces ordres donnés et exécutés, le sachem s'approcha de don Incarnacion Ortiz, et se pencha à son oreille :

— Mon frère voit ce que je fais pour lui, dit-il, est-il content ?

— Oui, chef, répondit à voix basse le jeune homme.

— C'est bien, mon frère ne prononcera pas un mot, ne fera pas un geste sans mon autorisation ; qu'il me le jure par le Wacondah !

— Je vous le jure, par mon honneur, chef, mais vous, jurez-vous aussi que vous sauverez don Luis, mon ami ?

— Je le sauverai, ou nous périrons tous ! répondit l'Indien avec un sourire sinistre.

Ils s'approchèrent alors de la porte, et appuyant l'oreille contre le bois, ils écoutèrent.

On discutait chaudement dans l'intérieur ; les paroles s'entre-choquaient avec une rapidité extrême et un accent de colère auquel il était impossible de se méprendre.

Don Incarnacion, malgré sa promesse, sentait la tempête gronder dans sa poitrine, et si le chef ne l'eût retenu d'une main de fer, à plusieurs reprises, il se fût élancé dans l'intérieur de la maison. A un dernier mot prononcé par le capitaine, l'Indien fut contraint de repousser brusquement le jeune homme en arrière.

— Voulez-vous donc perdre votre ami en vous perdant vous-même ? lui dit-il.

— Que faire ? s'écria don Incarnacion.

— Tenir votre serment, attendre et me laisser agir. Que mon frère se souvienne que la plus légère imprudence suffirait pour faire massacrer mes guerriers. Il me répond d'eux, moi je lui réponds de son ami ; qu'il attende ; j'entre dans ce calli.

Sans ajouter une parole, le chef s'avança vers la porte, l'ouvrit et pénétra dans la salle.

Nous avons rapporté à la fin du chapitre précédent, l'émotion et la surprise causées au capitaine, à don Luis Morin et à doña Linda, par l'arrivée imprévue et l'intervention providentielle du chef comanche.

Mos-ho-kè salua respectueusement la jeune fille, et, s'adressant à l'Espagnol :

— J'ai fait une longue course, dit-il, je suis fatigué, j'ai faim et j'ai soif ; mon frère, le chef pâle, n'a-t-il pas des rafraîchissements à m'offrir ? ou bien préfère-t-il que nous terminions d'abord l'affaire qui m'amène auprès de lui ?

— De quelle affaire veut parler le chef? répondit don Horacio en fronçant le sourcil. Je ne sache pas que, à part les relations de courtoisie qui existent entre nous, Mos-ho-kè puisse rien exiger de moi.

— La mémoire de mon frère est courte. Il oublie que le terrain qu'il foule appartient aux guerriers de ma nation; que ce sont eux qui par mon ordre lui ont servi de guide pour y arriver; que je ne lui ai permis qu'à une condition, d'y établir un campement pour lui et les siens.

— Et cette condition, s'écria le capitaine en pâlissant, en venez-vous donc exiger déjà l'exécution?

— Je viens pour cela, répondit simplement le sachem; est-ce que le chef des visages pâles ne m'attendait pas?

La foudre tombant aux pieds du capitaine ne l'eût pas plus épouvanté que cette parole si paisiblement prononcée, mais accentuée par un sourire d'une indicible ironie.

L'Indien continua :

— Trois jours se sont écoulés depuis que le chef pâle a pris possession des ruines du calli de Moctekuzoma. Confiant dans sa promesse, je l'ai laissé paisiblement s'installer dans cette plaine. Quelles conditions avais-je posées à mon frère le chef pâle?

— Je m'étais engagé, répondit froidement le capitaine tout en portant sournoisement la main à son sabre, à livrer au bout de trois jours doña Linda entre vos mains, si vous me laissiez libre pendant ces trois jours de faire, à ma guise, travailler les hommes sous mes ordres.

— Ai-je rempli les conditions du traité?

— J'en conviens, chef.

— J'attends la prisonnière que le visage pâle m'a vendue et qui m'appartient.

— Vive Dieu! s'écria le capitaine avec rage.

L'Indien l'interrompit d'un geste, et ouvrant brusquement la porte :

— Que le visage pâle réfléchisse; ce n'est pas moi seul : c'est ma tribu tout entière qui la réclame, dit-il.

Le capitaine poussa un cri d'épouvante et de stupeur, il se sentit vaincu.

Par la porte entr'ouverte, il avait aperçu, à la lueur pâle de la lune, sombres et menaçants, les guerriers indiens dont les rangs pressés entouraient la maison.

— Qu'elle parte! dit-il d'une voix étranglée par la colère. Elle est libre. Puis il ajouta au bout d'un instant d'un ton de menace : Bien joué, chef, mais j'aurai ma revanche.

L'Indien se tourna sans répondre vers la jeune fille, et lui prit la main.

— Nous nous reverrons, señor Français, dit avec une rage contenue le capitaine à don Luis qui se préparait, lui aussi, à sortir.

— J'y compte, caballero, répondit simplement le jeune homme.

— Oui, nous nous reverrons, misérable! et bientôt! vive Dieu! s'écria don Incarnacion en s'élançant d'un bond de panthère aux côtés de son ami.

Mais d'un regard le chef le contint. A quoi bon une querelle en ce moment? doña Linda était sauvée!

— Ah! c'était une trahison, murmura don Horacio de Balboa, furieux de son impuissance mais contraint de s'incliner devant une force supérieure à la sienne.

Les jeunes gens haussèrent les épaules avec dédain, et sortirent sans daigner répondre.

Quelques minutes plus tard, les Comanches s'éloignaient à toute bride.

XXI

LA RECONNAISSANCE

Le capitaine don Horacio de Balboa était d'une bravoure à toute épreuve; malgré son caractère peu scrupuleux et son avarice sordide, il avait, en maintes circonstances, payé bravement de sa personne et jouissait à juste titre, parmi les siens, de la réputation d'un bon homme de guerre. S'il avait obéi cette fois avec une apparente facilité aux impérieuses injonctions du chef comanche, c'est que, pris à l'improviste, surpris lorsqu'il croyait surprendre, enveloppé par les guerriers indiens, et seul contre tous, il avait aussitôt reconnu la folie d'une lutte; et, comme le renard pressé par les chasseurs, il avait préféré paraître céder de bonne grâce, tout en se réservant, dans son for intérieur, de prendre plus tard une éclatante revanche.

Il ne se dissimulait pas que l'échec qu'il avait subi était grave, et que le départ ou pour mieux dire la délivrance de doña Linda, lui enlevait toute chance de succès pour la réussite de ses projets.

En effet, son but, en enlevant doña Linda, c'était, il n'avait pas craint de le lui avouer, et cela avec une franchise brutale et presque cynique, d'obtenir d'elle, de gré ou de force, la révélation du secret des empereurs incas.

La jeune fille rendue à son père, tout espoir de s'emparer un jour du trésor échappait au capitaine; c'était inutilement qu'il avait commis une action déshonorante. Bien plus, il s'était laissé jouer comme un enfant, par un Indien auquel il accordait à peine le nom d'homme.

Mais don Horacio était doué d'une énergie peu commune et d'une volonté de fer. C'était, en un mot, un de ces hommes comme malheureusement il ne s'en rencontre que trop dans le monde, qui, aussi complets pour le bien que pour le mal, lorsqu'ils sont décidément engagés dans une voie,

Devant des pulquerias improvisées le sang coulait dans des rixes entre buveurs.

que cette voie soit bonne ou qu'elle soit mauvaise, n'hésitent pas, ne retournent jamais en arrière, et continuent d'avancer tête baissée, dût la fin de leur course aboutir fatalement à un précipice.

Sa prostration ne dura donc que quelques minutes; bientôt une réaction s'opéra dans son esprit et il se redressa plus fier et plus résolu que jamais.

La caméristе de doña Linda, oubliée par tous les acteurs de la scène précédente, était demeurée tremblante, blottie dans un angle de la salle.

Le premier regard du capitaine, lorsqu'il releva la tête, tomba par hasard sur elle. Une pensée diabolique traversa soudain son cerveau et un méchant sourire plissa ses lèvres.

— Que faites-vous là? lui dit-il aves une courtoisie ironique. Oubliez-vous que votre maîtresse peut avoir besoin de vous? Allons, hors d'ici au plus vite!

La pauvre jeune fille le regarda avec des yeux effarés.

— Que dois-je faire, señor? murmura-t-elle d'une voix brisée par la terreur.

— Aller la rejoindre, *viva Dios!*

— Ainsi seule, dans la nuit, au milieu des ténèbres, sans même savoir en quel endroit je la rencontrerai, Seigneurie?

— Caraï! ne faudrait-il pas que je vous donnasse une escorte, mon infante?

La jeune fille fondit en larmes. Il y eut un silence.

Soudain le capitaine se frappa le front.

— *Viva Dios!* murmura-t-il, c'est une idée; qu'elle vienne du ciel ou de l'enfer, peu importe.

Puis, s'adressant brusquement à la jeune fille :

— Voyons, la belle, dit-il, séchez vos larmes et préparez-vous à me suivre.

— Vous suivre, Seigneurie? répondit-elle. Où donc cela, mon Dieu?

— Près de votre maîtresse, reprit-il en ricanant.

Et laissant la pauvre fille toute interdite de ce qu'elle venait d'entendre, il sortit de la salle et se dirigea vers le corral.

Ce corral, installé provisoirement avec une clôture en planches derrière la Casa-Grande, renfermait environ cent cinquante ou deux cents chevaux appartenant aux gambucinos.

Don Horacio jeta le lasso au premier cheval qui se présenta à sa porte, le sella, puis, après lui avoir entouré les pieds avec des peaux de mouton, afin d'étouffer le bruit de ses pas, il le fit sortir du corral, et le conduisit devant la maison.

— Allons, la belle enfant, êtes-vous prête? dit-il en ouvrant la porte.

La jeune fille se recula toute tremblante.

— Que craignez-vous? reprit-il. Venez, vous dis-je, et n'ayez pas peur ainsi; je veux simplement vous conduire à votre maîtresse. Caraï! ajouta-t-il en ricanant, je lui dois bien cette courtoisie, à cette noble señora.

La jeune fille comprit que toute résistance était impossible et qu'il lui fallait obéir; elle s'enveloppa, tant bien que mal, dans son rebozo et sortit en recommandant mentalement son âme à Dieu, convaincue qu'elle allait mourir.

Le capitaine se mit en selle.

— Posez votre pied sur ma botte, dit-il, donnez-moi la main, sautez près de moi; c'est cela. Vous y voilà. Maintenant, accrochez-vous à ma ceinture et tenez-vous ferme, car, vive Dios! nous allons faire une course dont vous vous souviendrez, ma mignonne.

La jeune fille avait obéi avec une docilité d'enfant, sans même essayer de comprendre ce qu'on exigeait d'elle.

— Bien, reprit-il. Y êtes-vous?

— Oui, murmura-t-elle faiblement.

— Eh bien! alors, en route, fit-il en enfonçant les éperons aux flancs de son cheval.

L'animal se cabra de douleur et partit comme un trait.

La nuit était sombre, pas une étoile ne brillait au ciel. La lune incessamment cachée par les nuages qui couraient avec rapidité dans l'espace, ne jetait par intervalles qu'une lueur pâle et incertaine qui rendait pour ainsi dire les ténèbres visibles. Le vent soufflait en foudre, avec des sifflements lugubres, soulevant dans l'air des tourbillons de sable qui aveuglaient le cheval et son cavalier. On entendait au loin les rauques miaulements des jaguars et des panthères à l'abreuvoir, auxquels répondaient comme un sinistre écho, les abois saccadés des coyotes et des loups rouges. Dans le village, tous les bruits avaient enfin cessé, tous les feux s'étaient éteints; les gambucinos dormaient, plongés pour la plupart dans le sommeil de l'ivresse. Seuls, quelques chiens errants hurlaient çà et là sur le passage du cavalier.

Au bout de quelques minutes, le capitaine eut laissé derrière lui les dernières cabanes des chercheurs d'or et se trouva dans la plaine.

Il s'arrêta quelques secondes; il avait besoin de recueillir ses idées afin de choisir sa direction et ne pas errer à l'aventure dans ce désert sans route tracée.

Du reste, il n'hésita qu'un instant sur le chemin à suivre, puis, avec cette sagacité que possèdent bien les gens accoutumés à la vie des prairies, il s'orienta et se dirigea en droite ligne sur le bois, où effectivement les partisans étaient campés.

Nous ne ferons pas à l'officier espagnol l'injure de laisser supposer au lecteur qu'en proposant à la jeune fille de la conduire à sa maîtresse, il fût poussé par aucun sentiment d'humanité; non, don Horacio de Balboa était un homme trop supérieur dans son genre, pour se laisser guider par des considérations aussi minimes.

Son but était tout simplement de s'assurer du nombre et de la position de ses ennemis; et s'il emmenait avec lui la jeune fille, c'est qu'il espérait en faire sa complice involontaire dans la reconnaissance qu'il tentait.

Depuis environ dix minutes, il n'avançait plus qu'avec précaution et au pas; il avait presque atteint la limite du couvert; aussi, le corps penché en avant, l'oreille au guet, les yeux écarquillés, il interrogeait l'horizon, cherchait à percer les ténèbres, et essayait d'analyser les moindres bruits que la brise fugitive lui apportait sur son aile rapide.

Enfin, il lui sembla entrevoir, à travers les broussailles et un peu à sa droite, une lueur rougeâtre briller comme une étoile.

Il continua d'avancer encore pendant quelques instants en redoublant de précautions; la lueur grandit et prit peu à peu les dimensions d'un feu.

— Je savais bien que je les dépisterais, murmura-t-il.

Parvenu auprès d'un monticule de sable, il s'arrêta, mit pied à terre, et s'adressant à la servante :

— Descendez, dit-il, nous sommes arrivés.

La jeune fille obéit passivement.

SCEAUX. IMP. CHARAIRE ET FILS.

— Écoutez-moi bien, enfant, reprit don Horacio, d'un voix rude, en lui saisissant le bras qu'il serra avec force, gardez-vous d'oublier ce que je vais vous dire, car, vive Dieu! il y va de votre vie.

— Ordonnez, j'obéirai, répondit la malheureuse fille d'une voix étranglée par la frayeur.

— C'est bien. Voyez-vous cette lueur, là, devant vous, dans la forêt?

— Je la vois.

— C'est le feu d'un campement. Là sont embusqués vos amis; là se trouve votre maîtresse. Cent pas au plus vous séparent d'elle. Marchez sans crainte en avant, et à ceux qui vous interrogeront répondez hardiment.

— Que répondrai-je?

— La vérité. C'est-à-dire que moi-même je vous ai accompagnée jusqu'en vue du camp. Vous me comprenez bien, n'est-ce pas? Surtout point de subterfuge.

— Je le dirai.

— Seulement faites attention de marcher avec le plus de bruit possible; appelez même si vous le voulez, je vous le permets. Il faut que les sentinelles qui veillent sans doute à la sûreté du camp vous aperçoivent et donnent l'alarme. Faut-il que je vous répète mes instructions? Réfléchissez avant que de répondre; m'avez-vous comprise?

— Oui, señor.

— Bon. J'ai tenu loyalement la promesse que je vous ai faite. Maintenant, allez, et que Dieu ou le diable vous conduise; quant à moi, je n'ai plus rien à faire ici, ma mission est remplie, je retourne au village.

La jeune fille s'éloigna d'un pas craintif et hésitant.

Mais tout à coup, le capitaine qui la surveillait s'élança vivement vers elle :

— Voulez-vous, bribona, que j'accélère votre course avec une balle dans la tête? lui dit-il d'un ton de menace en armant un pistolet.

La pauvre enfant se prit à courir tout droit devant elle en poussant des cris de terreur.

— A la bonne heure, maintenant ils l'entendront, à moins qu'ils ne soient sourds, dit en riant le capitaine, qui repassa son pistolet à sa ceinture, remonta sur son cheval et s'abrita derrière le monticule de sable.

Sa ruse eut tout le succès qu'il en attendait.

Les partisans faisaient bonne garde, entourés d'un triple cordon de sentinelles; aussi au premier cri poussé par la jeune fille, deux hommes semblèrent tout à coup surgir de terre; ils bondirent sur elle et ce qui ne leur fut pas difficile, ils l'arrêtèrent dans sa course.

La pauvre enfant, à demi folle d'épouvante, tomba sur les genoux en demandant grâce.

Au même instant plusieurs torches s'allumèrent, et cette partie de la plaine, si sombre et si déserte un instant auparavant, se trouva tout à coup peuplée d'une foule d'individus et éclairée comme en plein jour.

La jeune fille fut relevée et entraînée dans le bois, puis les lumières disparurent, et tout rentra dans l'ombre et le silence.

— *Caraï!* dit le capitaine en ricanant, ma ruse a réussi, et j'ai pu compter ces gaillards-là comme à la parade. Maintenant il n'y a pas un instant à perdre si je veux leur préparer la réception qu'ils méritent et à laquelle ils ne s'attendent probablement pas. Vive Dieu! je ne suis pas vaincu encore!

Et, se penchant sur sa selle, il partit à toute bride.

Au même instant plusieurs coups de feu retentirent et une dizaine de balles sifflèrent à son oreille.

— Trop tard, mes maîtres, cria-t-il d'une voix railleuse. Vous perdez votre poudre; l'oiseau est envolé.

Au bout de vingt minutes à peine il rentrait dans le camp et descendait devant la maison de Moctekuzoma.

Il remit son cheval au corral, puis, sans perdre un instant, il se hâta d'aller éveiller une dizaine de gambucinos dévoués à sa personne et campés à quelques pas seulement de la maison.

Lorsqu'ils furent réunis dans la salle où le dîner avait été servi et qu'il les vit groupés autour de lui, il prit aussitôt la parole :

— Compagnons, leur dit-il sans préambule, les moments sont précieux; des individus, je ne sais lesquels, ont, par suite d'une trahison sans doute, découvert le placer dont seuls nous pensions posséder le secret. Ces hommes, quels sont-ils? je ne saurais le dire. Ce dont je suis certain, c'est qu'ils ont l'intention de nous attaquer afin de s'emparer du fruit de nos travaux, lorsque le succès est sur le point de couronner nos efforts.

Un murmure de colère parcourut les rangs des gambucinos.

Le capitaine continua :

— Vous savez, vous, mes compagnons, ce que nous cherchons ici; je n'ai pas hésité à vous confier mon secret, convaincu que je pouvais avoir confiance en vous. Voulez-vous vous laisser ravir ce trésor qui, demain peut-être, tombera entre nos mains, ou êtes-vous résolus à le défendre en gens de cœur?

— Mais, fit observer un vieux gambucino, avant tout, capitaine, ce trésor dont vous parlez, existe-t-il réellement? Songez que depuis trois jours déjà nous remuons la terre comme des chiens des prairies, sans que, jusqu'à présent, vous en conviendrez vous-même, malgré tous nos efforts, une trace quelconque soit venue nous indiquer que nous sommes sur la bonne voie.

— Le trésor existe, répondit vivement le capitaine, j'en ai la certitude. Il est immense, incalculable. J'attends votre décision. Toute hésitation est impossible, répondez!

— Tout trésor appartient à qui le découvre, c'est la loi du désert, dit celui des gambucinos qui déjà avait parlé. Donc, par le Dieu vivant! il sera à nous, car seuls nous le découvrirons.

— Ainsi, compagnons, vous êtes tous résolus à résister si on osait vous attaquer? s'écria le capitaine avec joie.

— Certes, répondirent-ils, et cela, *caraï!* jusqu'à la mort.

— Bien, compagnons! Je vous remercie, je vois que je ne m'étais pas trompé sur votre compte et que vous m'êtes dévoués.

— Oh! permettez, señor don Horacio de Balboa, reprit le vieux gambucino qui jusque-là avait porté la parole au nom de tous. Il ne s'agit pas de dévouement ici; entendons-nous bien, afin d'éviter tout malentendu à venir : il s'agit seulement d'un trésor immense perdu depuis des siècles pour le monde, et que notre devoir est de retrouver.

— Oui, fit l'officier espagnol avec un sourire railleur, d'un trésor dont le partage vous enrichira tous.

Le vieux gambucino haussa les épaules avec dédain.

— Allons donc! capitaine, dit-il, vous ignorez, nous le voyons, quels hommes sont les chercheurs d'or, les véritables gambucinos; apprenez à nous connaître et d'abord sachez que Dieu nous a

La lutte allait s'engager terrible et sans merci.

créés, nous autres, pour découvrir les richesses enfouies au sein de la terre et les faire briller au soleil. L'or passe par nos mains, mais il ne saurait y demeurer. Un vrai gambucino doit vivre et mourir pauvre. Sa mission est d'enrichir le monde, mais de ne rien conserver pour lui.

Le capitaine ne put réprimer un geste d'étonnement à cette singulière profession de foi, qui n'était cependant que l'expression de la plus stricte vérité. Car ces hommes étranges sont ainsi faits. Dès qu'ils ont découvert cet or qu'ils cherchent continuellement avec une ardeur fébrile, il perd aussitôt toute valeur à leurs yeux, et ils abandonnent sans regret au premier venu le *placer* qu'ils ont trouvé pour se mettre à la recherche d'un autre. Ce fait singulier a été constaté mille fois.

— Peu importe, reprit le capitaine au bout d'un instant, le motif qui vous fait agir. Vous êtes résolus à résister, n'est-ce pas?

— Oui, jusqu'à la mort.

— Cela me suffit. Hâtez-vous donc d'éveiller vos compagnons et de vous mettre à l'œuvre. Il faut, au lever du soleil, être en mesure de résister aux ennemis qui sans doute nous attaqueront.

— C'est dit, répondirent-ils, comptez sur nous, capitaine.

Et ils sortirent.

— *Caraï!* fit le capitaine en se frottant les

mains, et riant de son plus mauvais sourire, tant mieux si ces fous méprisent tant les richesses ; de cette façon, le trésor me restera à moi seul. *Caraï!* Je préfère qu'il en soit ainsi.

Après cet aparté, don Horacio de Balboa mangea quelques bouchées à la hâte, car les plats étaient demeurés intacts sur la table, puis lorsque son appétit fut un peu calmé, il se hâta de quitter la maison, lui aussi, afin d'aller presser les retardataires et surveiller l'exécution immédiate des ordres qu'il avait donnés.

Il connaissait, par expérience, la résolution et l'audace de ses ennemis et il ne voulait pas se laisser surprendre par eux ; surtout lorsque, grâce à la formidable position qu'il occupait, toutes les chances de succès étaient en sa faveur.

Une heure plus tard, une animation extraordinaire régnait dans le camp des gambucinos.

Tous les habitants du village, excités par l'intérêt commun, travaillaient avec une ardeur singulière à le fortifier et à le mettre à l'abri d'une attaque même régulière de forces plus considérables que celles qui le menaçaient.

XXII

LE CONSEIL

Nulle expression ne saurait exprimer la joie qui remplit le cœur de don Incarnacion Ortiz lorsqu'il retrouva sa fiancée. De son côté, doña

L'animal se cabra de douleur et partit comme un trait.

Linda, si malheureuse un instant auparavant, libre maintenant et au milieu de ses amis, n'osait croire à un si brusque et si heureux changement ; de douces larmes coulaient de ses yeux ; elle ne pouvait trouver de paroles pour témoigner sa reconnaissance à ses libérateurs et exprimer ce qu'elle éprouvait en se voyant sous leur sauvegarde.

Don Luis Morin lui-même, surpris du dénoûment inespéré de sa hasardeuse démarche, jetait autour de lui des regards interrogateurs, comme s'il n'eût rien compris à ce qui se passait.

Seul, le sachem comanche avait conservé son calme et sa liberté d'esprit. Tout n'était pas fini encore. Un cri poussé par don Horacio suffisait pour éveiller les bandits placés sous ses ordres et rendre au moins douteuse l'issue de l'audacieuse tentative si heureusement conduite jusque-là.

Sans perdre un instant, Mos-ho-kè donna ses ordres ; toute la troupe s'envola avec une rapidité extrême, traversa le village et se dirigea d'une course affolée vers le bois qui servait de refuge aux partisans.

Ce fut avec des larmes dans les yeux que don Ramon ouvrit ses bras à la jeune fille. Il la conduisit auprès du feu, la fit asseoir à ses côtés, et l'obligea à lui raconter dans les plus grands détails tout ce qu'elle avait souffert depuis son enlèvement par le capitaine de Balboa.

Don Incarnacion Ortiz, suspendu pour ainsi dire aux lèvres de doña Linda, poussait des rugissements de colère au récit de ses longues et cruelles souffrances, et l'interrompait souvent pour proférer des serments de vengeance.

Tout à coup ils furent arrêtés par des cris stridents qui partaient de la plaine. Un instant on crut à une attaque des bandits.

Mais bientôt tout s'éclaircit par l'arrivée de la servante, amenée ou plutôt apportée à demi évanouie.

Lorsque, grâce aux soins intelligents que lui prodigua doña Linda, la pauvre enfant revint à la vie, elle dut répondre aux questions que chacun lui adressait.

Il était trop tard pour songer à poursuivre le capitaine, mais, tout en admirant son audace, on comprit combien il était important, avec un tel adversaire, de redoubler de précautions et de ne rien laisser au hasard.

Quant à doña Linda, accablée de fatigue et brisée par les émotions de la journée, elle s'était retirée avec sa servante dans l'enramada préparée pour elle.

Lorsque la jeune fille eut disparu, don Incarnacion Ortiz et don Luis Morin se levèrent d'un commun accord, et, s'enveloppant dans leurs zarapés, allèrent s'étendre en travers de l'entrée de l'enramada.

Don Ramon Ochoa et le sachem comanche restèrent assis en face l'un de l'autre devant le feu. Bientôt les partisans et les Indiens furent plongés dans un profond sommeil. Les deux hommes seuls ne fermèrent pas les yeux et veillèrent, sentinelles vigilantes, sur le repos de tous.

Plusieurs heures s'écoulèrent sans qu'un seul mot eût été échangé entre les deux compagnons de garde.

Le jour n'allait pas tarder à paraître. Des bandes d'opale commençaient à rayer le ciel à l'horizon. Un épais brouillard s'élevait lentement des eaux et se condensait en nuages grisâtres audessus du Rio Gila. Soudain, sans que l'éveil eût été donné, un guerrier comanche sembla surgir de terre à deux pas de Mos-ko-kè et se tint immobile et silencieux devant lui.

Le sachem releva la tête, et, fixant son regard d'aigle sur l'Indien :

— Bon! mon fils l'Antilope est de retour, dit-il. Où sont les blancs que le sachem avait confiés à sa garde?

— Les visages pâles sont aveugles pendant la nuit. Leur course est lente, répondit le guerrier. L'Antilope les a devancés afin de prévenir le chef. Un peu avant l'*endit-ha*[1] ils arriveront ici.

— Le chef à la tête grise est-il avec eux?

— Oui, un guerrier des visages pâles qui a rejoint le détachement avant l'*ennit-ha*[2] lui a sans doute appris d'importantes nouvelles, car la Tête Grise a immédiatement pressé sa marche.

— Le cheval de mon fils est-il fatigué?

— Non, si mon père le veut, il peut encore fournir une longue course.

1. Le point du jour.
2. Le coucher du soleil.

— Mon fils a examiné le camp, il va repartir; il instruira la Tête-Grise de ce qu'il a vu.

Le guerrier s'inclina silencieusement et disparut presque aussitôt.

Mos-ho-kè toucha alors légèrement le bras du partisan, que depuis quelques instants la fatigue avait assoupi.

— Qu'y a-t-il? demanda celui-ci en ouvrant les yeux.

— Rien, répondit le chef d'une voix calme, tout est tranquille dans le camp. Un de mes guerriers m'a annoncé l'arrivée prochaine de la Tête-Grise. Mon frère a-t-il quelques ordres à donner à ce sujet?

— Aucun; je ne connais pas assez les projets de don José Moreno pour rien prendre sur moi; lui seul a le droit de donner des ordres, nous ferons bien d'attendre son arrivée. Seulement, je crois qu'il serait important d'envoyer un batteur d'estrade aux environs des ruines, pour s'assurer des intentions du capitaine de Balboa et des mesures qu'il n'aura pas manqué de prendre dans la prévision d'une attaque.

— L'avis donné par mon frère est sage, cet éclaireur, ce sera moi.

— Vous, chef! un de vos guerriers suffirait pour cette mission, il me semble.

— Dans les circonstances graves, mon frère le sait, un sachem doit tout voir par ses yeux. Mos-ho-kè ira donc.

— Soit. Peut-être vaut-il mieux qu'il en soit ainsi. La reconnaissance poussée cette nuit par le capitaine m'inquiète; c'est un bon soldat et un homme de ressources, je ne saurais le nier; il doit en ce moment nous préparer quelque tour de sa façon; d'autant plus qu'il sait qu'il n'a pas de grâce à espérer de nous.

— Bon, que mon frère se rassure, le sachem verra tout.

Les ténèbres se dissipaient de plus en plus, l'horizon s'enflammait des premiers feux du jour, le hibou avait à plusieurs reprises déjà fait entendre son triste houhoulement.

Le chef se leva, sans ajouter un mot de plus, resserra sa ceinture, salua le partisan d'un geste amical, s'approcha de son cheval, sauta en selle et sortit au galop de la clairière.

Au bruit, les deux jeunes gens s'étaient réveillés; ils s'approchèrent vivement de don Ramon et lui demandèrent la cause du brusque départ de l'Indien.

Celui-ci les mit en deux mots au courant de ce qui se passait, et il leur annonçait l'arrivée prochaine de don José Moreno, lorsque soudain les pas de plusieurs chevaux se firent entendre, et don José lui-même entra dans la clairière, suivi de nombreux cavaliers.

Ses amis, charmés de le voir, s'élancèrent joyeusement à sa rencontre.

— Ma fille, señores! s'écria-t-il d'une voix tremblante.

— Me voici, mon père! répondit doña Linda, qui sortit de l'enramada et accourut vers lui.

— Tu m'es donc enfin rendue, mon enfant! ma fille chérie! s'écria don José en se jetant à bas de son cheval et serrant avec passion la jeune fille dans ses bras.

Pendant un instant le vieillard oublia toutes ses douleurs passées.

— Oh! répétait-il avec un accent d'ineffable bonheur, c'est bien toi! te voilà enfin!

— Oui, mon père, grâce au dévouement de ces deux nobles amis, dit-elle en désignant d'un geste gracieux les deux jeunes gens qui se tenaient émus et souriants auprès d'elle.

— Que Dieu les récompense! répondit le vieillard, dont les larmes inondaient le visage. Hélas! lui seul est assez puissant pour acquitter la dette de reconnaissance que j'ai contractée envers eux. Pardon, señores, dit-il en s'adressant aux témoins attendris de cette scène. Pardon pour ma faiblesse, mais c'est ma fille, mon enfant chérie, qui m'avait été ravie et que je retrouve lorsque je croyais l'avoir perdue pour toujours. Laissez couler mes larmes; ma joie a besoin de s'épancher. En ce moment, je suis père, je ne vous demande que quelques instants. Puis, je vous le jure, je redeviendrai homme.

Les assistants s'inclinèrent silencieusement et s'éloignèrent avec respect, laissant le père et la fille se livrer sans contrainte à toute l'effusion de leurs sentiments.

Cependant la nuit avait complètement fait place au jour. Le soleil montait radieux à l'horizon.

Les partisans et les guerriers indiens s'occupèrent activement à panser leurs chevaux et à préparer le déjeuner; le campement avait pris une animation extrême, chacun comprenait que d'un moment à l'autre des événements d'une haute gravité allaient avoir lieu.

Sur ces entrefaites, le sachem comanche reparut dans la clairière; l'Indien était aussi calme et aussi froid que lors de son départ. Cependant de nombreuses taches de sang mouchetaient son costume, et deux chevelures toutes fumantes encore pendaient à sa ceinture.

— Oh! oh! chef, dit don Incarnacion, vous avez vu de près nos ennemis, il me semble.

— Les Yorris[1] sont des chiens; ils ne savent pas se garder, répondit-il froidement. Mos-ho-ké a surpris deux de leurs sentinelles.

En parlant ainsi, le chef avait mis pied à terre et, écartant de la main les Indiens et les partisans qui se groupaient autour de lui, il s'éloigna de quelques pas en compagnie des deux jeunes gens et de don Ramon.

— Vous avez des nouvelles, chef? lui demanda l'ex-alcade.

— J'en ai, répondit-il laconiquement.

1. Terme de mépris pour désigner les Espagnols; il est intraduisible.

— Sont-elles importantes?

— Je les crois telles. Mais le chef à la tête grise devrait être ici depuis longtemps déjà; je suis étonné de ne pas le voir.

— Il est arrivé depuis plus d'une demi-heure.

— Alors, pourquoi manque-t-il à l'assemblée des chefs?

— Parce que, répondit don José, qui sortit du bois, parce que je suis père, et que le bonheur d'avoir retrouvé mon enfant m'a tout fait oublier pendant quelques minutes; mais maintenant me voilà prêt à vous écouter et à agir ainsi que doit le faire un homme.

— Le chef est sage, fit l'Indien.

Les cinq personnages s'assirent alors en cercle autour du feu de veille.

Mos-ho-kè détacha son calumet de sa ceinture, le bourra avec du morriché, prit un charbon dans le feu, le posa sur le foyer, et fuma gravement pendant une ou deux minutes. Puis il retira le tuyau de sa bouche et l'offrit à don Ramon, tout en conservant le foyer du calumet dans la paume de sa main droite.

Les autres fumèrent ainsi tour à tour, sans échanger une parole, jusqu'à ce que le tabac fût brûlé. Puis le chef secoua les cendres dans le feu, replaça le calumet à sa ceinture, se croisa les bras sur la poitrine, et attendit qu'on lui adressât la parole.

Don José Moreno, à cause de son origine indienne, professait un respect involontaire pour ces coutumes cérémonieuses des Peaux-Rouges. D'un coup d'œil il avait averti ses compagnons de ne témoigner aucune surprise, et de se soumettre franchement aux exigences de Mos-ho-ké.

Il laissa s'écouler quelques minutes pendant lesquelles il sembla profondément réfléchir; enfin il releva la tête, et, s'adressant au guerrier d'une voix grave :

— Maintenant, chef, dit-il, quelles nouvelles nous apportez-vous du capitaine espagnol?

— Ces nouvelles sont bonnes ou mauvaises, suivant le point de vue auquel les envisagera mon père, répondit le sachem en s'inclinant. Le capitaine a employé toute la nuit à faire creuser des fossés et élever des retranchements autour de son campement, dont la Casa-Grande forme le centre. Une vingtaine de ses plus adroits tireurs sont embusqués sur le toit ou derrière des fascines et des gabions. Trente ou quarante cavaliers sont prêts à exécuter des sorties. De plus, le capitaine est fourni pour un mois au moins de vivres et de munitions de guerre. Non seulement il ne redoute pas une attaque, mais il la désire, espérant, avec les forces dont il dispose, avoir facilement raison de votre détachement.

— Il possède donc une armée, dit don José d'une voix railleuse, pour concevoir de si audacieux projets?

— Sa troupe, diminuée de plus de moitié à la suite d'un ouragan de sable qui l'a assaillie dans le désert, s'est recrutée de cent vingt-cinq gambucinos que par hasard il a rencontrés près d'ici en quête d'un placer, de façon qu'aujourd'hui elle se compose de trois cents guerriers yorris, tous munis d'armes à feu, et qui savent s'en servir; de plus, il a contracté une alliance avec la tribu du Jaguar, une des plus belliqueuses et des plus puissantes de la redoutable nation des Apaches. Les Jaguars, campés à deux heures d'ici seulement, dans la montagne, arriveront probablement à la Casa-Grande avant que le soleil soit à son zénith.

— Hum! tout ceci est assez sérieux, dit don Ramon Ochoa.

— Fort sérieux, répondit froidement don José. Et ces forces sont bien réellement toutes celles dont dispose le capitaine? demanda-t-il au chef indien.

— Oui, toutes, reprit celui-ci.

Il y eut un instant de silence.

Les quatre hommes fixaient des regards ardents sur le vieillard.

Enfin celui-ci reprit la parole :

— Prêtez attentivement l'oreille à ce que je vais vous dire, fit-il d'une voix grave, car de l'exécution de mes ordres dépend le succès de l'expédition.

— Parlez.

— Le capitaine don Horacio de Balboa est à la tête de deux cent cinquante bandits, gambucinos et partisans espagnols, qui, joints aux trois cents guerriers de la tribu du Jaguar, lui composent un effectif de cinq cent cinquante hommes. Nous, blancs et Peaux-Rouges, nous ne sommes que deux cent vingt à peu près, mais tous résolus et dévoués. Le capitaine, au contraire, ne peut se fier et encore pas entièrement, qu'à un petit nombre de ses partisans. La plus grande partie lâchera pied, lorsqu'ils verront que l'affaire devient sérieuse. Les autres, quatre-vingt-dix ou cent bandits peut-être, gens de sac et de corde, sont fort braves, j'en conviens, lorsqu'ils ont devant eux l'espoir d'un riche pillage, mais ils n'aiment pas combattre uniquement pour la gloire. De ceux-là vous aurez facilement raison. Restent donc les guerriers apaches. Viendront-ils, d'abord? S'ils viennent, ce ne sera qu'à la manière des vautours, au moment décisif, pour prendre part à la curée et achever le vaincu, quel qu'il soit. Donc, voici, à mon avis, ce qu'il convient de faire : vous, mon cher don Ramon Ochoa, à la tête de soixante hommes, vous vous avancerez de front contre les retranchements, en vous garantissant du mieux qu'il vous sera possible. Vous engagerez avec les gambucinos une fusillade assez nourrie pour leur faire croire à une attaque sérieuse. Vous, don Luis Morin, et vous, don Incarnacion Ortiz, avec chacun vingt hommes, vous simulerez de même des attaques à droite et à gauche, mais sans avancer cependant assez pour vous engager. Le sachem laissera ici dix de ses guerriers pour protéger et défendre ma fille ; quarante autres, sous les ordres de l'Antilope, surveilleront les mouvements des Jaguars Apaches. Soixante guerriers, sous les ordres de don Cristoval Nava, formeront une réserve qui se portera partout où besoin sera. Vous ne vous lancerez complètement que lorsque vous verrez flotter sur le toit de la Casa-Grande le drapeau de l'indépendance mexicaine; mais seulement alors vous pousserez en avant, car la victoire sera à nous.

— Mais vous, quelles sont vos intentions? demanda don Incarnacion Ortiz.

— Que ceci ne vous inquiète pas, mon ami, répondit-il évasivement. Avant vous tous, je serai dans les ruines.

— Et moi? demanda Mos-ho-kè, mon père la Tête-Grise n'a-t-il pas d'ordres à donner à son fils le sachem?

— Vous restez avec moi, chef, répondit don José en lui tendant affectueusement la main.

— Merci, répondit l'Indien en s'inclinant avec un sourire joyeux.

— J'ai conservé pour vous et pour moi, chef, la tâche la plus difficile et la plus périlleuse à accomplir.

— Mon père est bon, Mos-ho-kè lui est reconnaissant, répondit le sachem d'une voix grave.

— Maintenant, señores, ajouta don José en s'adressant aux deux jeunes gens, à l'œuvre et que Dieu nous aide!

Les trois officiers se levèrent aussitôt pour aller se mettre à la tête de leurs détachements respectifs.

Don José Moreno et le sachem comanche demeurèrent seuls.

Quelques minutes plus tard, les Peaux-Rouges et les rancheros quittaient la clairière sous les ordres de leurs différents chefs et s'élançaient au galop dans la plaine.

Seuls, dix guerriers comanches, armés et peints en guerre, restaient immobiles comme des statues de bronze, attendant le bon plaisir de don José Moreno et de leur sachem.

XXIII

CATASTROPHE

Lorsque la clairière fut redevenue solitaire, don José Moreno, après avoir jeté un regard investigateur autour de lui, afin de s'assurer que tous les rancheros s'étaient définitivement éloignés, se pencha vers le chef et lui dit, d'une voix faible comme un souffle, quelques mots à l'oreille; puis il se leva, se dirigea lentement vers l'enramada, et disparut derrière le zarapé qui lui servait de porte.

Mos-ho-kè fit un signe à un Comanche, qui

Deux hommes semblèrent tout à coup surgir de terre; ils bondirent sur la jeune fille.

s'approcha aussitôt et se tint respectueusement devant lui.

— Mes guerriers, dit le sachem, abandonneront ici, sous la garde d'un seul d'entre eux, leurs chevaux qui leur sont inutiles.

L'Indien communiqua cet ordre à ses compagnons; tous mirent aussitôt pied à terre, retirèrent la bride à leurs chevaux et les attachèrent à des troncs d'arbres; un guerrier, le fusil à la main, se plaça auprès d'eux.

Au même instant, don José Moreno sortit de l'enramada.

Les yeux du vieillard étaient humides, son visage pâle. Il venait de faire ses adieux à sa fille, qui, sur le point de le quitter, s'élança hors de l'enramada, courut vers lui et se jeta une dernière fois dans ses bras en sanglotant.

Don José Moreno, cédant une fois encore à son amour paternel, tint un instant la jeune fille serrée contre sa poitrine, puis il la repoussa doucement, en lui disant d'une voix que l'émotion faisait trembler malgré lui :

— Du courage, mon enfant! Dieu connaît mes projets, suppliez-le de veiller sur moi, il exaucera votre prière.

En ce moment, plusieurs coups de feu retentirent au loin.

La bataille était engagée entre les rancheros et les gambucinos.

Don José s'approcha vivement du sachem comanche :

— Chef, dit-il d'une voix douce, l'heure des explications entre nous est enfin venue ; écoutez-moi donc : je vous ai conservé auprès de moi parce que je vous aime, que je veux vous donner une preuve éclatante de ma confiance et vous récompenser de votre dévouement à toute épreuve pour ma famille. Ce secret que moi seul possède, vous allez le connaître.

Le sachem demeura silencieux, une émotion extraordinaire se peignit sur ses traits toujours si calmes ; un tressaillement nerveux agita tout son corps et deux larmes coulèrent lentement le long de ses joues brunies.

— Au nom du ciel! qu'avez-vous, chef? s'écria don José Moreno surpris et effrayé à la fois d'une émotion si vive chez un homme du caractère du sachem, dont le calme et le sang-froid ne se démentaient jamais.

— J'ai, répondit celui-ci d'une voix étranglée, en courbant le genou et baisant à plusieurs reprises la main du vieillard, j'ai que mon père, la Tête-Grise, est bien un véritable descendant des fils du Soleil. Ces paroles qu'il a prononcées me récompensent de mon dévouement plus que tout ce qu'il pourrait faire. Et maintenant, que mon père me permette un aveu.

— Parlez, chef; que voulez-vous dire?

— Ce secret qu'il croit ignoré de tous, un autre le possède.

— Il serait vrai? fit le vieillard en pâlissant. Et cet autre, vous le connaissez?

— Je le connais, oui, mon père, puisque c'est moi.

— Vous! s'écria don José Moreno avec une surprise qu'il ne put dissimuler.

— Ce secret est conservé dans un *wampum* que les sachems de ma nation ont seuls possédé tour à tour. Mais que mon père se rassure, il trouvera le trésor intact, car les Comanches savent que ce trésor ne leur appartient pas, qu'il ne doit être qu'un dépôt entre leurs mains, et ils ont constamment veillé à sa conservation.

— Chef, vous êtes un homme sage et un ami sûr. Voici ma main. Vous êtes non seulement mon ami, mais encore mon frère. Venez, nous n'avons pas un instant à perdre.

— Où veut aller mon père?

— A la lagune del Lagarto, dans le souterrain qui depuis tant d'années recèle le trésor des empereurs Incas.

— Marchons.

Ils s'éloignèrent alors à grands pas, suivis par les neuf guerriers comanches.

Dans la plaine on entendait une fusillade bien nourrie à laquelle se mêlaient par intervalles des cris de douleur ou de colère.

— Chef, dit don José, je veux vous laisser l'honneur d'être notre guide.

Un sourire de joie illumina le visage austère du sachem, et sans répondre autrement, il prit la direction de la troupe.

En sortant de la clairière, les guerriers se mirent en file indienne, c'est-à-dire sur une seule ligne, et tournant le dos à la savane, ils firent un crochet sur la droite et s'enfoncèrent dans une partie du bois, tellement abrupte et touffue, qu'ils ne pouvaient avancer que la hache ou le couteau à la main, et cela avec les plus grandes difficultés; tout à coup ils se trouvèrent sur le bord d'une immense crevasse de deux kilomètres de long sur trois cents mètres de large, au fond de laquelle croupissait une eau verdâtre sur laquelle on voyait flotter, ressemblant à des troncs d'arbres desséchés, de hideux caïmans qui se chauffaient au soleil.

Cette crevasse était la lagune del Lagarto ou du Caïman. Ils en côtoyèrent les bords assez longtemps, conduits par le sachem qui s'avançait avec une sûreté et une décision qui montraient combien ces parages déserts lui étaient depuis longtemps familiers.

Les Indiens et don José Moreno lui-même s'étaient armés de baguettes longues et flexibles pour battre les buissons autour d'eux, et briser la tête des serpents qui, à chaque instant, s'élançaient des fourrés qui leur servaient de repaires et se dressaient sur leur passage avec des sifflements de colère.

Après une marche de vingt-cinq minutes environ, ils s'arrêtèrent au pied d'un monticule couvert d'une herbe épaisse, et sur lequel plusieurs arbres avaient poussé de puissantes ramures et enfoncé de vigoureuses racines.

— Voilà le *téocali* [1], dit le vieillard.

— Oui, répondit le sachem.

Mos-ho-kè se baissa, et après une seconde d'hésitation, il poussa un ressort invisible; une immense pierre roula sans bruit sur elle-même et démasqua l'entrée d'un souterrain.

Sur un signe du sachem, les Indiens entrèrent sans hésiter dans l'ouverture béante, puis le chef fit jouer un ressort intérieur, et la pierre retomba aussitôt à sa première place.

Le souterrain paraissait s'enfoncer, par une pente douce, à une grande distance sous la terre; il était assez large pour que six hommes pussent y marcher de front et assez élevé pour qu'on s'y tînt partout debout; des jours habilement ménagés y faisaient pénétrer l'air et la lumière.

Le sachem et le Mexicain reprirent la tête de la troupe, et l'on recommença à marcher, mais cette fois, de ce pas gymnastique et accéléré particulier aux Peaux-Rouges et qu'un cheval lancé au grand trot ne peut suivre que difficilement.

Après un quart d'heure de cette marche rapide, ils atteignirent une salle assez vaste, de forme ronde, contre les parois de laquelle étaient rangés, à droite et à gauche, seize grands coffres en bois de mahogany, arbre dont l'essence est incorruptible et brave l'effort du temps, ce grand destructeur de tout ce qui existe.

Le chef s'arrêta et soulevant, l'un après l'autre, les couvercles de ces coffres, il montra à don José Moreno que chacun d'eux était plein d'une poussière d'un jaune pâle, terreuse, sans reflet et ressemblant assez à de la gomme gutte concassée.

C'était de l'or.

Il y en avait pour plus de soixante millions de piastres, c'est-à-dire environ trois cents millions de francs.

Les Indiens et don José lui-même, regardè-

1. Constructions faites par les anciens Mexicains; elles étaient creuses pour la plupart et sur leur sommet on élevait des temples.

rent sans émotion ce métal, qui cependant semble posséder la fatale puissance de rendre fous les hommes les plus sages.

Pendant quelques minutes don José Moreno demeura immobile, les bras croisés sur la poitrine, les yeux fixés avec une tenacité extraordinaire sur les immenses richesses étalées devant lui et qui lançaient de fauves reflets aux lueurs indécises qui éclairaient le souterrain.

— Merci à vous, mes frères, dit-il en se découvrant et en saluant les guerriers comanches, merci à vous pour l'inébranlable fidélité avec laquelle, pendant des siècles, vos pères ont veillé sur le trésor des empereurs Incas; le jour prédit par le dernier des fils du Soleil est enfin venu; ce monceau d'or rendu à la lumière donnera la liberté à sa race si longtemps proscrite! Le règne de nos tyrans est fini! et c'est grâce à votre patriotisme qu'ils seront à jamais chassés de cette terre, sur laquelle, pendant trois cents ans, ils ont versé comme de l'eau le sang de nos pères! Gloire à vous, sachem et guerriers comanches, car lorsque tout croulait autour de vous, que notre nationalité n'existait plus, que notre race elle-même était menacée de disparaître, vous avez eu foi dans les prédictions de vos pères et vous n'avez pas désespéré de notre commune patrie.

— Seigneur, répondit le sachem avec noblesse; les Comanches descendent des Incas, ils sont les fils du nopal et du vautour : pouvaient-ils renier leur origine?

— C'est vrai, la nation comanche est noble et grande; aussi à elle seule appartiendra l'honneur de la délivrance de la patrie.

Don José prit alors quelques grains d'or dans sa main, les considéra un instant avec une expression d'amère tristesse et les laissant glisser entre ses doigts légèrement écartés et retomber dans le coffre :

— Les voies de Dieu sont incompréhensibles, murmura-t-il avec des larmes dans la voix. C'est pour conquérir ce métal que nos tyrans nous ont écrasés sous un joug implacable, nous ont massacrés comme des bêtes fauves; et c'est ce métal lui-même, si convoité par eux, et dont chaque parcelle est marquée d'une tache de sang, qui sera la seule cause de leur perte!

— Ainsi l'a voulu le Wacondah dans sa justice, répondit sourdement le sachem, c'est la loi terrible du talion.

Il y eut un silence de quelques minutes; enfin don José releva la tête et s'adressant à Mos-ho-kè immobile et grave à ses côtés :

— Marchons, dit-il froidement, maintenant un autre soin nous appelle.

Le sachem laissa nonchalamment retomber le couvercle du coffre; et, reprenant aussitôt leur course, les hardis explorateurs s'engagèrent dans une galerie latérale.

Le souterrain, qui jusque-là avait semblé descendre en pente douce, en formant des tours et des détours sans nombre, parut tout à coup prendre une direction contraire et remonter à la surface de la terre.

Les galeries se croisaient, encore plus enchevêtrées les unes dans les autres; cependant le chef n'hésitait jamais et ne ralentissait pas sa marche : on eût dit qu'un fil invisible le guidait dans sa course à travers ce dédale inextricable, pour tout autre que lui.

Le bruit de la bataille parvenait distinctement aux oreilles des Indiens et de don José Moreno. Ils entendaient au-dessus de leurs têtes un fracas épouvantable de galop de chevaux, de cris et de coups de feu.

Ils arrivèrent à un endroit où le souterrain, subitement interrompu, semblait sans issue.

Le chef se baissa, déchaussa avec la pointe de son couteau une pierre qui faisait saillie dans le sol, et y appuya fortement son talon; la muraille tourna sur elle-même et livra un large passage. On se trouva alors dans une espèce de cave basse, humide et d'une médiocre grandeur.

Cette fois, le chef se contenta d'ouvrir une porte vermoulue, et alors les Indiens débouchèrent tout à coup dans la salle même où avait eu lieu la scène que nous avons rapportée dans un de nos précédents chapitres.

La chambre était vide et dans le plus grand désordre.

Don José et le sachem échangèrent quelques mots à voix basse, puis ils se séparèrent.

Mos-ho-kè, gardant avec lui deux de ses guerriers, s'embusqua derrière la porte qui, du dehors, donnait entrée dans la salle; don José Moreno, suivi des sept autres Indiens, s'élança vers le fond, gravit une échelle qui remplaçait l'escalier détruit, et apparut à l'improviste sur l'azotea [1] où une douzaine de gambucinos, agenouillés et masqués par des gabions, tiraillaient contre les rancheros.

D'un coup de pied, don José Moreno rejeta l'échelle dans la salle, puis, se mettant à la tête des Indiens, il se précipita avec des cris terribles sur les gambucinos.

Ceux-ci, attaqués à l'improviste par derrière, épouvantés à la vue de ces nouveaux ennemis, dont ils ne pouvaient s'expliquer la présence, succombèrent presque sans résistance; quelques-uns se rendirent à merci et furent en un instant saisis et garrottés.

Don José Moreno, dénouant alors un drapeau mexicain roulé autour de sa ceinture, l'attacha au bout de son fusil et, s'avançant sur le bord du toit, il le fit flotter au-dessus de l'azotea.

A cette vue, qui était pour eux le signal si impatiemment attendu, les rancheros et les Comanches se ruèrent avec un élan irrésistible

1. Toit en forme de terrasse.

contre les retranchements, et essayèrent de les escalader de tous les côtés à la fois.

Alors commença la véritable bataille.

Don Horacio de Balboa, qui, depuis le commencement de l'attaque, était demeuré au milieu des siens, où il se comportait en brave capitaine, ne comprenant rien à ce qui se passait sur l'azotea où le feu avait subitement cessé, et soupçonnant une trahison, abandonna pour un instant les retranchements et se précipita dans la maison. Mais à peine eut-il franchi le seuil de la porte, qu'elle se referma brusquement, et trois hommes se jetèrent à l'improviste sur lui.

Le capitaine était un homme d'une force athlétique ; bien que surpris, il opposa une résistance vigoureuse à ses agresseurs, et un instant il put se croire vainqueur.

D'un coup d'épée il avait tué un Indien, à demi étranglé son second adversaire et se roulait sur le sol avec Mos-ho-kè, qu'il avait entraîné dans sa chute, lorsqu'il se sentit subitement tiré en arrière et terrassé.

C'était le second Indien, qui, remis de la rude étreinte du capitaine, se précipitait sur lui à corps perdu.

Mos-ho-kè se releva vivement et vint en aide à son compagnon. A eux deux ils réussirent, après une lutte assez longue, à triompher de la résistance désespérée de l'Espagnol, et ils le garrottèrent solidement avec une reata.

Le tigre était enfin dompté.

Alors le sachem redressa l'échelle, et, aidé par son compagnon, il monta son prisonnier sur l'azotea.

Cependant, les rancheros et les guerriers Peaux-Rouges, renforcés par la réserve de don Cristoval Nava, qui était sorti de son embuscade, avaient vigoureusement assailli les retranchements, et en plusieurs endroits ils avaient réussi à les escalader et à faire irruption dans l'intérieur.

D'un autre côté, l'absence incompréhensible du capitaine au moment où le combat était le plus acharné avait porté un coup fatal à la défense.

Les gambucinos, tous Mexicains et bons patriotes, à la vue du pavillon national, sentirent faiblir non leur courage, mais leur ardeur. Ils se cherchèrent, se réunirent, et, comme d'un commun accord, relevant leurs armes aux cris de : « Vive la patrie! » ils se joignirent aux rancheros contre leurs anciens compagnons, les soldats du capitaine.

Ceux-ci, au contraire, pour la plupart, bandits mis au ban de la société, sachant qu'ils n'avaient pas de grâce à espérer de leurs adversaires, redoublèrent d'efforts : non plus pour vaincre, ils comprenaient que la bataille était perdue; mais pour vendre chèrement leur vie.

Le combat devint donc un massacre, une boucherie sans nom, où la haine nationale attisait encore la colère des combattants et rendait la lutte plus terrible. Tout homme renversé ne se relevait plus : on le massacrait aussitôt impitoyablement.

Les guerriers apaches apparurent un instant sur la lisière de la savane; mais, ainsi que l'avait prévu don José Moreno, ils jugèrent sans doute que toute intervention leur serait peu profitable, car après avoir hésité pendant quelques minutes, ils traversèrent la plaine ventre à terre et disparurent dans la forêt sans même essayer de porter le plus léger secours à leurs alliés.

Soudain, les quelques soldats du capitaine qui combattaient encore perdirent tout espoir de soutenir plus longtemps la lutte, en voyant apparaître sur l'azotea de la maison leur chef garrotté et prisonnier des Mexicains.

Les armes leur tombèrent des mains et ils implorèrent la pitié de leurs adversaires.

Malheureusement, ceux-ci, enivrés par l'ardeur de la bataille, demeurèrent sourds à leurs supplications et les massacrèrent jusqu'au dernier.

Il ne restait plus d'ennemis à combattre. De tous les soldats du capitaine, lui seul avait survécu.

Don José Moreno permit aux gambucinos de s'éloigner aussitôt après la fin du combat. Ils avaient racheté leur faute en se séparant des Espagnols et en aidant les rancheros à les vaincre. Ils partirent donc, heureux probablement d'en être quittes à si bon marché, et ne tardèrent pas à disparaître dans la direction du rio Bravo.

Alors, conformément à la terrible loi du talion qui existe dans le désert, un conseil s'assembla séance tenante dans la Casa-Grande de Moctekuzoma pour juger don Horacio de Balboa.

Ce conseil était composé de don José Moreno, président; de don Incarnacion Ortiz, de don Luis Morin, de don Ramon Ochoa, de don Cristoval Nava, de Mos-ho-kè et de l'Antilope.

Le capitaine, délivré de ses liens, s'avança devant ses juges entre deux rancheros.

Au moment où don José Moreno allait prendre la parole pour commencer l'interrogatoire, la porte s'ouvrit, et doña Linda apparut.

Son arrivée causa une vive surprise aux assistants; sans s'émouvoir, la jeune fille s'avança gravement vers le tribunal, et, s'adressant à son père d'une voie émue et tremblante :

— Mon père, dit-elle, je viens vous demander la grâce de cet homme. Vous ne pouvez être juge et partie dans votre propre cause. Votre cœur est trop grand et trop généreux pour venger une injure qui m'est toute personnelle. Vous avez devant vous un officier du roi que la victoire a fait tomber entre vos mains; traitez-le, non en coupable, mais en adversaire malheureux, et laissez à Dieu le soin de le punir.

— Ma fille... répondit sévèrement don José... Mais le capitaine l'interrompit d'un geste.

Depuis son arrestation une transformation complète semblait s'être opérée dans le caractère de cet homme indomptable; non pas que la crainte de la mort eût affaibli son courage, bien au contraire; mais l'immense défaite qu'il avait éprouvée, la ruine de toutes ses espérances si longtemps caressées avaient brisé les ressorts de cette puissante organisation. L'horreur des crimes qu'il avait commis pour atteindre un but qui lui échappait pour toujours; la monstrueuse ingratitude dont il s'était rendu coupable envers l'homme auquel il devait tout, l'avaient enfin fait rentrer en lui-même. Il reconnaissait la justice des coups terribles qui le frappaient; la mort lui apparaissait comme une expiation, il avait hâte de la subir.

— Señores, dit-il avec noblesse, je vous remercie de ne pas avoir retardé mon châtiment; quel qu'il soit, je reconnais d'avance la justice de l'arrêt que vous prononcerez contre moi; vous n'êtes en ce moment que les instruments de la vengeance divine, ce n'est pas vous qui me frappez, c'est Dieu qui me punit.

Il se tourna alors vers doña Linda et s'inclinant respectueusement devant elle :

— Señorita, dit-il, vos paroles sont mon arrêt de mort. L'homme qui s'est rendu coupable du crime que j'ai commis envers vous est indigne de vivre, pardonnez-moi et soyez bénie.

Par un mouvement brusque, avant qu'on eût pu deviner son dessein et s'opposer à son exécution, il s'empara du poignard d'un des rancheros, se l'enfonça dans la poitrine, et tomba expirant aux pieds de doña Linda.

Il s'était fait justice à lui-même. . . . . .

. . . .

Deux mois après ces événements, soixante millions de piastres en or étaient versés par don José Moreno dans les caisses du Congrès mexicain; huit jours plus tard, le colonel Iturbide, jusque-là un des adversaires les plus acharnés de la révolution mexicaine, relevait le drapeau de l'Indépendance contre l'Espagne, et assurait définitivement la victoire aux Mexicains par la convention d'Iguala.

Le trésor du dernier empereur incas avait, ainsi qu'il l'avait prédit, servi à chasser enfin les Espagnols de cette terre sur laquelle ils avaient si lourdement pesé pendant plus de trois siècles.

Le jour où le général Itùrbide, nommé dictateur, fit son entrée à Mexico, désormais capitale de la République, doña Linda épousa don Incarnacion Ortiz; don Luis Morin, don Ramon Ochoa et don Cristoval Nava leur servirent de témoins.

Mos-ho-kè assistait à la cérémonie nuptiale aux côtés de don José Moreno, qui, le même jour, voyait ainsi triompher la cause de sa patrie et assurer le bonheur de sa fille.

Au sortir de la cathédrale, don Luis prit congé de ses amis. Ce fut en vain que ceux-ci tentèrent de le retenir auprès d'eux, tous leurs raisonnements échouèrent.

— Mais enfin, lui demanda don Incarnacion Ortiz, que prétendez-vous faire, mon ami? où voulez-vous aller?

— Mon cher Incarnacion, répondit don Luis Morin, avec un charmant sourire, le Mexique est libre, vous êtes heureux, vous, n'est-ce pas?

— Certes! s'écria le jeune homme.

— Eh bien! je vous avoue que moi je ne le suis pas; depuis que j'ai vu le désert, que j'ai aspiré les senteurs des hautes savanes, la vie des villes me pèse, la civilisation me fatigue.

— Vous êtes fou.

— Non, je suis sage, à mon avis, du moins.

— Ainsi vous voulez?...

— Je veux, interrompit-il, après avoir tant vécu pour les autres, vivre maintenant pour moi. Mina est mort, vous, vous êtes marié; donc je reste seul. Notre ami Mos-ho-kè part ce soir pour retourner dans ses prairies; je lui ai offert de l'accompagner; nous voyagerons ensemble; nous parlerons de vous, ami. D'ailleurs, je vous laisse mon cœur, vous êtes tout ce que j'aime. Si un jour vous aviez besoin de moi, vous me verriez bientôt à vos côtés; n'essayez donc point de me retenir, ce serait inutile, ma détermination est prise d'une manière irrévocable.

En effet, le jour même, don Luis Morin quittait Mexico et se dirigeait vers les prairies côte à côte avec Mos-ho-kè, le grand sachem des Comanches.

Peut-être un jour le retrouverons-nous dans le désert!...

FIN

Voir pour la suite : **le Batteur de Sentiers.**

TABLE DES MATIÈRES

FIN DE LA TABLE DES MATIÈRES

SCEAUX. — Imprimerie Charaire et fils.

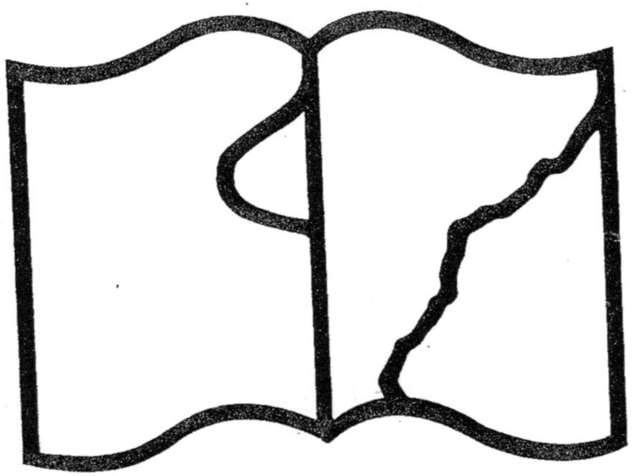

Texte détérioré — reliure défectueuse

NF Z 43-120-11

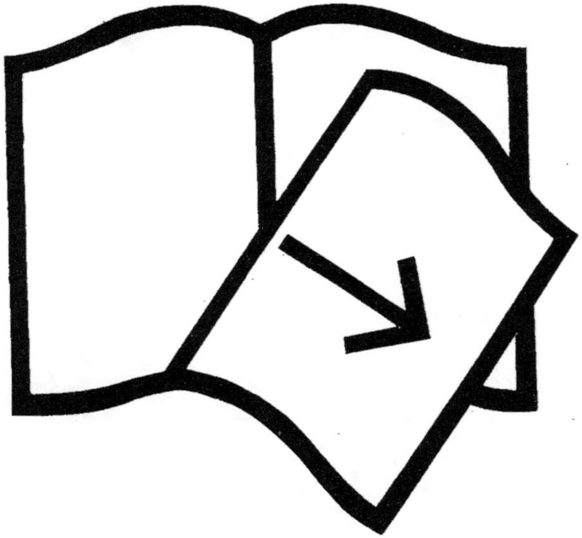

Documents manquants (pages, cahiers...)

NF Z 43-120-13

www.ingramcontent.com/pod-product-compliance
Lightning Source LLC
Chambersburg PA
CBHW060632100426
42744CB00008B/1604